文化经济学
Cultural Economics

颜士锋 ◎ 著

中国财经出版传媒集团
经济科学出版社
Economic Science Press

图书在版编目（CIP）数据

文化经济学/颜士锋著．—北京：经济科学出版社，2019.12
ISBN 978－7－5218－1118－6

Ⅰ．①文…　Ⅱ．①颜…　Ⅲ．①文化经济学　Ⅳ．①G05

中国版本图书馆 CIP 数据核字（2019）第 277089 号

责任编辑：刘战兵
责任校对：靳玉环
责任印制：李　鹏　范　艳

文化经济学

颜士锋　著

经济科学出版社出版、发行　新华书店经销
社址：北京市海淀区阜成路甲 28 号　邮编：100142
总编部电话：010－88191217　发行部电话：010－88191522
网址：www.esp.com.cn
电子邮件：esp@esp.com.cn
天猫网店：经济科学出版社旗舰店
网址：http://jjkxcbs.tmall.com
北京密兴印刷有限公司印装
710×1000　16 开　19 印张　320000 字
2019 年 12 月第 1 版　2019 年 12 月第 1 次印刷
ISBN 978－7－5218－1118－6　定价：58.00 元
（图书出现印装问题，本社负责调换。电话：010－88191510）
（版权所有　侵权必究　打击盗版　举报热线：010－88191661
QQ：2242791300　营销中心电话：010－88191537
电子邮箱：dbts@esp.com.cn）

前　言

"文化经济学"是在两个背景下产生的：

一是经济学帝国主义。现代社会最热门的词语无疑是经济，作为研究经济现象的学科，经济学自然是人们最关注的学科。没有经济学背景的人大多希望通过学习经济学掌握经济规律并利用经济规律创造财富，因而关注甚至崇拜经济学。但是经济学研究的是如何有效利用稀缺的经济资源，也就是说，经济学研究的对象是人们的选择行为，选择行为的背景是人们可利用的资源永远比希望得到的资源少，选择的目的是怎样利用有限的资源最大限度地满足人们的欲望。在日常生活中人们时时刻刻面临选择，不仅在经济领域，即使在家庭、社会、政治、外交、文化等领域也面临着选择的问题。无论什么样的选择问题，选择的原则都是一致的，那就是趋利避害，或者说以最小的代价获取最大的收益，因而经济学的研究方法不单单对于利用经济规律创造财富有帮助，对于人们在日常生活中的选择问题同样有帮助。这就导致了经济学帝国主义现象，即经济学的研究方法渗入了传统上属于其他学科的研究领域，如利用经济学方法研究传统上属于伦理学领域的婚姻家庭问题、利用经济学的方法研究政治问题。经济学研究领域的扩张显得肆无忌惮，终于，文化领域也被经济学渗入。

二是文化的经济作用日益重要。无论怎样强调文化在人类社会中的重要性都不过分，文化的作用无疑是值得人们研究的重大课题。文化对于经济的重要性在制度经济学里已经受到关注，但

文化经济学

是制度经济学视野中的文化是作为生产的一种要素规范着人类的经济行为,文化和政治、法律、宗教等一样,构成了影响生产过程的制度背景,因而,文化对经济生活的作用并没有显示出与其他制度因素的不同之处,这种影响可以看作是文化对经济的间接影响。文化之所以走进经济学家的研究视野,不仅仅是因为文化作为经济活动的制度背景,还因为文化活动直接构成了经济活动本身,即文化活动直接物化为文化产品和服务,这种物化过程是一种生产过程,而其文化产品和服务影响着千家万户的日常生活,因而,文化生产和消费已经构成经济活动的一部分。如果说人类历史上文化活动一直是经济活动的一部分,那么,在现代社会以前,文化活动在经济活动中的地位则显得微不足道。之所以如此说,是因为经济活动要解决的是人类生存所需要的产品,人类长期以来在为解决温饱问题而奋斗,在解决温饱问题上,文化活动起的作用较小,因而传统上经济学关注的是农业和工业问题。现代社会,随着温饱问题的解决、传媒方式的革命和人类生产技术的进步,文化产品在人们生活中的重要性凸显出来,因此,文化产品的生产和消费进入了经济学家的研究视野。

从文化经济学的产生背景看,笔者认为文化经济学是建立在经济学研究方法基础之上的,是经济学的研究方法在文化领域的应用。文化经济学的研究对象是构成经济活动本身的文化产品的生产、消费问题,而不是文化作为经济活动制度背景所起的作用。

国外学者对文化经济学的研究已经比较成熟。就现有的资料来看,国外文化经济学者研究文化现象的方法主要是微观经济学方法,研究的对象主要是文化产品的生产、消费和公共政策问题。但是国外文化经济学家的研究成果主要关注文化领域的某一方面,而没有系统研究文化产品的生产、消费和公共政策问题。国内学者用经济学方法研究文化生产、消费和公共政策的成果还比较少。

本书试图用经济学的方法系统研究文化产品的生产、消费和公共政策。本书主要特点有：将价格决定理论作为贯穿全书的主线，在多数章节中以供求模型的研究思路讨论文化现象；结合国内外文化领域的现状，突出对我国现阶段存在的一些文化现象的解释；强调文化产品在消费、生产方面不同于工业产品的特点，分析文化产品的消费行为和生产行为；强调了文化经济学研究中使用的文化价值、文化资本等基础方法。

本书内容大体上可以分为五个部分。

第一部分为第一章，是对文化经济学的概要介绍，从文化经济学的产生、文化产品的特点、文化经济学的特点方面阐述作者对文化经济学内容的理解。

第二章到第六章是第二部分，是对文化经济学基本分析工具的介绍和对文化产品的需求、供给的解释，这些工具包括价值理论、效用理论、文化资本理论、艺术创作理论、信息理论等。

第三部分包括第七章到第十一章，使用经济学理论和第二部分介绍的几种工具分析重要文化产品的生产行为和消费行为。由于艺术在文化中的核心地位，本书的研究内容是围绕文化遗产、美术、表演、电影等领域展开的。

第四部分包括第十二章和第十三章，集中分析了文化艺术部门的财务问题。这里涉及政府对文化艺术部门的补贴政策和社会对文化艺术的捐赠问题。

第五部分是第十四章，介绍了文化艺术的生产要素市场。鉴于劳动力的重要性，我们只介绍了艺术家市场，包括了艺术家的职业构成、收入状况和明星现象等。

文化产业和文化事业的从业人员和管理人员会发现本书的参考价值。建议读者在阅读本书前，先读经济学的基础课程，至少要了解经济学里面的基本术语。数学不是阅读本书的必要工具，但是掌握看图表的能力对理解本书会有帮助。

在本书写作过程中，参考了许多国内外文献，在此向这些作者表示敬意。

　　本书写作得到了许多同仁的帮助，山东艺术学院艺术管理学院的同仁们为本书的写作和出版提供了诸多方便。经济科学出版社于海汛老师为本书的出版付出了艰巨的劳动，在此一并表示谢意。

颜士锋

2019年9月16日

目　录

第一章　文化经济学导论 ·· 1
- 第一节　文化经济学的产生背景 ·· 1
- 第二节　经济学与文化经济学 ·· 5
- 第三节　文化与文化产品 ·· 10

第二章　使用价值和文化偏好 ·· 18
- 第一节　文化产品的使用价值 ·· 18
- 第二节　文化偏好 ·· 24

第三章　文化需求 ·· 30
- 第一节　文化需求的内涵 ·· 30
- 第二节　文化需求的影响因素 ·· 34
- 第三节　文化需求的弹性 ·· 44

第四章　文化资本 ·· 51
- 第一节　各种资本概念 ··· 51
- 第二节　文化投资决策 ··· 57
- 第三节　文化资本的持续性 ··· 63

第五章　文化生产 ·· 69
- 第一节　文化生产：定义、组织方式 ····································· 69

第二节 艺术创作的目的 …… 73
第三节 文化生产的成本 …… 81

第六章 文化领域中的信息问题 …… 88
第一节 信息不对称问题 …… 88
第二节 文化评论 …… 95
第三节 评奖、文物鉴定以及社会交流 …… 104

第七章 文化遗产 …… 113
第一节 文化遗产的定义与评定 …… 113
第二节 文化遗产的价值评估 …… 118
第三节 文化遗产的管理 …… 123

第八章 美术作品市场 …… 130
第一节 美术作品的供给和需求 …… 131
第二节 初级市场 …… 134
第三节 二级市场 …… 142

第九章 艺术博物馆经济学 …… 152
第一节 艺术博物馆的作用和分类——以上海市博物馆为例 …… 152
第二节 艺术博物馆的门票价格 …… 160
第三节 博物馆藏品的管理 …… 171

第十章 艺术表演市场 …… 180
第一节 我国表演艺术业现状 …… 180
第二节 艺术表演的成本与财务 …… 183
第三节 增加表演利润的措施 …… 193

第十一章 电影的生产 …… 197
第一节 电影制作的组织形式 …… 197

第二节　不确定性与融资·····················205
　　第三节　机会主义与电影的失败················210

第十二章　生产力滞后理论·······················221
　　第一节　生产力滞后理论概述···················221
　　第二节　缓解或加重生产力滞后的因素············226
　　第三节　生产力滞后的实证研究··················231

第十三章　补贴和捐赠··························237
　　第一节　艺术补贴的争论······················237
　　第二节　捐赠对艺术表演的影响··················250
　　第三节　艺术补贴和捐赠的实证研究···············258

第十四章　艺术家市场··························266
　　第一节　艺术家市场概述······················266
　　第二节　职业艺术家的构成和收入················271
　　第三节　超级明星经济学······················282

参考文献··································291

第一章

文化经济学导论

文化经济学是一门年轻的综合性学科,本书写作过程中能参考的成型著作极其有限,更没有能满足本书构架的著作,因此,作者不得不自己组织材料搭建自己心目中的文化经济学研究体系。要想构架合理的文化经济学研究框架,首先要理清文化经济学产生的背景、文化经济学的特点以及文化经济学与经济学的异同。本章将讨论笔者对这些问题的理解。

第一节 文化经济学的产生背景

一、文化与经济

文化和经济的关系早就引起了经济学家们的注意。对当代文化经济学家讨论的很多问题,早期经济学家亚当·斯密、杰文斯、马歇尔、李嘉图、凯恩斯等都表现出了浓厚兴趣,并发表了一些观点。尽管如此,在相当长的一段时间里,经济学家们对文化的分析都是支离破碎的、不系统的。总体上讲,文化现象一直被排除在经济分析的核心内容之外,主要原因是在人类历史长河中,文化的功能和经济的功能差异明显而又较少重叠;只是到了近现代,文化的经济功能才凸显出来,把文化现象看作经济问题进行研究才变得必要。

经济分析不关注文化现象的主要原因有:一是文化的量化在计量技术上存在着难以克服的困难,既然无法界定文化的数量,经济学的量化分析方法也就无法适用于文化现象。二是研究文化现象需要多学科知识。金斯伯格（Ginsburgh，2001）在论述文化经济学的交叉学科性质时指出："这些学科（研究文化经济学需要掌握的学科知识）包括艺术史、艺术哲学、社会学、法律、管理和经济学。……所有这些学科领域是交织在一起的，但是学科的交织并不意味着艺术史家理解数理经济学，也不意味着经济学家对前拉菲尔派画家感兴趣。"[1] 很少有人能同时掌握这些学科知识。三是文化与政治、经济的复杂关系。政治、经济、文化是构成人类社会的三块基石，三者之间的关系错综复杂，研究它们之间的关系是对人类思维的挑战。在政治、文化既定的前提下，考虑经济问题就是一门庞大的学问；在政治、经济既定的情况下，研究文化问题也是一门庞大的学问。而文化经济学要做的事情是把文化产品的生产和消费看作经济问题去研究，在用经济学方法研究文化现象时，绕不开的一个问题是政治对文化的影响，这是文化经济学研究的难点，也是很多经济学家不愿意研究文化现象的原因。四是文化的经济功能一直不突出。最早在经济中占主要地位的是农业，然后是工业，经济学就是把制造业作为研究的对象。历史上很多时候，文化是少数特权阶层的奢侈消费品，对大多数人来说，文化消费是微不足道的，在日常生活中是可有可无的，文化消费支出在总消费中所占比例很低，文化创造的产值在社会总财富中占比极小，因而文化现象不足以引起经济学家的兴趣。

现代社会，文化艺术日益重要。进入小康社会后，人们的基本生活已经不成问题，面临的问题是提高生活质量。随着服务业的兴起，文化产品不仅进入消费者日常生活中，对社会经济发展的贡献也不容忽视，将文化产品纳入经济分析框架越来越有必要。

当使用经济学方法研究文化现象时，面临的最大问题是文化产品的生产和消费与工业产品的生产和消费存在巨大的差异，这种差异恰恰是文化经济学得以存在的前提，没有这种差异，就没有必要产生文化经济学学科，直接使用经济学的理论和结论研究文化现象就可以了。文化产品和工业产品的差异要求文化经济学必须体现出文化产品的独特性以及这种独特性对生产、消费、公共政策的影响。

---

[1] Victor A. Ginsburgh, "The Economics of Art and Culture", International Encyclopedia of the Social and Behavioural Sciences, Amsterdam: Elsevier, 2001: 758–764.

二、文化产品在国民经济中的重要性

美国商务部国家经济分析局和国家艺术基金会联合发布的《2008～2011年度文化艺术对美国国民经济影响数据报告》表明，文化艺术在美国经济发展中发挥了突出作用，不仅为美国创新经济贡献了无数新观点、新观念，还为美国的就业和GDP做出了重要的贡献。[①]

根据《2008～2011年度文化艺术对美国国民经济影响数据报告》，文化艺术对GDP总值、GDP波动以及就业都产生了重大影响。

美国文化艺术对GDP总量的影响如下：2011年，文化艺术增加值为5040亿美元，占当年GDP的3.2%，高于旅游产业在GDP中所占2.8%的比例。

美国文化艺术和GDP波动的关系如下：2007年至2009年的经济衰退期，文化艺术产业比总体经济的损失更大。1998年至2006年间，文化艺术产业的增加值对GDP的贡献率在3.5%到3.7%之间，但到2007年，该比率降到3.3%，2009年继续下滑到3.2%，2011年则维持在该水平。

美国文化艺术生产与就业的关系如下：2011年，文化艺术产品生产和服务雇用了200万工人，以报酬、工资和补贴形式支付了2895亿美元雇员工资和福利。其中，电影和录像产业雇工数量最大，达31万人次，支付薪酬达250亿美元。博物馆和表演艺术产业雇工约10万人次，分别支付薪酬为60亿美元和80亿美元。2007～2009年的经济衰退给文化艺术产业的就业造成巨大冲击。仅2009年，文化艺术相关产业雇用人数就减少了17万人次。

根据美国的数据，无论从GDP占比、对GDP波动的影响还是就业来看，文化艺术的作用都很突出。文化艺术在这些方面的突出作用是引起经济学家注意的重要原因。

三、文化经济学产生的条件

一般认为文化经济学起源于鲍莫尔（William J. Baumol）和鲍温（William G. Bowen）的论文《艺术表演：经济困局》[②]，这篇论文提出了文化经济学研究的一个重要现象：经济越发展，表演艺术的成本越高，表演艺术的

[①] 周勇：《文化艺术产业已占GDP重要比重》，载《中国文化报》2014年7月10日，第10版。
[②] William J. Baumol, William G. Bowen, "The Performing Arts: The Economic Dilemma". International Review of the Aesthetics and Sociology of Music, Vol. 4, No. 1 (Jun., 1973), pp. 137–139.

财务压力越大。之后，使用经济学方法研究文化现象的经济学家越来越多，研究的文化现象也从财务困境扩展到文化遗产、文化生产、文化消费、文化公共政策等领域，现在文化经济学已基本成型，在欧洲和美国的一些经济学系已开设文化经济学课程。

文化经济学的产生不是偶然的，它产生的主客观条件如下：

（一）物质条件

20世纪60年代，文化艺术产业在欧美各国得到快速发展，文化艺术产业的产值占GDP的比例不断提高，文化娱乐的支出占人均可支配收入的比例不断提高，因此，文化生产、文化产品和文化市场也逐渐进入经济学家的研究范畴。文化产品与工业制品的差异决定了对这些问题的解答都不同于经济理论对制造业的研究结论。文化经济的发展需要经济学家解释以下问题：文化的生产和消费有何特点？文化产品的价格和产量是怎样决定的？政府为什么要扶持文化生产和消费？艺术家的经济收入如何？文化活动的经济效率如何？

（二）知识条件

对文化学、艺术学、人类学、社会学的研究积累了对文化规律的认识。现代西方经济学发展出的理论和数量分析方法为文化经济学的产生提供了方法论上的支持。主流经济学不断放松一些基本假设，从而使理论模型的假设世界进一步接近真实世界，主流经济学的这种发展趋势也为文化现象进入经济分析视野打开了大门。计量经济学的发展，为文化经济学的发展提供了必要的分析工具。文化因素的量化问题一直是文化经济学发展的瓶颈，但虚拟变量的引入在一定程度上解决了这个问题，在计量分析中，一些工具变量被用来替代文化因素。

（三）学术条件

鲍莫尔和鲍温在《表演艺术：经济困局》一文中首次提出了文化经济学这一说法，提出了生产力滞后和病态成本理论，两位作者在这篇文章中对美国表演艺术行业的非营利性和财务困境进行了深入细致的经济学分析，为经济学家提供了对艺术现象的研究视角和分析工具，从而开创了文化经济学的研究先河，标志着文化经济学的诞生。20世纪70年代，国际文化经济学会在美国成立，学会有一份较有影响的刊物《文化经济学期刊》(*Journal of Cultural Economics*)，每期都会以不同主题发表大量文化经济学的文章，该刊也成为狭义文化经济学研究最为重要的理论阵地。国际文化经济学会的成立以及《文化经济学期刊》的诞生，有效地促进了文化经济学的发展，在这个时期，有若干本文化经济学的教科书问世，这些颇具影响力的教科书的出版，标志着文化经济学进入一个较为成熟的阶段[①]。

第二节　经济学与文化经济学

文化经济学是运用经济学方法研究文化现象的学科。经济学研究如何有效利用有限的资源。文化现象面临同样的问题：文化资源是有限的，如何利用有限的文化资源得到最大的效用。因此经济学方法适用于文化现象的研究。

一、经济学的基本方法

人的欲望是无限的，可利用的资源数量是有限的。所谓人的欲望是指人对各种资源的占有欲。人的各种需求引起人对资源的占有欲，人的这种占有欲望是无限的。资源的有限性是指资源相对于人的欲望来说是有限的，即资源的相对有限性。面对无限的占有欲与有限的资源之间的矛盾，资源只能满足人的部分欲望，在各种欲望之间，人就必须做出权衡取舍，满足某种欲望而放弃其他欲望。经济学研究面对有限的资源时做出的选择，即考虑决策者要不要做某件事情，以及在多大程度上做某件事情。

每种选择都有成本，因为一旦把资源用于某种用途，就不能用于其他用途，如果将资源应用在那些被放弃的用途上，本来应该能带来收益，这些本应获得的收益就被放弃了，这些被放弃的收益中的最大者就是选择的机会成本。

选择的基本原则是成本收益原则：如果某件事情的收益大于成本，则做这件事；否则就不做。选择的成本收益原则看起来容易理解，事实上却并不

---

① 梁碧波：《文化经济学：两种不同的演进路径》，载《学术交流》2010 年第 6 期，第 74～78 页。

像字面上看起来这样简单，主要原因是收益和成本的含义很复杂，经济学的很多内容就是围绕不同的收益和成本内涵展开的。

收入是收益的一种，厂商生产产品是为了获得收入，在生产者行为理论中，收益是销售收入，这种货币收入是一种收益。

但是收益不仅仅是收入。欣赏芭蕾舞表演得到的不是货币收入，但是，毫无疑问，观众欣赏芭蕾舞表演获得了满足感，消费者行为理论把这种满足感称为效用，消费者行为理论中的效用也是一种收益。

个体和整体的收益不同。养孩子的家庭收益在于孩子带给家庭的乐趣以及未来孩子对家庭的回报，但是孩子对社会的收益远不止家庭获得的这些收益，孩子长大后对国家贡献的税收、创造的知识技术等都是社会的收益。从个体角度和从社会角度看到的收益差距明显，这就是经济学中的外部性问题。

收益还是一个时间概念。一件事情的收益可能跨越不同的时期，文化遗产往往能给几代人带来收益，但是这代人的收益有可能与下代人的收益冲突，收益的时间性也是经济学研究的问题。

成本也存在类似的复杂性。支出未必是决策要考虑的成本，决策中考虑的成本也未必是支出，这就是沉没成本和机会成本的概念。

一件事情的社会成本和私人成本也可能不同。养孩子的家庭成本包括孩子的生活成本、教育成本等，但是社会对孩子的教育也承担了部分成本，这是在公共领域里经常碰到的负外部性问题。

经济学研究的收益成本原则体现在供求模型中。

图 1-1 是完全竞争市场上典型的供求模型。纵坐标表示商品的市场价格，横坐标表示市场交易数量。

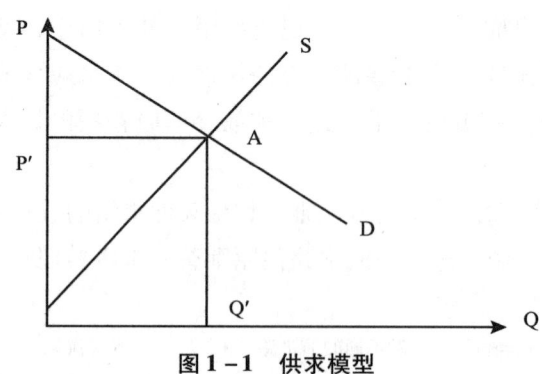

图 1-1　供求模型

向右下方倾斜的市场需求曲线 D 表示随着市场价格的上升，消费者愿意购买的商品数量下降。向右上方倾斜的市场供给曲线 S 则表示随着市场价格的上涨，销售者愿意销售的数量增加。需求曲线和供给曲线的交点 A 被称为市场均衡点，市场均衡点对应的价格 P′和数量 Q′称为均衡价格和均衡数量。均衡价格和均衡数量未必就是现实市场上的价格和数量，而是显示市场"应该的"价格和数量，即现实市场价格和交易量与均衡价格和均衡数量不应该存在系统误差。可以把均衡价格和均衡数量理解为现实市场价格和市场数量的预期值或者长期中的平均值（除了价格外，其他影响需求、供给的因素不变）。

需求曲线和供给曲线都把市场价格作为影响交易数量的变量。但是除了市场价格，显然还有诸多因素影响消费者的需求量和销售者的销售量，翻开任意一本经济学教科书，都可以看到收入、替代品和互补品的价格、偏好、预期等影响需求的因素，以及生产要素成本、生产技术、预期等影响供给的因素。

比较静态分析方法是用来分析某个事件对市场价格和交易数量的影响的重要工具。比较静态分析的步骤为：第一步，结合需求和供给的影响因素，考虑某事件影响需求曲线还是供给曲线；第二步，根据事件的性质，分析影响需求曲线或者供给曲线的方向，即需求曲线、供给曲线向左还是向右移动；第三步，比较新均衡点和原均衡点，分析事件的影响结果。

二、文化经济学的定义

国际上权威的文化经济学刊物《文化经济学期刊》对文化经济学的定义为："文化经济学是一门将经济学分析方法应用于一切公共及私有的创作艺术、表演艺术、文化遗产及文化产业的学问。它着重研究文化部门的经济组织以及与文化相关的生产者、消费者、政府部门的行为。它的研究主题涵盖了很广泛的范围，包括主流的经济学、前卫的经济学、新古典经济学、福利经济学、公共政策及制度经济学。"[①]

根据该定义，文化经济学的研究对象为"一切公共及私有的创作艺术、表演艺术、文化遗产及文化产业"。这些研究对象的共同特征在于：它们不

---

① Schulze Günther G., Schuster J. Mark, "Editorial". Journal of Cultural Economics, 2005 (2).

是依靠物质实体本身，而是依靠产品内涵的信号内容给消费者带来效用。

文化经济学研究的内容为"文化部门的经济组织以及与文化相关的生产者、消费者、政府部门的行为"。文化经济学研究的内容与经济学研究的内容没有本质上的差异，它们都是研究经济主体的行为，特别是它们在某种约束条件下为了达到某个目标应该采取的选择行为。

研究方法则是"经济学分析方法"，这些分析方法包括"主流的经济学、前卫的经济学、新古典经济学、福利经济学、公共政策及制度经济学"。

思罗斯比（David Throsby, 2001）在《经济学与文化》的序言里，把文化经济学研究的任务表述为："我的使命包含两个截然不同而又紧密联系的方面。一方面，我想把经济学和文化当作学术活动的两个独立领域来考察它们之间的关系，尤其是考虑、研究作为社会科学的经济学或者试图研究文化现象时应使用什么方法。……另一方面，更为重要的是，我也想考察经济活动和文化活动之间的关系，即在宏观和微观层面的可观察到的、作为人类思维和行动外在表现的经济和文化之间的关系。"① 其内容包括了文化在经济发展中的地位、文化产品的价值、文化资本的持续性、文化遗产的分析、文化产品的生产、文化产品的消费。

本书中的文化经济学是指用经济学分析方法研究文化生产者和消费者选择行为以及文化领域公共政策的学科。其研究对象是文化生产和消费的选择行为，尤其是不同于一般工业制品生产消费的行为。其研究方法是经济学分析方法。

文化资源是指能够满足人类文化需要或者用于生产能满足人类文化需要的产品的资源，包括文化资本、艺术家、文化产品等。文化资源是一种经济资源。所谓经济资源是指必须付出代价才能获得的资源，即为了获得这种资源，必须放弃其他的本来可以获得的资源，即必须付出机会成本。

相对于人对文化产品的无限占有欲来讲，生产文化产品的文化资源的种类和数量也是有限的，永远也无法满足人类无休止的占有欲。

如何利用有限的文化资源生产文化产品及服务，以尽可能地满足人类无限的文化需要？人们必须选择使用文化资源生产那些文化产品？生产多少文

---

① ［澳］戴维·思罗斯比著，王志标、张峥嵘译：《经济学与文化》，中国人民大学出版社2011年版，第3页。

化产品？如何将生产出来的文化产品和服务在不同的消费者之间分配？这就是人在文化领域面临的权衡取舍：文化资源的使用效率问题。这也是文化经济学要着力解决的问题。

三、经济学在文化经济学中的应用

微观经济学的分析框架提供了文化经济学的分析思路。

文化经济学要研究的问题首先是文化选择，即决策者如何做文化决策；其次是文化决策的有效性，即文化决策的结果是否达到了最佳状态。文化产品与经济物品具有相同的特征，比如都能给消费者带来效用，生产这些产品都需要付出机会成本，生产者都追求利润最大化，消费者都追求效用最大化。这些共同性决定了经济学的研究方法可以用来研究文化现象。总之，一切经济学分析方法都是分析文化现象的工具。

如果把微观经济学研究的内容照搬到文化经济学中，那么文化经济学就失去了存在的价值。文化经济学作为一门学科的价值体现在其特有的研究对象中，所以文化经济学需要突出文化现象的特征，利用经济学的研究方法解决文化现象特有的问题。

文化选择的基本原则还是成本收益原则，但是在文化领域里，成本收益有独特之处，所以文化经济学应该围绕文化现象独特的收益成本展开研究。病态成本理论就是抓住了艺术领域里成本的独特性。文化遗产的收益呈现出长期性，因此，研究文化遗产时要注意跨时期决策问题。文化消费的收益不仅具有即时性，也具有长期性，因此研究文化消费时使用了文化资本工具。文化生产具有创意性，文化生产者在生产过程中获得创意的快乐，就文化生产过程满足生产者的创意需求而言，文化生产过程同时具有消费的特征，这种文化生产和消费的同一性则要求对文化生产行为和消费行为的收益与成本做出新理解。

文化艺术市场很少是完全竞争的；文化艺术的私人成本收益与社会成本收益几乎总是不同的，因此文化主体的决策难以实现有效性，文化经济学需要考察文化市场的有效性以及解决办法。

这些文化现象的特殊性决定了文化经济学的研究工具的独特性。这些研究工具有以下几种：

一是使用价值理论。文化产品不同于经济物品之处就在于文化产品的使用价值不同于经济物品，文化产品的使用价值除了经济价值外，更重要的使用价值是文化价值。因此文化经济学除了要研究文化产品的经济价值之外，还要把文化价值作为重要研究内容，并时刻关注文化产品的文化价值。

二是文化资本理论。大多数文化产品既具有消费品属性又具有资本品属性。文化产品既满足了消费者的消费愿望，又增加了消费者的理解能力，提升了消费者的创造力，因而积累了生产和创造的资本。因而文化产品具有消费品和资本品的双重特性，在讨论文化现象时必须考虑到文化的资本属性。

三是病态成本理论。文化经济学基本停留在对视觉与文字表现艺术的经济研究之中，其研究方法沿袭了鲍莫尔（Baumol）于20世纪60年代提出的病态成本（cost disease）理论。病态成本是指相对于工业制品，表演艺术的成本相对增长的现象，表演艺术成本的相对增长导致这一艺术形式越来越依赖于外部补贴。其实，病态成本现象不仅存在于表演艺术，当某一领域的生产要素主要是劳动力时就会发生病态成本问题。不幸的是，大多数文化艺术领域属于劳动力密集型行业，其主要生产要素是劳动力，如绘画行业的主要生产要素是画家，音乐行业的主要生产要素是作曲家、歌唱家、演奏家，舞蹈的主要生产要素是编舞人员和舞蹈演员等。

四是信息理论。信息不对称是大多数市场面临的问题，也是经济学研究的领域之一。但是由于文化艺术产品本身就是信息产品，正是在信息不对称的条件下才显示出文化艺术产品的价值，文化产品的信息不对称问题更为突出，因而解决信息不对称问题在文化领域意义更加重大。

第三节　文化与文化产品

文化产品的特点明显不同于工业产品和农产品。理解文化产品的特点是我们确定文化经济学研究对象和研究工具的基础。

一、文化的概念

准确定义文化是一件困难的事情，因为在不同语境中，文化的含义通常不同。但是我们在本书中必须明确界定文化的含义，这样才能在以后的分析中有明确的指向，不至于在理解上产生歧义。

著名文化经济学家戴维·思罗斯比对文化进行了两重定义:"第一重含义,文化用来描述一整套为某一群体所共有或共享的态度、信念、传统、习俗、价值观和惯例;第二重含义,它表示人类生活中的智力、道德和艺术方面相关的人类活动与活动成果。"[1]

根据思罗斯比上述定义,文化应该包含两种类型:

第一类,作为与经济基础相对应的意识形态系统的文化。任何群体所共有的态度、信仰、习惯、风俗、价值、规范等意识形态都是文化现象。这些意识形态可能以下述形式呈现:符号、象征、文字、语言、产品、成文或不成文的传统,以及其他形式。作为文化的信号系统能够帮助一个成员建立群体认同感,使人们能借此形式将该群体的成员与其他群体成员区分开来。这类文化的含义比较宽泛,研究文化因素在经济发展中扮演的角色以及文化与经济发展之间的关系时,通常使用这类文化。

第二类,作为人类从事的信息生产、消费、交易等活动的文化,这些活动与人类的知识、道德及艺术层面有关。

本书涉及的文化主要是第二类文化及其产品。第二类文化具有以下三个特征:在生产活动中融入了创意;涉及信息的生产和传递;文化产品的使用价值与人类的精神需求相关。

理解本书中的文化概念应注意以下要点:

第一,文化现象不需要同时满足三个特征。一种现象只要满足文化的三个特征中的一个,就可以作为文化现象,例如,传统意义上的艺术形式,如音乐、舞蹈、戏剧、诗歌、视觉艺术等,以及现代艺术形式,如电影、节庆、出版、电视、广播、设计等,都是文化。

第二,满足某种特征的现象未必都是文化现象。技术创新通常包含某种程度的创意,但是技术创新的目的不是通过象征意义的传达,满足人们的精神需求,习惯上不把技术创新看作文化现象。

路标利用文字、图案等传达了某种象征意义,但是路标不具备创意性,也不是满足精神需求的产品,因此通常不把路标看作文化现象。

运动有可能满足全部三项标准,但是运动从创意性和符号性方面与传统

---

[1] 文化的定义与内涵引自:[澳]戴维·思罗斯比著,王志标、张峥嵘译:《经济学与文化》,中国人民大学出版社2011年版,第4页。

意义上的文化相去甚远，因此本书中的研究领域不涉及运动。

第三，文化的本质特征是满足人类的精神需求。本书所指的文化产品，其主要特点体现为使用价值是为了满足人们的精神需求。因此，主要满足吃穿住用行的产品不是本书所说的文化产品。文化产品在满足人们精神需求的同时，也对消费者的精神产生影响。文化对精神的影响有积极的一面，也有消极的一面：文化可以是提升人民的生活质量的手段，也可以是残暴与压迫的工具。在本书中我们关注的是文化的积极影响，文化的消极影响不在我们的研究视野中。

第四，文化既是静态事物也是动态过程。文化既可以指在某个时间点上的存量，比如现存的绘画、音乐，也可以指在一段时期内的文化流量，即随着文化生产和消费的发生，文化存量发生的改变。

第五，文化的核心组成部分是传统的表演艺术（音乐、戏剧、歌剧、舞蹈）、视觉艺术（绘画、雕刻、形体艺术）和文化遗产（博物馆、历史建筑、纪念碑和遗址），这些艺术形式之间存在交叉。图书出版、电影、流行音乐、唱片和媒体（广播、电视、报纸和因特网）等现代文化产业也逐渐被人们接受为文化的重要内容。这也是本书主要涉及的领域。

二、文化产品的特点

联合国教科文组织对文化产品做了如下定义：文化产品一般是指传播思想、符号和生活方式的消费品，它能够提供信息和娱乐，进而形成群体认同并影响文化行为。

从传统意义上讲，文化服务是指满足人们文化兴趣和需要的文化行为。文化服务通常不以货物的形式出现，它是指政府、私人机构和公共机构为社会文化实践提供的各种各样的文化支持。这种文化支持包括举行各种演出、组织文化活动、推广文化信息以及文化产品的收藏（如图书馆、文献资料中心和博物馆）等。文化服务可以是免费的，也可以是商业性的；当然在贸易中出现的文化服务，一定是有商业目的的。

本书将文化产品和文化服务笼统地称为文化产品。

我们将文化产品之外的其他产品称为经济物品。本书中的经济物品是与文化产品相对应的概念，特指其使用价值主要是为了满足消费者生理需要的物品。根据文化产品的定义，文化产品和经济物品的区别体现在以下两个方面：一是文化产品是内容产品，文化产品提供思想、符号、生活方式等内容。二是文化产品满足精神需求，而经济物品满足生理上的需求。

现实生活中的产品往往既有文化产品的特点，又有经济物品的特点。一种产品究竟是文化产品还是经济物品，取决于这种产品主要是用来满足生理需求还是主要用来满足精神需求，主要用来满足精神需求的产品才是文化产品。

文化经济学主要研究、解释文化产品的生产、消费以及分配。和经济物品相比，文化产品具有以下特点[①]：

（一）文化产品使用价值的核心是满足消费者的精神需求

商品的有用性被称为商品的使用价值。商品的使用价值首先取决于人类需求，人类需求既有生理需求，又有精神需求。文化产品使用价值的特点在于它主要是满足人类的精神需求。一把扇面印有精美字画的扇子，可以用来扇风取凉，也可以用来欣赏，如果其主要功能是扇风取凉，那么这把扇子就不是文化产品；如果扇面上不是机器印刷的字画，而是唐伯虎手绘的字画，扇子的主人一般不会用它扇风取凉，而是作为欣赏对象，则这时这把扇子就是文化产品。

主要用来满足人类精神需求是文化产品区别于其他商品的主要特点。生产文化产品，就是赋予商品满足人类精神需求的文化价值，生产的目的既可以是满足生产者自己的精神需求，也可以是满足其他消费者的精神需求。

对文化产品的精神需求反映在对文化产品的偏好上，对文化产品的选择顺序称为文化偏好，文化偏好的影响因素比工业品偏好的影响因素更复杂。文化偏好的形成及变化是研究文化产品的使用价值、预测文化需求的前提。

（二）文化产品既是消费品又是资本品

消费者消费文化产品时能得到精神满足，具有消费品的特征。文化产品又能在未来一段时间内连续提供服务流，从这一意义上讲，文化产品具有资本属性。例如，乐谱可以持久存在，能为人们提供多年甚至多代人的服务。

[①] ［美］理查德·E. 凯夫斯著，康蓉等译：《创意产业经济学：艺术的商品性》，商务印书馆2017年版，引言部分总结了文化产品的一些特点，本文参考了该引言的部分观点。

文化产品的资本属性引出了文化产品的保护以及利用问题，例如文化遗产的持续性保护和利用、代际传承等问题。

对艺术文化的理解能力是人类创造力的重要源泉，也是人力资本增加的重要方式。文化产品能提高消费者的艺术文化理解能力，艺术文化理解能力的提升不仅提高了消费者鉴赏和生产文化产品的效率，也能提高他们生产经济物品的能力和创造力。文化产品的资本属性使得文化产品的生产和消费具有明显的正外部性，由市场个体决定的文化消费数量并不符合社会资源的有效利用原则，为激励文化生产和消费，各种形式的政府补贴和社会捐赠是合理和必要的，正是基于这一原因，公共组织和私人组织保护文化产品的决策成为文化经济学需要考虑的一个问题。

（三）文化消费引起文化偏好的改变

微观经济学假定消费者的偏好是不变的。但是，美国经济学家罗伯特·弗兰克（Robert H. Frank，2007）提出："对大多数人而言，我们对体育活动或乐器演奏的主观体验，哪怕一开始不大愉快，可随着时间的推移，会变得越来越喜欢。"[①] 对乐器演奏的适应性提升了演奏者的效用，改变了他的文化偏好和效用函数。对于文化艺术品而言，随着消费的增加，消费者的文化偏好随之改变。文化经济学不仅要考虑对文化艺术产品的消费，还要考虑对消费文化产品的适应性改变了消费者的偏好，从而对以后的选择产生影响。

（四）文化产品生产过程是创意过程

工业产品的生产活动是机械的活动，生产过程中无须工人的创意。但是，文化产品生产过程不仅是物质消耗和转移的过程，更重要的是生产者的创意过程。在文化产品生产中，文化工作者特别关心能否随心所欲地赋予产品原创性。想象力和创作热情是艺术家的素质，艺术家的创造性来源于内在表达的需要，创意满足了这一需要，因而给艺术家带来效用。文化工作者在创意中表达自己的观念、获得创意的乐趣，对文化产品的认可也就是对生产者的观念的认可。

---

① ［美］罗伯特·弗兰克著，闫佳译：《牛奶可乐经济学2》，中国人民大学出版社2009年版，第106页。

在生产过程中，如何平衡艺术家创意的内在要求和消费者的需求，是摆在文化生产者面前的现实问题。艺术家的创意冲动和市场需求可能并不一致，如果文化生产者迎合消费者偏好，那么他们的创意性就可能被压抑，其内在表达的需求得不到满足，文化产品的生产过程也就不能给生产者带来乐趣。艺术家为了满足自己创意的内在需要，创作时很可能不迎合观众的口味而率性表现自己的偏好。当然完美表现艺术家偏好的作品也可能获得消费者的认可，消费者和创意者的偏好毕竟有很多地方是一致的。

艺术家在创作过程中对原创性的重视使得文化生产的组织过程变得更加复杂。如果在一项复杂的艺术生产过程中，艺术家需要与他人合作，艺术家们往往会因为坚持各自的创作偏好而产生争执。当艺术家的观点发生改变时，他们又往往苛求别人接受他们的改变。因此在文化生产过程中，艺术家们不愿接受预先限制，经常拒绝对未来作品做出任何形式的承诺。艺术家们关注他们自己的原创性而忽视市场需求，看起来他们的行为与利益最大化并不一致，但是考虑到艺术家表达自己创造性的需要，其实他们的行为并不违反效用最大化原则。

文化生产的创意性特点要求艺术家工作的时间和精力具有弹性。创意灵感的出现没有规律，艺术家的工作时间安排必须能抓住创作灵感的闪现，灵活的工作时间是艺术创作的内在要求。因此，尽管艺术家们往往具有取得高收入的才能，如果循规蹈矩地工作就能获得更多收入，但是艺术家们往往选择自由职业。由于把更多的时间用在创意工作中，艺术家的实际收入往往低于其他职业中与他们的能力、技能和教育相似的人员的收入，艺术家们少获得的收入实际上衡量了他们对内在表达需求的支付意愿。

文化生产的创意性使得生产过程本身成为生产者的消费过程。创作文化产品的过程要消耗时间、体力和精力，这是创作的生产成本，但是创作过程得到的创作乐趣却是一种收益，具有明显的消费特征。因此，文化产品的生产具有生产和消费的同一性。这种同一性在艺术生产过程中表现得最为明显，画家在创作过程中享受到的巨大的创作快感，根雕艺术家在创作过程中享受到的创作乐趣，都是生产和消费同一性的体现。文化产品生产消费过程的同一性使得文化生产和消费行为变得特别复杂。生产和消费的目的往往不是单一的，不同的生产消费目的，导致文化产品生产和消费的行为差异巨大，这是我们研究文化生产和消费行为时应该注意的。

（五）文化产品的差异性较大

产品差异性包含纵向差异和横向差异。

纵向差异体现为产品档次的不同，消费者都更偏好档次高的产品。在同时播放的众多电影中可能只有一部电影受到大多数观众的青睐，这就是电影的纵向差异。如果其他电影的票价与受观众青睐的电影票价相同，那么没有人会看其他电影。

横向差异是指档次相同的产品之间的差异，这时消费者的偏好会有所不同。当顾客购买文化产品时，他们会把它与其他同档次的文化产品做比较，如果文化产品在特性、基调、风格方面不同，而价格又相近，那么每种文化产品都能获得一部分消费者。例如两首歌曲、两部动作片，在消费者看来，特点和质量可能非常相近，但它们又不完全相同，即它们具有横向差异。当它们以相近价格出售时，都会获得部分观众。

文化产品通常同时具有横向差异与纵向差异。例如，绘画具有大小、颜色、类型、制作方式等特性，如果在绘画的所有因素中，两件作品的差别很大，那么它们具有纵向差异；如果这些因素综合在一起，两件作品差别不大，但是具体到每个因素上，它们又存在差异，则两者就存在横向差异。文化产品的特性越多，横向差异就可能越大。例如电影的质量不仅仅取决于主演的表演，还受到配角、服装、场景、音乐、故事等的影响，即使大家都认为电影乙中主角的表演比电影甲中主角的表演更出色，但是人们也会由于其他因素而更喜欢电影甲，这就是横向差异。

产品差异化对文化创作行为意义重大。产品差异性激发艺术家从各种创作可能中做出选择，营销商需要选择刺激消费的方式，中间商需要从一系列差异性产品中做出选择。画家可以创作的作品无穷无尽，存世的作品数目繁多，很多作品拥有大体相似的特点，它们的艺术价值也可能不相上下，因此，它们之间的区别主要是横向差异，艺术家创作的过程在很大程度上就是选择产品的差异化。

艺术创作选择产品差异的同时，要考虑到差异化产品的生产成本也是不同的。虽然差异化选择很多，但由于成本高昂，有些创作意图很难变为现实。比如，尽管创作一些歌曲的成本低廉，但是瓦格纳（Richard Wagner）用20多年创作的歌剧《尼伯龙根的指环》的创作成本却是高昂的，因此这种作品的数量也极少。如果文化创作的固定成本超过了消费者支付意愿的极限,产品的任何价格也难以抵消固定成本,这时就不会再有文化创作了。尽管一些音乐爱好者愿意出比较高的价格购买《尼伯龙根的指环》的门票,因为他们认为票价远低于音乐本身的价值,但是由于《尼伯龙根的指环》的巨大固定成本,事实上很多剧院根本不愿上演。由于国家级大剧院和音乐厅的经营目标包括非营利目的,这些高规格的剧院经常上演一些被认为文化价值巨大的赔本节目,这就引起了财务赤字问题,这也说明了为什么一些非营利组织必须依靠捐赠为生。

(六) 时间是文化消费的互补品

表演艺术的生产过程和消费过程是同步的,尽管现代科技可以通过录音、录像等方式把艺术表演过程保存下来,在以后重现艺术表演过程,但是这种重现和现场的消费体验获得的效用是明显不同的。

消费文化产品往往需要耗费大量时间,包括观看演出的时间、交通时间、准备时间,而且这些时间必须是连续的,而不能是碎片化的。消费者在制定文化消费决策时,必然考虑时间的机会成本。对于时间的机会成本较高、闲暇较少的消费者,文化产品消费的成本较高。

(七) 文化市场的不完全性

经济学经常根据竞争情况将市场分为完全竞争市场、垄断市场、垄断竞争市场、寡头市场。

只有交易相同产品的市场参与者数量巨大,以至于任何市场参与者都无法影响市场价格时,才认为市场是完全竞争的。没有完全相同的文化产品,因而文化市场的参与者,特别是文化产品的销售方,往往数量较少,因而完全竞争市场是不适用于文化产品分析的。

思考题:
1. 文化经济学产生的背景。
2. 文化产品有哪些特点?
3. 经济学与文化经济学的关系。

第二章

使用价值和文化偏好

受支出总额的约束，消费者对消费品的消费意愿不可能全部得到满足，因此要对不同的消费品做出取舍，以便在消费支出既定的情况下获得最大效用。消费者消费的产品既有经济物品又有文化产品，在消费支出既定的情况下，消费者需要在经济物品和文化产品之间做出取舍；在文化消费支出既定的前提下，可用来消费的文化产品种类繁多，消费者需要在不同的文化产品中做出选择。这是消费者选择问题在文化消费领域中的体现。

影响消费者对文化产品选择的因素包括文化产品本身的使用价值和消费者的偏好倾向。

第一节 文化产品的使用价值

根据消费品使用价值的性质，将消费品分为经济物品和文化产品。文化产品是指主要用来满足精神需求的产品；其他主要用来满足生理需求的产品称为经济物品。

一、文化产品的使用价值

通常情况下，一件文化产品蕴含着多种使用价值，消费者的需求也可以由多种文化产品来满足，同一件文化产品对于不同消费主体也表现出不同的使用价值，同一产品对于同一消费者在不同时间不同环境下的使用价值也不同。使用价值的这种复杂变化令研究者望而却步，经济学家一般不研究商品使用价值的内涵及其变化，但是由于文化产品使用价值与经济物品使用价值存在差异，导致文化经济学研究方法的特殊性，文化经济学需要了解文化产品给消费者带来哪些使用价值。

文化产品的特殊性在于其使用价值的双重性：大多数文化产品既具有经济价值，又具有文化价值，文化产品的使用价值主要体现在文化价值上。文化产品给消费者带来的使用价值主要是满足消费者的精神需求，但是有些文化产品也可以在满足消费者精神需求的同时满足消费者的生理需求；或者在正常情况下是用来满足精神需求的文化产品，在特定情况下也可能用来满足生理需求。历史上曾有愚昧的农妇用名画引火的例子，也有用古书做鞋样的先例。当名画用来引火时，其使用价值主要是其材质的物理特性带来的，与普通纸张的引火功用没有区别。文化产品满足消费者生理需求的属性称为文化产品的经济价值；文化产品满足消费者精神需求的属性称为文化产品的文化价值。当扇子用来扇风取凉时，体现的是扇子的经济价值；当扇子用来装饰欣赏时，体现的则是扇子的文化价值。

经济价值和文化价值都是文化产品带给消费者的满足感。经济价值和文化价值是对立统一关系，它们既具有一致性，又具有差异性。

经济价值和文化价值的区别是：经济价值主要是基于文化产品的物理形态满足消费者的生理需求的能力；文化价值则更受社会的道德观念、传统习俗等意识形态的影响，主要是指文化产品满足消费者或社会群体精神需求的能力。

经济物品的使用价值主要是经济价值，文化产品的使用价值主要是文化价值。消费者愿意支付的价格被视为对产品使用价值的货币衡量，这种支付意愿既反映了产品带给消费者的经济价值，也反映了产品带给消费者的文化价值。但是由于文化产品的公共产品属性和特别明显的外部性，消费者个人对文化产品的支付意愿只能近似地反映文化产品带给消费者的私人使用价值，却不能反映文化产品带给整个社会的使用价值。

文化产品的使用价值既可以是实际产生的，也可以是仅仅存在于概念上的。文化产品的实体是传达概念的媒介，而正是概念使产品成为文化产品，拥有了这种概念，作品就不仅有经济价值，也有了文化价值。当这种概念带给消费者效用时，我们就说文化产品的使用价值实际上产生了，即文化产品给消费者带来了效用。我们可以欣赏一幅画从而获得审美的愉悦，这时这幅画给我们带来了实际上的使用价值。但是我们也可以在没有见到某幅画时就讨论该画的文化价值，此时我们讨论的是这幅画可能带给消费者的效用，是概念上的使用价值。

如果分别依据文化价值和经济价值来评估文化产品，那就很可能会产生不一致的偏好顺序。可能甲产品的经济价值大于乙产品，而乙产品的文化价值大于甲产品。因而文化价值和经济价值之间可能具有相关性，但是其关系绝非完全一致。

二、文化价值的定义与内容

（一）定义

文化产品所具有的能够满足消费者一定的精神文化需要的特殊性质就是文化价值。艺术作品的文化价值以概念的形式存在（也有学者称为内容），如小说的故事、音乐的旋律等。作品包含的概念不受版权法保护，而且是可以交流的。概念的交流是一个连续不断的传递过程，在正常情况下，虽然艺术概念的创作者只有一个，但是却会被许多人同时拥有。

（二）文化价值的特点

1. 文化价值具有主观性和客观性的双重属性

文化价值的主观性是指文化价值是人的主观心理感受：文化价值体现在文化产品满足人的精神需求的能力上，人的精神需求决定了一定的文化产品是否有文化价值、有多大的文化价值。由于文化需求是人的一种精神需求，精神需求是复杂多样的，因而同一种文化产品对不同的人而言文化价值也可能相差甚大。对于某个社会群体具有巨大文化价值的事物，对于另一个社会群体可能不具有文化价值，或者只有很少的文化价值。文化价值的客观性是指一件文化产品拥有审美、艺术、考古、历史、建筑等的内在特征。文化价值的客观性承认纯粹的、自我指涉的、内在一致的美学上的文化价值与社会及政治相分离，这种客观的文化价值是不以阶级、政治、文化意识形态为转移的。

2. 文化价值既具有共性，又具有个性

个人的心理需求不同，对文化价值的认识也不同，对于同一首歌曲，有的人喜欢，有的人不喜欢，这是文化价值的个性的体现。但是在不同的文化价值认识中存在一致的共识，这是文化价值的共性。尽管人们对《清明上河图》的评价不尽相同，但是大多数人都会承认《清明上河图》具有很高的文化价值，这说明对文化价值的个性认识中存在共性。

3. 文化价值具有历史性

文化价值的主观性受社会文化背景的影响，一个人的文化偏好不可避免地带有时代特征，因而不同时代的人的文化偏好是不同的。文化价值的历史性体现为文化价值的内涵是变化的，当下女孩崇尚苗条，但是大唐时代人们以微腴为美，这体现出美的内涵具有历史时代性。个人对文化价值的评估可能会随着时间的改变而改变，因此一件文化作品的均衡文化价值可能要花很长时间才能建立起来，即使均衡文化价值已经建立，它也可能在以后的时间里发生变化。

4. 概念上的文化价值是公共物品

文化产品包含的概念既没有排他性，又没有竞争性，因此是一种公共物品。既然文化产品的文化价值既可以是实际上的，也可以是概念上的，私人对文化产品的支付意愿只体现实际上的文化价值，不能体现概念上的文化价值，因而私人的支付意愿不能体现文化价值的全部。评估概念上的文化价值，需要将每个人对它的评价加总，得到概念在影响范围内的文化价值。在文化产品的交易过程中，交易者会对这个概念的文化价值进行评估，这种对文化价值的评估将对文化产品的交易价格产生直接影响。这种评估的指标也许是单一的，即交易者将许多标准概括为一个扼要的判断（如这个作品是好作品、这是很糟的作品等），也许是多元的。

5. 文化价值的持续性

文化价值的影响具有持续性，文化价值会在相当长时间内产生效用。文化价值的持续性可能来自文化产品实体的持续性，例如唐伯虎的《四美图》给几百年来的欣赏者带来了审美体验，可能还会继续给未来的欣赏者带来审美体验。文化价值的持续性也可能来自概念上的持续性，我国的古琴曲《高山流水》文化价值的持续性则来自其概念上的延续。

（三）文化价值的内容

文化价值的内容广泛，不同的研究者提出了一些不同的文化价值内容。戴维·思罗斯比认为文化价值包括美学价值、精神价值、社会价值、历史价值、象征价值以及真实价值。[①]

1. 审美价值

作品所具有的美感、和谐、外形以及其他的美学特征是公认的文化价值构成部分。美学价值可能受到风格、时尚及品位的影响。

2. 精神价值

文化产品的精神价值是指对于民族、群体或者宗教信仰者的成员的特殊文化意义。从世俗的观点看，精神价值指全人类共有的内在品质。精神价值传递的有益结果包括促进理解、启迪智慧和提供洞见。

3. 社会价值

文化作品展现人与人之间的社会关系，可以有助于我们理解所处社会的本质，并且有助于形成身份和地位的意识。

4. 历史价值

历史价值是指一件文化作品与历史的关联，即文化作品反映创作时代的生活状况，在艺术史上起到承前启后的作用。

5. 象征价值

文化产品是象征意义的储备库及传递者。如果一个人在欣赏文化产品时提炼了其象征意义，则文化产品就实现了它的象征价值。文化产品的象征价值既包含文化产品传达的意义的本质，也体现了文化产品对消费者的价值。

6. 真实价值

文化产品的真实价值是指作品的真正、原创及独一无二性。文化作品的其他价值依附于它的真实价值，这将极大地削弱复制品及赝品的文化价值。

三、美术馆的经济价值和文化价值

美术馆具有储藏、展示、交易和研究等功能，不同的人对美术馆作用的理解不一样，下面利用文化产品的经济价值和文化价值理论分析美术馆的价值。

（一）美术馆的经济价值

美术馆及其藏品服务的经济价值包括私人经济价值、公共经济价值以及

[①] ［澳］戴维·思罗斯比著，王志标、张峥嵘译：《经济学与文化》，中国人民大学出版社2011年版，第30~31页。

外部性。

美术馆及馆藏品的服务的私人经济价值是指美术馆提供的对消费者私人服务的经济价值，这些私人服务可能成为消费者的最终消费，也可能以某种方式成为进一步生产过程的投入。这包括以下情形：如果参观者在美术馆内购物，则购物产生的消费者剩余也成为美术馆提供给消费者的私人经济价值；美术馆直接给予捐赠者的有形或无形的报酬成为捐赠者私人获得的经济价值；美术馆对社会承担的管理与保护藏品的服务。

美术馆及藏品服务的公共经济价值包括以下几个方面：给予人们参观美术馆的选择权；留给后世遗产的价值；提供欣赏艺术的环境。

美术馆及其藏品服务的外部性包括以下几个方面：对其他产业及商业的带动作用；工作机会的增加。

（二）美术馆及其藏品的文化价值

美术馆的文化价值有多种来源，可以分为两类：馆内文化产品的文化价值和美术馆本身的文化价值。

1. 馆内文化产品的文化价值

文化产品具有审美、精神、社会、真实和历史价值。馆内储藏或者展示的文化产品的文化价值是一个持续的实现过程，这个过程向人们传递信息、建构某种意义，或者使人们获得启蒙。不同的人对馆藏文化产品文化价值的评价不同，但是评价的准则依然是上述六项。

2. 美术馆的文化价值

美术馆建筑本身有可能就是一件艺术品，作为艺术品的文化价值主要体现在以下几个方面：第一，参观者参观美术馆获得体验的私人文化价值，参观者的私人文化价值是参观美术馆获得的对美术馆建筑的审美体验、精神体验等；第二，美术馆的公共文化价值是指美术馆带给公众的关于艺术、文化与社会方面的效用，包括以下几种：扮演了协助文化认同的角色；影响公众文化价值的形成；联系其他文化；存在价值，不论是否参观美术馆，人们都从美术馆的存在中获得满足；建筑式样的文化价值等。

第二节 文化偏好

文化产品的使用价值不仅取决于文化产品自身的属性，也受到消费者偏好的影响，这是文化价值的主观性的内在含义。消费者偏好描述了消费者选择商品的倾向，消费者选择文化产品的倾向就是文化偏好。经济学一般假定消费者偏好是既定的，不考虑消费者偏好的形成和变化，但是文化经济学把文化偏好作为主要研究内容之一，因为文化偏好会影响文化需求，反过来，文化需求也会影响文化偏好，因此文化偏好在消费者消费文化产品的过程中不断变化。下面介绍文化偏好的定义、特点以及影响因素。

一、文化偏好的定义

文化偏好是消费者对文化产品的消费倾向，这种消费倾向指消费者认为某种物品具有值得消费的文化价值并愿意为它付出代价的倾向。多数文化经济学家在其著作中将文化偏好称为品位，本书采用文化偏好的概念是为了与经济学中的偏好概念保持一致。

消费者在选择产品时可能注重产品的经济价值，也可能强调产品的文化价值，如果消费商品的目的是为了得到商品的文化价值，这种消费就是文化消费。根据消费者消费商品的目的不同，可以把消费者分为两类：一类是注重商品经济价值的消费者，我们称这部分消费者为经济消费者；另一类是注重文化价值的消费者，我们称他们为文化消费者。

文化偏好既体现在当消费者面对文化产品和经济物品时所做的选择上，又体现在面对不同文化产品时所做的选择上。在消费支出既定的情况下，当消费者文化消费支出所占比例较大时，我们说消费者偏好文化产品，在日常生活中，他们更可能成为文化消费者。在文化消费支出既定的前提下，如果消费者在音乐上的消费支出占比大，其他文化产品消费支出占比小，我们说他偏好音乐。

文化偏好应该满足经济学关于偏好的基本假设。我们用 x 表示文化产品的消费量，y 表示经济物品的消费量，(x, y) 就是消费者的一个文化产品和经济物品的消费束，$(x_1, y_1) \geqslant (x_2, y_2)$ 表示消费者认为消费束 (x_1, y_1)

至少与消费束（x_2，y_2）一样好，则：

完备性公理：任何两个消费束都是可以比较的，即（x_1，y_1）$\geq$（x_2，y_2）与（x_2，y_2）$\geq$（x_1，y_1）至少有一个成立。

自反性公理：（x_1，y_1）$\geq$（x_1，y_1）成立。

传递性公理：如果（x_1，y_1）$\geq$（x_2，y_2）、（x_2，y_2）$\geq$（x_3，y_3）成立，则（x_1，y_1）$\geq$（x_3，y_3）。

二、文化偏好的特点

（一）文化偏好具有普遍性

文化偏好是一种普遍存在的现象。无论什么人，都会表现出对文化消费的某种程度的偏好，只不过不同的人文化偏好程度不同、偏好的文化产品类型不同罢了。文化偏好的普遍性就体现在消费者有差异的文化偏好之中。

文化偏好的普遍性还表现在文化偏好影响的广泛性上。文化偏好不仅影响消费者对文化产品的消费，还影响消费者对经济物品的消费，如服装、食品、家具和装饰品等的消费无不体现着消费者的文化偏好。尽管如此，限于文化经济学的研究对象，我们主要关注文化偏好对文化产品消费的影响。

（二）文化偏好具有差异性

文化偏好的差异性首先表现在不同群体文化偏好的差异上。文化偏好典型的特征是它与不同的文化环境相适应，局限于某种文化的分布范围之内。不同文化或亚文化层次的消费者，其文化偏好有很大差别。这就意味着，某一特定类型的文化偏好严格局限于某一特定人群。通过观察种种消费者的购买行为的特点，我们能够识别并划分出各种明确的文化偏好。

文化偏好的差异性还表现为每个个体的文化偏好不同于其他个体，因此，即使面对相同的环境，不同的消费者也会做出不同的文化消费选择。

（三）文化偏好具有共性

文化偏好往往是某一群体的共同行为倾向，因而具有共同性。文化偏好是由于消费者受环境的长期刺激而产生的心理反应，由于某一群体长期处于同一文化环境中，这种心理反应不是某个个体的认识倾向，而是某个文化圈或群体共同的心理反应,因而经常会出现某一群体的文化偏好趋同的趋势。文化偏好是由群体强加给其成员的,在多数情况下,个人要同所处群体的文化偏好保持一致。

因为文化偏好的共同性,可以将文化偏好作为划分群体的标准,即把具有相同文化偏好的人群看作一个集体。如我们说王三的"粉丝"就是以文化偏好划分群体的例子。

(四) 文化偏好既具有稳定性又具有变化性

文化偏好在短期内是稳定的,如果没有其他明显的原因,人们表现出的行为倾向在短期内显示出一致性,文化偏好就通过行为倾向的重复表现而保持自己的稳定性。消费者喜欢的音乐类型在短期内是固定的,爱好的电影类型短期内也不会有大的变化。

在长期中,由于消费、教育、社会文化等因素的变化,文化偏好表现出明显的变化性。著名经济学家马歇尔(Alfred Marshall)在其名著《经济学原理》中指出:"一物对任何人的边际效用随着他拥有此物数量的每一点增加而递减。可是,应当说明的是,在这一规律之中还有一个暗含的条件:我们假定,不允许在这期间有机会使消费者在性格和爱好上发生任何变化。因此,这规律就没有这些例外:一个人听优美的音乐越多,他对音乐的爱好就会越强烈。"① 从上述表述中可以看出,马歇尔认识到:在一个比较长的时期内,消费者对音乐的消费会改变消费者对音乐的偏好;欣赏越多优美的音乐,消费者就越喜欢音乐。不仅是音乐,其他许多文化产品也具有这种特点:随着对某种文化产品消费的增加,消费者会越来越喜欢这种文化产品。

当我们考虑文化产品的消费行为、文化产品的生产行为以及公共文化政策时,仅仅考虑文化决策的短期影响是不够的,还必须考虑长期影响。

三、影响文化偏好的因素

通常认为,影响文化偏好形成和变化的因素有很多,这些因素的不同和变化解释了不同文化偏好的形成和变化。但在不同时期,对不同人群来说,发挥主要作用的影响因素可能不同。

---

① [英] 马歇尔著,廉运杰译:《经济学原理》,华夏出版社2017年版,第89页。

（一）对文化产品鉴赏力的训练

消费者的文化偏好来自社会环境对消费者的长期刺激或影响，这些社会环境包括风俗习惯、价值观、道德、宗教信仰、法律等。

对鉴赏力的训练需要投入时间接触文化产品，这也就意味着随着时间的改变，消费者接触的文化产品越多，对文化产品的理解能力和鉴赏能力越强，消费者越喜欢消费这种文化产品。

通常认为，消费者的文化鉴赏能力是通过在家庭和教育系统中后天培养形成的，文化偏好是这种后天培养的文化鉴赏能力的产物，文化鉴赏能力是形成文化偏好的前提条件。

（二）社会阶层

不同阶层的人具有不同的文化偏好，一些人甚至将文化偏好等同于社会阶层。大量研究想找出文化偏好和社会阶层之间的关系，各种研究的结论倾向于认可文化偏好的阶层性，即同一社会阶层中的人拥有相同的文化偏好，不同社会阶层的人拥有不同的文化偏好。这主要是因为相同阶层的群体价值观比较一致、人生经历和教育水平比较相似，这些因素造成对某一事物的共同认识和追求。例如，上流社会成员显示出对高雅文化的偏好，而中低社会阶层的成员更喜欢消费大众文化产品。

依据这种理论，我们可以假设文化偏好取决于消费者的社会地位，这就是说，依据社会的等级结构，我们可以解释文化消费的变化。

社会阶层是文化偏好的原因，还是社会阶层和文化偏好是由相同的原因引起的，因此二者才高度相关？对于这一问题的解答还是存在争议的。社会阶层和文化偏好都与消费者的收入和受教育程度密切相关，那些具有更多资本（经济和文化资本）的人，不但在社会地位方面居于主导地位，而且在文化偏好上也处于引导地位。收入水平低、受教育程度低的群体往往社会地位比较低，同时他们具有平庸、平凡的文化偏好，或说流行的、大众化的文化偏好。

不同社会阶层表现出的文化偏好差别很大。例如，普通大众喜爱通俗的文化产品，而精英阶层往往偏好那些已经被历史精炼的高雅艺术。但是也有些艺术形式获得了各种阶层人们的偏好，音乐的发烧友就具有广泛的社会和文化背景。音乐被称为易于获得的文化产品：人们可以用极低的成本欣赏到音乐，可以利用零星的时间欣赏音乐，即使没有受过专门的音乐训练也能欣赏音乐。

（三）教育程度

大量研究显示，受到高等教育的人群往往参加更多的高雅文化活动，像文学阅读、参观博物馆、观看芭蕾舞、观看歌剧和戏剧等。受到较高教育的人群通常收入水平较高、艺术鉴赏能力较强、社会地位较高，他们有能力、有条件欣赏高雅艺术。教育程度低的人群往往缺乏高雅艺术的鉴赏能力，而且多数人收入水平较低，这限制了其支付文化消费的能力。可以进一步推论，受教育程度在文化偏好的划分上起了重要作用。

（四）文化资本

文化资本指消费者对文化资源的认识和理解能力，以及各种可以用于生产和创意活动的文化资源。文化资本在生活的各个方面发挥重要作用，在消费领域，文化资本以影响消费者的文化偏好的形式发挥作用。

对文化产品的认识和理解能力，影响消费者的文化消费，文化产品的消费反过来增加文化资本。在文化消费过程中，消费者得到文化体验和艺术鉴赏能力的培养，这种过程提升了人们对文化产品的认识和理解能力，因而文化消费不仅能满足消费者的精神需求，还能增加消费者的文化资本。消费者从欣赏音乐的过程中得到满足，听音乐的时间越长，消费者对音乐的认识和理解就越多，消费者欣赏音乐的数量随着用在音乐欣赏上的时间增加而增加，消费者欣赏音乐的质量也随着积累的音乐知识和经验的增加而提高（"文化资本"的一种形式）。尤其是消费者已有的音乐欣赏能力能够提高消费者欣赏音乐的效率，即：消费者的鉴赏力越强，每小时从欣赏音乐中得到的愉悦就越多。

（五）家庭环境

对文化产品的鉴赏能力需要大量的训练才能获得，如果一个人生活于具有良好文化艺术氛围的家庭环境中，艺术鉴赏力的良好训练就会通过家庭比较容易地获得。在文化创作和消费过程中，家庭成员之间会进行各种交流，文化资本在家庭文化实践过程中从上一代人传递给下一代人。我们可以设想生于视觉艺术世家或者音乐艺术世家的孩子在获得对视觉艺术或者音乐艺术的鉴赏力的训练方面具有天然的优势。当一个孩子说，他在高考前准备了两三个月就考上了某工艺美术学院的时候，我并没有感到奇怪，因为他的父亲是一位中学美术教师。

（六）艺术爱好者之间的交流

当人们不了解消费某种产品可以给他们带来什么好处时，或者当了解这种产品的使用价值要支付高额费用时，人们往往按照大多数人的选择进行选择，这就是从众现象。这种从众现象在文化消费中尤为突出，艺术爱好者之间的交流是产生从众现象的途径，因为艺术交流使得消费者的文化偏好趋于一致。在火车上两个陌生人，因为都是某歌星的"粉丝"，就在火车上一起观看这位歌星的演唱会，分享关于这位歌星的轶闻，交流关于这位歌星的看法，一路下来，俨然一对老朋友。艺术爱好者之间的交流提高了他们的文化资本，影响了他们的文化偏好。

（七）其他因素

随着研究的深入，学者们提出了其他解释文化偏好的理论。没有哪一种因素单独决定人们的文化偏好，很多研究强调年龄、性别、种族、职业和宗教倾向，一个消费者之所以表现出某种文化偏好是各种影响因素综合作用的结果。

思考题：

1. 文化价值包含哪些内容？
2. 文化价值有什么特点？
3. 分析文化偏好的特点和影响因素。

第三章

文化需求

发展文化艺术的目的是为了满足人民的文化需求，在制定文化生产决策之前应该预测消费者的文化需求的种类和数量，使文化生产的种类和数量与人民对文化需求的种类和数量相匹配。经济学家用效用表示消费者从消费某种产品或体验某种活动中获得的满足感，理性消费者通过比较计算，选择效用最大化的消费组合。本章研究文化需求量的测量以及影响因素。

第一节 文化需求的内涵

文化需求是指消费者能够支付得起并且愿意购买的最佳文化产品数量。经济学研究了影响商品需求的因素，但是文化需求有其特殊的影响因素。我们在本节阐明文化需求的含义，下一节考虑其影响因素。

一、消费者的预算约束

人的欲望是无穷的，对于能为消费者带来好处的商品，在消费者没有达到餍足点①之前，消费者总是希望得到的越多越好。但是消费者必须在其购买能力允许的情况下做出选择。下面解释购买力对消费者的约束。

---

① 经济学中假定在一定时期内消费商品的边际效用递减，如果消费者消费某和商品的数量达到了边际效用为零，这种商品的消费就达到了餍足点。由于受到消费支出量的限制，现实生活中很难出现消费达到餍足点的情况，因此，通常假定消费者的消费量没有达到餍足点。

假定消费者仅仅消费两种商品：经济物品和文化产品，用来消费经济物品和文化产品的支出为 m，经济物品的价格为 p_1，文化产品的价格为 p_2，则消费者购买经济物品和文化产品的消费不能大于 m，因此，若消费的经济物品量为 x_1，则消费的文化产品量 x_2 必须满足以下关系：

$$p_1 x_1 + p_2 x_2 \leq m$$

上述不等式被称为消费者的预算约束。图 3-1 中 x 轴、y 轴和 $p_1 x_1 + p_2 x_2 = m$ 围成的三角形区域即表示消费者可以选择的消费组合的集合。

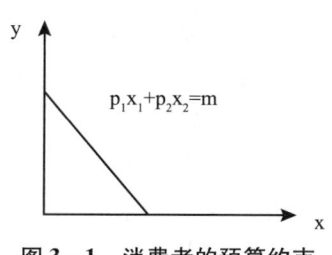

图 3-1　消费者的预算约束

直线上方的点表示的消费组合是消费者的购买能力所达不到的。

二、文化偏好的描述

消费者面临着在文化产品和经济物品之间做出选择，也面临着在不同文化产品之间做出选择。消费者选择理论提供了研究商品需求的工具，但是用需求理论研究文化产品的选择时，应该考虑文化偏好的特点。

（一）文化偏好的几何描述

第二章介绍了文化偏好的定义及其影响因素。在经济学中，一般用无差异曲线描述偏好。

如果 $(x_1, y_1) \geq (x_2, y_2)$，$(x_2, y_2) \geq (x_1, y_1)$ 同时成立了，则说 (x_1, y_1) 与 (x_2, y_2) 是无差异的。

典型的无差异曲线如图 3-2 所示，无差异曲线上的点代表的消费束对消费者来说是无差异的。

图 3-2 中的典型无差异曲线还需要满足两个条件：

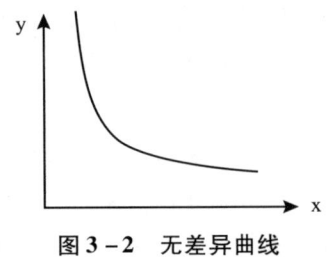

图 3-2 无差异曲线

一是单调性：文化产品 x 和经济物品 y 都不是厌恶品，都能给消费者带来好处，这样对于消费者来说，消费的文化产品和经济物品数量多多益善。该假设保证了无差异曲线具有负斜率。

二是凸性：消费者更偏好均匀消费，对于任何两个消费束（x_1，y_1）与（x_2，y_2）来说，消费束（$tx_1+(1-t)x_2$，$ty_1+(1-t)y_2$），$0 \leq t \leq 1$，都是消费者的更爱。消费者更喜欢多样化选择，凸性保证了无差异曲线是凸向原点的。

(二) 文化偏好的代数表示

就像消费经济物品一样，消费者消费文化产品也获得了某种满足感，但是文化产品又不同于经济物品，消费文化产品给消费者带来的主要是精神方面的满足。效用是指某种产品带给消费者的满足感。

文化产品的效用可能是文化产品给消费者带来的消遣娱乐，也可能是文化产品描绘并帮助我们建构了自身的内在生活、幻想、情感和认同。文化产品构造消费者的精神生活，启蒙消费者的心智，激发消费者的创造力等，这是文化产品提供给消费者的效用。

通常假定，人类消费行为的最终目的是追求效用最大化。

基数效用论假设可以用绝对数衡量消费行为给消费者带来的满意程度。比如我们可以问一个消费者：你从听唱片中获得的效用是多少？他可能回答：30 个单位的效用。

假设消费者消费两种物品：文化产品和经济物品，则消费者获得的效用水平取决于两种商品的消费量，用函数表示为：$u=f(x,y)$，其中，u 表示效用水平，x 表示文化产品的消费量，y 表示经济物品的消费量。

经济学家的基数效用论受到许多批评。一种批评是：效用是虚幻的，用效用衡量消费者的满意程度是不可捉摸的，因此，效用不能用绝对单位衡量。另一种批评抓住了基数效用论的核心：效用是一种心理感觉，即使一个人可以明确地感知两组物品的不同效用，不同人的效用仍然不能比较，因而很难用某种单位统一衡量不同消费者的效用。比如一个人可能认为汽车的效用比鸡蛋大，但是我们却不能比较汽车对两个人的效用大小。

经济学家提出序数效用论来应对这种批评。序数效用论的核心是：效用仅仅表明消费者对商品带来的满意程度的排序，或者说效用反映了消费者对商品的偏好排序。即如果消费者认为商品 1 的效用是 1，商品 2 的效用是 2，仅仅表明消费者更偏好商品 2；消费者认为商品 1 和商品 2 的效用分别是 100 和 500，也表明消费者更偏好商品 2。因此，两种效用表示方法是一样的。

根据序数效用理论，对消费者而言，重要的是对商品的偏好排序。因而我们只要记住：基数效用的大小仅仅代表同一消费者对不同商品满意度的排序，而不去比较不同消费者的效用大小，也不对效用进行加总，那么，基数效用论就可以提供简单的讨论方法，而不会产生无意义的结论。

效用函数相当于对无差异曲线编号，对消费者更偏好的无差异曲线指定一个更大的效用，因此，无差异曲线可以理解为偏好的几何描述，效用函数则是无差异曲线的函数表达方式。

三、边际效用递减规律

在消费了一定量产品的基础上再多消费一单位产品所带来的效用称为边际效用。

边际效用显然与消费数量有关。当你没有唱片时，购买第一张唱片带给你 30 单位效用，但是当你拥有 30 张唱片时，再购买一张唱片可能只给你带来 10 单位效用。

边际效用递减规律反映了边际效用和消费数量之间的关系，这一规律是指：在短期内，当偏好保持不变时，一个人对任何一种商品的消费量越多，该商品带给消费者的边际效用越小。

边际效用递减规律实际上是一种心理规律，我们日常生活中消费的大量商品，都满足这一规律。然而对某些商品的消费却不满足这一规律，能够使人上瘾的商品及网络化商品，边际效用都不一定递减。

边际效用递减规律和消费的时间长短有关，对于大多数商品来说，在短期内，边际效用递减规律都成立，但是在长期内，如果消费者的偏好随着消费而改变，那么商品的边际效用就不一定递减，边际效用递减规律不成立，或者只在消费数量很大时才成立。

对一些文化产品，长期中消费的边际效用递减规律可能不适用，而边际效用递增规律可能成立，这主要是因为长期中文化偏好随着文化产品的消费而改变。例如，对传统戏剧而言，随着欣赏传统戏剧的增加，对传统戏剧的认识和理解增加，则对传统戏剧的喜爱也会增加，而对传统戏剧偏好的变化反过来进一步增加了欣赏传统戏剧的效用。当然，我们应该注意到，文化产品消费的边际效用递增是一个长期现象，在短期内，消费还是表现为边际效用递减。

通常使用等效用曲线描述偏好。等效用曲线上面的每一个点代表一个消费组合，它们给消费者带来的效用都是相同的（见图3-3）。

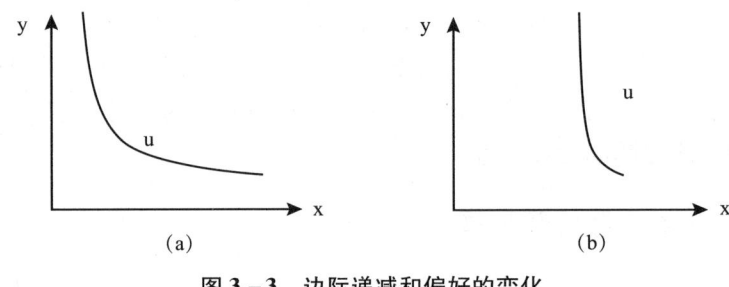

图3-3　边际递减和偏好的变化

边际效用递减表现为等效用曲线是凸向原点的，图3-3中 x 表示文化产品的消费量，y 表示经济物品的消费量，图3-3（b）代表的消费者比图3-3（a）的消费者更偏好文化产品。

第二节　文化需求的影响因素

一、消费者选择

文化需求是指当其他条件不变时，在一定的文化产品价格下，消费者能够支付得起的最佳文化产品数量。消费者形成对文化产品的需求需要具备两个条件:一是消费者在主观上愿意消费;二是消费者在客观上具备支付能力。

能够支付是指消费束满足消费者的预算约束,愿意购买是指对消费者而言能带来最大效用的消费组合。消费者的决策可以用约束最大化模型来表示。

$$\max_{x,y} u(x, y)$$
$$s.t. \quad p_1 x + p_2 y = m$$

式中,x 表示文化产品的消费量,y 表示经济物品的消费量,p_1 表示 x 的价格,p_2 表示 y 的价格,m 表示消费者的支出水平。图 3-4 的均衡点 P^* 表示消费者的选择。

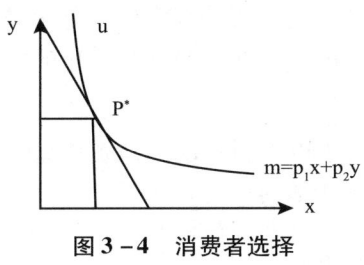

图 3-4 消费者选择

主观上愿意消费就是消费者要有对文化产品的偏好。我们已在第二章第二节文化偏好中讨论了消费者文化偏好的特点及影响因素,此处假定短期中消费者的文化偏好不变,长期中文化偏好受文化消费的影响。

二、文化需求的影响因素

影响文化需求的因素很多,除了文化产品本身的价格外,影响消费者对文化产品需求的还有以下因素:

(一) 消费者的收入

客观上具有支付能力是指消费者的货币收入买得起文化产品。消费者的收入可以购买多种商品,根据马斯洛消费理论,消费者满足了生存需求之后,剩余的收入供消费者购买满足享受和发展需求的商品。大多数文化产品是用来满足享受和发展需求的,消费者只有满足了基本生存需求之后,才会计划购买文化产品。消费者收入足够多时,才能真正形成对艺术文化产品的需求。

消费者购买产品需要支出货币，他的收入是消费支出的基础。各种商品的需求都受收入水平的影响，但是不同的商品受收入影响的程度不同。反映收入对需求影响的是消费函数，一种商品的消费函数是指在其他条件不变的情况下，消费者在各种收入水平上购买的商品数量。一般情况下，中等收入水平的家庭观看现场表演的次数比贫困家庭多，而富裕家庭观看现场表演的次数则更多。

对高雅文化的需求受收入的影响较大，原因有两个：一个原因是高雅文化产品被视为炫耀身份和文化偏好的奢侈品，在观看高雅艺术表演时，观众比较在意一同观看表演的观众的身份地位，如果周围的观众身份地位较高，那么消费者得到的认同感会大大提高他们消费高雅艺术的效用。另一个原因是，对高雅艺术的需求同消费者所受教育程度正相关，而消费者接受的教育程度与收入水平正相关，因此消费者对高雅文化的需求同收入之间具有正相关性。

消费者的收入增加，能够支付得起的消费束集合变大，消费者的选择范围变大，它可以选择的文化消费更多。

（二）相关产品的价格

像其他商品一样，文化产品的消费不仅受本身价格的影响，也受其他相关产品价格的影响。这些相关产品包括文化产品的替代品和互补品。

多数商品都有替代品。替代品是指对于消费者获得效用来说，可以相互替代的商品。当一种文化产品的替代品价格下降时，这种文化产品的消费量会下降，例如当杂志的价格下降时，报纸的消费量会下降。这种影响的大小取决于两种文化产品的替代程度。

互补品是只有同时消费才能给消费者带来效用的商品。当一种文化产品的互补品价格上涨时，这种文化产品的消费量会下降。例如对激光唱片的需求在很大程度上取决于光盘播放机的价格。艺术表演门票的需求受交通费用、停车费、餐厅就餐费等的影响。欣赏戏剧只有在戏院里才有较好的效果，所以剧院往往和戏剧一同消费。可以认为戏剧演出的票价 P 包括两部分，即剧院的折旧成本 P_1 和演出的价格 P_2，即 $P = P_1 + P_2$，在 P_2 不变的情况下，当剧院的折旧成本 P_1 上升时，票价 P 上升，从而对表演的需求量下降。

即使一种商品既不是某种文化产品的替代品，又不是它的互补品，这种商品价格的变化,依然会对文化产品的消费产生影响。这是因为,当这种商品的价格上涨时,消费者的真实收入减少了,消费者能购买的文化产品数量也就减少了。

(三) 文化偏好

文化偏好是影响文化需求量的一个重要因素,当消费者更偏好文化产品时,他倾向于消费更多的文化产品而不是经济物品。同理,对不同的文化产品的不同偏好决定了消费者消费的文化产品的类型。有些消费者热爱戏剧但是对美术一窍不通,有的消费者喜欢视觉艺术而不喜欢表演艺术。对文化产品的文化偏好不同,是消费者消费的文化产品种类和数量不同的主要原因。

经济学一般假定消费者的偏好不变,研究当商品的价格或消费者收入变化时,商品需求量的变化。多数人相信有必要增加消费者对艺术的消费,因此就要使更多的消费者偏好艺术。文化经济学要阐述文化偏好是怎样形成和变化的。文化偏好被看作是一种逐渐养成的偏好,也就是说只有首先接触艺术,才会渐渐认识、理解、喜欢它,并且这种接触也许要在特定的环境下经过很长的时间才起作用。为了增加消费者对文化产品的消费,必须培养消费者的文化偏好,因此理解消费者文化偏好的形成就是至关重要的。

图3-5(a)表示短期中在消费者的文化偏好不变的情况下,消费者的消费选择。图3-5(b)表示长期中消费者的文化消费使消费者更偏好文化产品时,消费者的消费选择。可以看出,在消费支出不变的情况下,图3-5(b)代表的消费者比图3-5(a)代表的消费者消费更多的文化产品。这就是文化偏好变化后对消费者的影响,戏曲、戏剧等文化产品的偏好需要培养,因此,我们可以观察到,老年人比年轻人更喜欢戏曲、戏剧等文化产品。

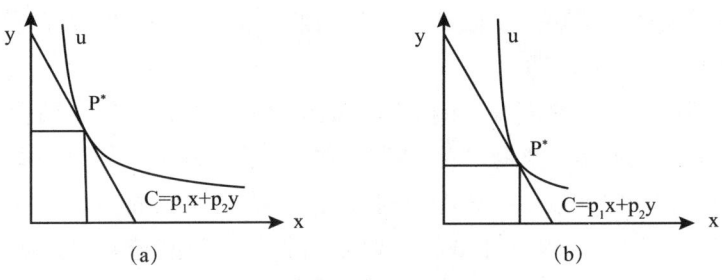

图3-5 偏好变化对消费者选择的影响

(四) 闲暇时间

闲暇时间是指人们在工作时间之外，除去满足生理需要和家庭劳动等生活必要的时间后，剩余的个人可以自由支配的时间。与经济物品的消费相比，文化消费需要花费的闲暇时间更多，由于文化产品大多属于体验型物品，所以大多数文化消费安排在闲暇时间进行。读书、看报、看电影、看电视、参加音乐晚会、参观博物馆、参观画展等都需要闲暇时间，而且需要很长的连续的闲暇时间，在进行文化消费时就同时消费了闲暇，从这种意义上讲，文化产品和闲暇是互补品。

消费者消费的艺术文化产品数量受闲暇时间的机会成本的影响。在其他条件不变的情况下，一个消费者的闲暇时间越多，闲暇时间的机会成本就越低，他消费的文化产品和服务就越多。

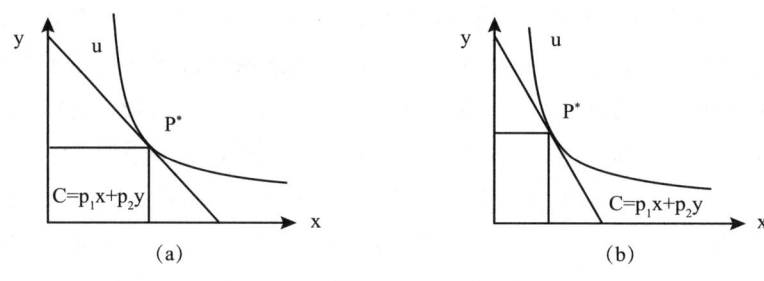

图 3-6 闲暇对文化消费的影响

由于时间是文化消费的互补品，可以把消费文化产品需要的时间和文化产品合在一起看作是一种文化产品。此时，时间的机会成本增加，相当于文化产品的价格增加，图 3-6 (b) 代表的文化产品价格比图 3-6 (a) 更高，消费的文化产品更少，因此，互补品的价格上升类似于产品价格上升，会减少文化产品的消费量。

消费者的工资水平越高，闲暇时间的机会成本越高，因而消费文化产品的成本越高，从而减少文化产品的消费数量。收入的上升导致的文化产品需求的增加，在一定程度上被闲暇时间机会成本的上升所抵消。思罗斯比和威瑟斯利用美国 1929～1973 年戏剧、歌剧和非营利表演艺术的数据进行计量分析，结果显示全部的收入弹性（将闲暇时间作为收入的一个组成部分）

为 2.7，但是闲暇时间的机会成本抵消了 1.6，净收入弹性为 1.1。①

（五）受教育程度

这里的教育既指学校教育，又指家庭教育。消费者受教育程度不同，对文化产品的需求也不同。教育主要是通过影响消费者对一些文化产品的认识、理解能力从而改变消费者的文化偏好来影响文化消费。

教育对不同类型的文化产品需求的影响不同。一些文化产品的消费不需要特别的理解能力，比如电视、大众电影、流行歌曲，受教育程度对这类文化产品的消费影响较小。受教育程度对一些文化产品的消费影响较大，比如古典音乐、舞蹈、绘画，理解这些产品需要较多的文化资本。教育主要影响消费者消费的文化产品种类，消费者受教育的程度不同，他们消费的文化产品的种类往往也不同。

以上这些因素共同影响文化消费，但是在不同的文化消费和不同的群体中各个因素起的作用不同。

年轻人为什么花大量的时间听音乐？很难简单解释这个问题，因为存在着许多相互影响的因素。一般情况下，年轻人由于知识和经验有限，所以每小时的工资比较低，他们的总收入也就不高，但工作的时间很少，因此有更多的时间来欣赏音乐。流行音乐对文化资本的要求较低，年轻人的文化资本可以满足欣赏流行音乐的要求，因此，年轻人喜欢听流行音乐。早期欣赏音乐的经历可以为消费者积累大量的文化资本，并在人生后期得到回报，到那时丰富的文化资本就能帮助他们更好地享受音乐，投入欣赏音乐的时间也会更多，人们随着年龄的增长花在听音乐上的时间越多，尤其是到了晚年。

老年人喜欢听戏曲的原因则可能是因为闲暇时间充足和文化资本丰富。人生积累的文化资本使他们能够欣赏戏曲的韵味，闲暇时间充足降低了戏曲节奏缓慢带给消费者的机会成本。

表演艺术的赞助者大都比较富有和成熟，并受过良好的教育。这个事实并不让人吃惊，但它却使许多表演爱好者感到沮丧。为什么不能让更多的人加入艺术赞助者的队伍中呢？这些娱乐活动只是为富人举办的吗？组织和举

---

① C. D. Throsby, G. A. Withers. The Economics of the Performing Arts. New York: St. Martin's, 1979, pp. 113–114.

办这些活动是为了让没钱人和地位低的人靠边站吗？这样是否意味着参与艺术活动只与一个人受教育程度有关？它是否牵涉到这个人的经济承受能力或社会阶层之间的差距？当然，人们的收入与其受教育的程度是正相关的，这就有助于我们弄清教育与收入对观看艺术表演的影响。但证据表明，受教育程度对观看表演次数的影响大于收入对它的影响。在所有艺术表演的观众中，专业人士占大部分，普通管理阶层的人士却不多。这个现象不限于表演艺术，还包括爵士音乐、民乐及电影。在出席文化活动的专业人士中，艺术教师和学生占大多数，而且在这些场合中教师所占的比例是普通场合教师所占比例的 4 倍，学生所占比例是普通场合的 3 倍，绝大多数学生观看的都是与自己所学专业一致的演出，因为学生是消极的文化投资者。一般情况下，专业人士的收入与其受教育程度的相关系数要高于管理者们和其他高收入人群的收入与其受教育程度的相关系数。艺术消费中专业人士数量多于高管数量，与同等收入的专业人士相比，普通高管等高收入人群的教育程度偏低，因此，在艺术的消费者中表现出教育比收入对消费的影响更大。

三、需求量变化和需求变化

当影响文化需求的因素发生变化时，消费者购买的文化产品和服务的数量也发生变化。发生变化的文化需求影响因素不同，需求函数的变化方式也不同。

（一）需求量变化

当消费者的收入、偏好、闲暇时间、受教育程度等不变，只有文化产品的价格发生变化时，引起的文化产品需求数量的变化，叫作需求量变化。商品需求量与商品自身价格之间的关系，叫作需求函数，需求函数的图像叫作需求曲线。

需求定理：对于正常物品来说，我们可以证明，需求量是价格的减函数，即需求曲线的斜率为负。

需求量变化在需求函数图像上反映为代表需求量的点沿着需求曲线上下移动。例如当对个人演唱会的税收加重时，歌星个人演唱会的门票价格上升，购买门票的观众数量减少，结果对歌星个人演唱会的需求量下降。反映在演唱会的需求曲线上，表示消费量的点沿着需求曲线向上移动，如图 3-7

所示，表示需求量的点由 A 点沿需求曲线向上移动到 C 点。

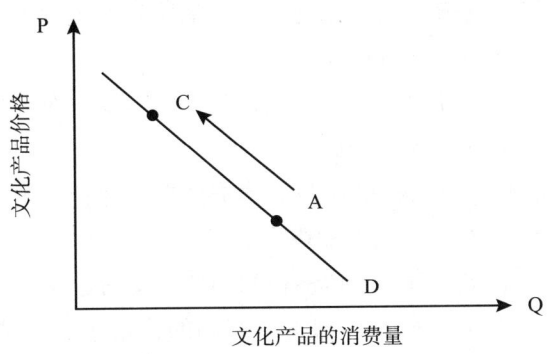

图 3-7　价格上升引起的需求量下降

（二）需求变化

如果文化产品的价格没有变化，消费者的收入、偏好、其他商品的价格、闲暇、受教育程度、职业等影响文化消费的因素发生变化，消费者的文化需求数量也会发生变化，这种变化叫作需求变化。反映在文化产品的需求曲线上，当价格外的其他因素发生变化时，整条需求曲线发生移动。如果收入增加了，消费者的文化需求也会增加，需求曲线向右平行移动，反之，需求曲线向左平行移动。类似地，如果其他商品的价格、偏好、闲暇、受教育程度、职业等发生变化，整条需求曲线也会向左或者向右平行移动（如图 3-8 所示）。

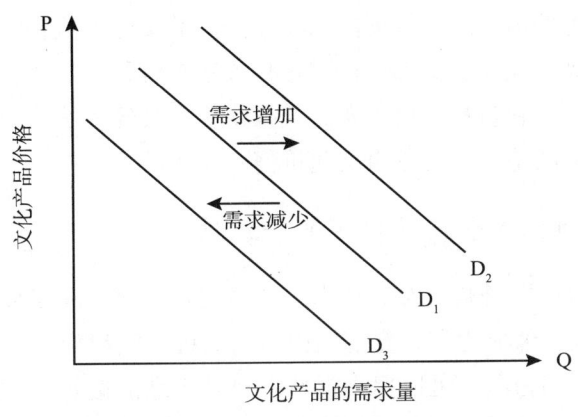

图 3-8　收入变化引起的需求曲线移动

需求曲线移动,将改变文化产品的均衡市场价格。如果消费者的收入增加,工作时间缩短,受教育程度提高,那么消费者对艺术表演的需求曲线将向右移动,文化产品的价格将提高。

现实中经常发生几种因素同时变化,几种因素变化对文化需求的综合效果需要根据具体情况进行具体分析。

文化需求是文化产品价格的函数。根据消费者选择理论,假定文化产品消费者追求效用最大化,并且短期内文化产品的边际效用递减,那么在既定的购买支出和价格条件下,消费者可以唯一地确定文化产品的购买量。在正常情况下,需求定理成立,即文化产品的价格越高,消费者的需求量越低。

四、支付意愿

根据消费者选择理论,需求曲线上的每一个点都代表预算约束线与无差异曲线的切点,可以解释为为了购买某一数量的商品,消费者愿意支付的价格。因此,需求曲线上的点对应的价格也叫作消费者的支付意愿,支付意愿是文化产品带给消费者效用水平的货币化度量。

支付意愿反映了文化产品的文化价值带给消费者的私人效用,个人之所以愿意支付货币购买文化产品,主要是因为文化产品的文化价值提供给个人的私人效用,因而支付意愿是文化价值的实现方式之一。比如一栋历史建筑,人们的支付意愿往往比对仅将其作为实物资产的支付意愿要高,可以说一栋历史建筑内涵了纯粹的文化价值,消费者的支付意愿来自历史建筑的物理上以及文化上的内容。尽管不同的文化产品的文化价值含义不同,但是各种类型文化产品的支付意愿都可以用这种方法来解释。例如,绘画的支付意愿,绘画的物理材料包括一块画布、几根木头,其经济价值几乎可以忽略不计,其支付意愿的绝大部分是由文化价值转化来的。

(一)支付意愿和文化价值的一致性

个人的文化偏好影响个人对文化产品的支付意愿,进而影响个人的需求函数,此时文化价值成为支付意愿的内容,这可以解释为什么文化界的从业人员急于成名,因为名气可以提高消费者对其产品的偏好,从而提高消费者对成名者文化产品的效用评价,使需求曲线向右移动,消费者的支付意愿快速上升,当文化艺术界从业人员从文化产品销售中的获益远远超过生产成本以及为成名所付出的代价时,即使付出较大的代价,他们也会急于成名。销售文化产品的收益在文化企业和艺术家之间分割,文化企业甚至获得文化产品收益中的大部分,这是文化企业鼓励、策划文艺界从业人员成名的内在动力。

(二) 文化价值和支付意愿的不一致性

对文化产品而言,支付意愿衡量文化价值的作用是有限的,这是因为文化价值与普通商品使用价值的不同特性:文化价值的某些成分无法转化成为价格;文化价值的组成成分间可能内在不一致,一种文化价值较高可能以另一种文化价值较低为代价。

文化价值和支付意愿的不一致性。按照绝对文化价值观点,文化价值内在于文化产品或文化现象中,独立于消费者对它的评价,即独立于消费者的支付意愿,支付意愿是评价文化价值的一个不恰当的指标。以下原因使得支付意愿难以衡量文化价值:人们对于所关注的文化产品和服务可能所知不多,无法形成一个可靠的支付意愿;文化价值的某些特征无法以偏好的方式来表示,如红色和蓝色的书,或抽象和具体的作品;文化价值也许无法转化为支付意愿,如个人没有从文化价值中获得效用,支付意愿不存在;当文化价值作为公共物品时,也不存在支付意愿;大多数文化产品具有外部性,私人愿意支付的价格和社会愿意支付的价格差别很大,社会愿意支付的价格比私人愿支付的价格更能反映文化价值。极端情况下,有形文化产品的支付意愿可能仅来自其经济价值,而与其文化价值无关。

支付意愿可能和文化价值负相关。如古典音乐、肥皂剧、古老的棉花厂等文化遗址,其文化价值和支付意愿成反比。

无形文化产品的支付意愿和文化价值的关系很特殊。现有文学与音乐的存量、习惯与信仰的存量、语言的存量等都拥有非常高的文化价值,但并无支付意愿,因为它们不能像资产那样进行交易。但是关于未来收入的权利,如文学或音乐作品的版权,则可以交易,因为这些存量所产生的服务流量是具有支付意愿的,这时,文化产品存量的支付意愿就是其服务流量未来价格的折现值。根据经济学对私人物品和公共物品的划分,文化产品提供的某些服务可能会成为公共物品,例如饭店或者电梯的背景音乐及语言的使用。这些文化产品服务流量的支付意愿可能因文化价值而大幅度增加。

由于文化价值具有明显的公共物品性质，而支付意愿只反映消费者对文化产品使用价值的私人评价，因而，多数情况下，文化产品的支付意愿没有完全体现文化产品的使用价值。

总体来讲，衡量市场上私人文化产品的使用价值时，支付意愿只是一个作用有限的指标。一个原因是用支付意愿衡量任何商品的使用价值都有缺点，价格能衡量产品的生产成本以及厂商的利润，也可以衡量边际消费者的支付意愿，但是不能衡量消费者剩余；另一个原因则是文化产品具有独立于消费者评价的文化价值。但是在大多数情况下，当我们评估私人文化产品的使用价值时，似乎只有市场价格可供使用。

第三节 文化需求的弹性

弹性反映文化需求对其影响因素变化的反应程度，用影响因素变化1%时需求量变化的百分数表示。某因素弹性越大，说明该因素变化对文化需求变化的影响越大。

一、文化需求的价格弹性

文化需求的价格弹性是指当文化产品的价格变化1%时，文化产品需求量变化的百分数。文化需求的价格弹性越大，说明当文化产品价格上涨时，文化需求的下降越多，需求曲线也就越平坦。

（一）文化需求价格弹性的影响因素

文化需求价格弹性受文化产品文化价值的影响。文化价值影响文化产品给消费者带来的效用大小，进一步影响了文化需求对文化产品价格的反应程度。对于文化价值较高的文化产品，由于文化产品带给消费者的效用是巨大的，消费者对其价格可能变得不敏感，从而使消费者对文化价值较高的文化产品消费较多，比如著名歌星的音乐晚会。人们普遍认为，歌星名气越大，其音乐会的文化价值越高，消费者获得的效用越多，消费者越愿意参加，哪怕门票价格较高。

对市场的细分程度影响文化需求的价格弹性。文化产品的替代品越容易获得，其价格弹性越大。由于市场划分得越细，替代品越容易获得，所以细分市场上的文化产品的价格弹性较大。对于某一家表演艺术公司的门票价格而言，其需求价格弹性应当高于整个现场表演行业的需求价格弹性，整个现场表演行业的需求价格弹性应该高于包括电影、体育比赛、现场表演在内的娱乐业的需求价格弹性。

(二) 需求的价格弹性与销售收入的关系

当需求的价格弹性大于1时，价格下降，销售量会上升，而且销售量上升的幅度大于价格下降的幅度。因为销售数量增加引起的销售收入上升可以抵消价格下降而引起的销售收入下降，销售收入随着价格的下降而上升。反之，当需求的价格弹性小于1时，价格下降，会引起销售收入的下降。

因此，追求收入最大化的文化产品销售者应该根据需求的价格弹性调整销售价格：当需求价格弹性小于1时，提高价格；当需求价格弹性大于1时，降低价格。

对于歌星的演唱会来说，其成本主要是场地费、工作人员工资、水电费等，成本几乎不受观众数量的影响。由于著名歌星演唱会需求的价格弹性小于1，为了实现利润最大化，演唱会的经纪人应该提高门票价格。

二、文化需求的收入弹性

需求的收入弹性衡量的是在产品价格和其他因素保持不变的情况下，需求量对消费者收入变化的反应程度，用收入变化1%时需求量变化的百分数表示。

在短期中，消费者的收入增加，则支出增加，消费者用于购买经济物品和文化产品的支出增加。长期中对文化需求的增加与教育有关，而教育又明显是收入的决定因素，因此，文化需求和消费者的收入存在正相关关系。

可以根据以历史时期为顺序的时间数列测量需求收入弹性，所得到的数值反映收入增长对文化需求产生的影响。也可以对某段时间内各家庭的收入与文化需求量的变化进行测量，得到的收入弹性说明了消费者的收入变化对文化需求的影响。

（一）需求收入弹性的影响因素

商品的需求收入弹性的大小主要取决于这种商品是必需品还是奢侈品。必需品是为了满足基本生活需要，在收入较低时也要消费的商品。奢侈品是只有收入满足了基本生活需要支出以后，才可能消费的商品。因此必需品在贫困家庭中的支出份额较大，随着收入增加，奢侈品在支出份额中的比重逐渐增加，必需品的比重逐渐减小。

根据上述分析，也可以将必需品定义为需求收入弹性小于1的商品，将奢侈品定义为需求收入弹性大于1的商品。一种较为特殊的必需品是需求收入弹性小于0的商品，这种商品的需求量随着收入的增加而减少，这种商品被称为劣质品。

（二）收入弹性、消费者预算和产业增长

文化需求收入弹性的大小对于文化消费在消费者预算中的比例影响巨大。如果文化产品的收入弹性大于1，消费者文化消费支出的增长就快于收入的增长，结果，文化消费支出在收入中的比例增加。

文化消费的收入弹性与文化产业的增长之间存在联系。文化需求的收入弹性大于1，消费者文化支出的增长快于收入的增长，这意味着文化产品产出一定比整个经济总产出增长速度快。因此在经济增长过程中，文化产业的增长快于整体经济的增长速度，文化产业在整体经济中的比重提高。

三、文化需求的交叉价格弹性

交叉价格弹性是指其他产品的价格变化对某种文化产品需求量产生的影响。很多文化产品的需求不但取决于自身价格，而且取决于其他产品的价格。

商品2的价格变化1%时引起商品1需求量变化的百分比被称为商品1对商品2的交叉价格弹性。交叉价格弹性大于0时，商品1和商品2是替代品；交叉价格弹性小于0时，商品1和商品2是互补品。

对表演艺术的观众来说，在一个大城市里有许多可供选择的替代品。不同剧团提供的表演具有替代性，不同的艺术形式也具有替代性。

由于消费者要前往演出地点去观看现场表演，所以交通和停车都是现场表演的互补品，如果这些互补品的价格大幅度上升，我们预期对现场表演的

需求将会减少。

四、文化需求弹性的实证研究

根据上面关于弹性的分析，可以预期文化需求的弹性值。

（一）价格弹性的预期值

文化产品的需求价格弹性取决于替代品的质量及可获得性。将表演艺术视为一种娱乐形式，更一般地，将现场表演视为一种休闲方式，可以找到其大量的替代品，包括书籍、报纸杂志、电影、电视、广播、音乐磁带、唱片、录像带、酒店和夜总会的歌舞表演、在外就餐、体育比赛，甚至可以将在闲暇时参与的任何事都看作是现场表演的替代品。如此大量的替代品共同构成了对消费者闲暇时间和消费能力的竞争，因此现场表演的价格弹性应当较大。

表演艺术的需求价格弹性受文化偏好的影响。对现场表演的偏好是一种既得偏好，即人们接触现场表演的时间越长，对它的偏好越强。这种既得偏好使得其他商品很难代替现场表演，那些能够欣赏芭蕾、歌剧或戏剧的人，都会对现场表演着迷，电影、磁带或许可以令人感到愉悦，但是它们无法代替现场的真实表演。随着对现场表演的偏好越来越强烈，消费者对门票价格的考虑越来越少，即现场表演的需求变得缺乏价格弹性了。

对于不喜欢现场表演的人来说，仅仅通过降低门票价格来吸引这些人是不可能的，对这些人来说，既得偏好的作用使得现场表演的需求价格弹性也较小。

因此，我们预计歌剧、戏剧、芭蕾、交响音乐会等价格弹性较小，因为只有部分消费者偏好此类演出，而一旦培养了这类偏好，就对门票价格不敏感。但是普通的音乐晚会、娱乐演出价格弹性较大，因为替代品较多。

（二）需求收入弹性的期望值

只有收入达到一定程度时，人们才会购买戏剧或歌剧的门票，才会去香格里拉旅游。统计结果显示，当人们由贫穷变为富裕时，在观看表演艺术方面的开支比收入增加得更快，因此，艺术的需求收入弹性应该大于1。

(三) 表演艺术需求弹性的实证结果

大多数研究表明，观看表演艺术的需求是价格无弹性的。表 3-1 中列出了六项研究的结果，第五列是价格弹性的估计值。只有一项研究得出的价格弹性值高达 0.9，其他五项的估计值都在 0.05~0.64 之间。

表 3-1　　　　　　　　表演艺术的需求价格弹性

调查者	行业	时间	数据类型	价格弹性	交叉价格弹性	收入弹性
摩尔	纽约百老汇	1928~1963 年	时间序列	-0.48~-0.64	—	0.35~0.37
摩尔	纽约百老汇	1962 年	横截面			1.03
霍撒克	美国戏剧歌剧和非营利艺术表演	1929~1964 年	时间序列	-0.18		1.26
兰格	美国交响乐团	1970 年	横截面	-0.49		
思罗斯比	美国戏剧歌剧和非营利艺术表演	1929~1973 年	时间序列	-0.9	0.68	1.08
加潘斯奇	伦敦戏剧	1972~1983 年	面板数据	-0.05~-0.1	0.09~0.18	
加潘斯奇	伦敦歌剧	1972~1983 年	面板数据	-0.12~-0.25	0.13~-0.15	
加潘斯奇	伦敦交响乐	1972~1983 年	面板数据	-0.19~-0.35	0.44~0.65	
加潘斯奇	伦敦舞蹈	1972~1983 年	面板数据	-0.18~-0.81	0.44~0.65	
古德瑞恩	荷兰戏剧	1948~1975 年	时间序列	-0.5		
古德瑞恩	荷兰戏剧	1979 年	横截面			0.104

资料来源：詹姆斯·海尔布伦著，詹正茂等译：《艺术文化经济学》，中国人民大学出版社 2007 年版，第 97~98 页。

表演艺术的需求价格弹性较低的原因除了上面所说的既得偏好之外，还有其他一些原因。

一个原因是多数表演艺术机构属于非营利部门。机构的收入主要来自政府补贴，为了增加上座率，机构有强烈的动机降低门票价格，但是在低价格水平下，需求很可能变得无弹性。根据经济学理论，当缺乏价格弹性时，提高价格可以增加表演机构的门票收入，那么表演机构为什么不提高门票价格呢？原因是表演机构的收入来自政府补贴和门票收入，上座率是表演机构申请政府补贴的主要依据，追求总收入最大化的结果可能是降低价格以提高上座率，从而申请更多的政府补贴。

第二个原因是公司面对的需求价格弹性和行业面对的需求价格弹性不同。除了加潘斯奇以外，其他人的研究都是使用整个表演艺术行业面临的需求曲线。通常，公司面临的需求曲线比行业需求曲线更有弹性，因为公司产品的替代品更容易获得，所以除非公司具有垄断地位，否则其他当地表演公司的演出将成为可供消费者选择的替代品。这样，有可能是整个行业的需求价格弹性较小，但是公司的需求价格弹性较大，当行业中其他公司的价格不变时，一家表演公司提高其门票价格，门票收入可能会减少，而不是增加。只有所有表演公司同时提高门票价格，每个公司的门票收入才会增加。

表3-1中三项研究成果表明艺术的需求收入弹性略大于1，其他结果小于1。这种分析结果比我们预期的要小，原因可能是时间是文化需求的互补品。在分析文化需求的收入弹性时没有考虑对时间的消费，隐含地假设了参观艺术表演唯一需要支出的就是金钱。事实上，当收入增加时，可供消费的金钱增加了，但是每小时的机会成本也提高了。将往返时间也算在参加现场表演活动时间内时，参加现场艺术表演是一项相当耗费时间的活动。时间成本的上升减少了消费者观看艺术表演活动的次数，这部分抵消了收入增加引起的需求增加，表3-1中的收入弹性是收入弹性抵消掉一部分时间成本的效应后的净值，因而不能准确反映收入弹性。

例如，考虑在家里听唱片与在音乐厅里观看现场表演之间的选择。大多数人选择在家里听唱片，原因可能是音响技术的进步，比门票低廉的价格，以及时间安排的随意性。但是时间可能是更重要的因素，因为在家听马勒的第三交响曲需要1小时43分钟，而去音乐厅欣赏则需要另外加上一两个小时往返时间。

如果文化需求的收入弹性大于1，那么艺术将随着经济的发展逐步繁荣，这也许正是艺术文化的长期发展前景。

表 3-1 中显示的交叉价格弹性值都是正数，表明这些文化产品是替代品，这和预期完全相同。

令人吃惊的是，在大部分研究结果中，交叉价格弹性比自身价格弹性还要大。原因可能是研究中考虑的替代品几乎具有完全的替代性。发达的交通设施大大降低了交通成本，也减少了观看现场表演的时间，这使同一城市内不同剧场表演的替代性增强。研究中所选的艺术形式比较接近，比如戏剧和歌剧、芭蕾等，对其中一种艺术形式的偏好很容易转化为对其他艺术的偏好，既得偏好对价格弹性有抑制作用，对交叉价格弹性不起作用，因而交叉价格弹性比价格弹性大。

思考题：
1. 文化需求有哪些特点？
2. 文化需求的弹性有何特点？
3. 影响文化需求的因素有哪些？

第四章

文化资本

文化资本是文化生产和消费的重要影响因素。为了把握文化资本的概念，我们要将文化资本的概念和经济资本、人力资本、自然资本、社会资本的概念进行比较，理解它们的联系和区别是把握文化资本概念的关键。文化投资决策需要考虑文化资本项目的成本和收益。

第一节 各种资本概念

经济学常常涉及四类资本，即经济资本、人力资本、自然资本、社会资本。

一、经济学中的资本

（一）经济资本

庞巴维克（Eugene V. Bohm - Bawek，1923）在《资本实证论》中给出了一个资本的定义："那些用来作为获得财富的手段的产品叫做资本。"[①] 因此经济学中传统资本的概念强调了两点：资本是一种产品；资本的作用是获得财富。

---

① ［奥］庞巴维克著，陈端译：《资本实证论》，商务印书馆1964年版，第70页。庞巴维克比较了经济学中十几种资本概念后，总结了各种资本概念的共性，提出了资本的定义。

（二）人力资本

舒尔茨系统地提出了人力资本观点。与经济资本不同，人力资本是劳动者由于获得知识、技能和其他在生产和交换过程中对雇主或公司有用的品质而增加的价值。

人力资本和经济资本之间的重要区别是：人力资本是嵌入劳动者本身的追加价值；人力资本通常通过教育、培训和经验获得。对劳动者的人力资本投资不仅对厂商有利，而且对劳动者有利。人力资本增加了劳动的价值，其中的一部分可以以超出维持最低生存需要的工资和津贴的形式让渡给劳动者。

（三）自然资本

自然资本是大自然馈赠给人类的、能给人类带来财富的免费自然生态系统。自然资本包括四部分：可再生的自然资源，如鱼类和森林；不可再生的自然资源，如石油和矿物；能维持土地、空气和水资源的生态体系；维持生物多样性的基因库。

自然资本具有下述特点：自然免费为人类提供了自然资本；对自然资本的价值评估比较困难，这是因为自然资本的收益时期长而且自然资本服务对人类的生存具有基础性；自然资本可能因为人类活动而改变。

（四）社会资本

社会资本是预期在市场中能得到回报的社会关系，这里的市场可以是经济的、政治的、劳动的或社区的。"社会资本是通过社会关系获得的资本，资本是一种社会财产，它借助于行动者所在网络或所在群体中的联系和资源而起作用"[①]。个体参与社会互动和社会网络运作是为了创造利润，这是古典资本理论在社会领域的扩展，因为资本理论将资本看作是能够产生利润的资源，尽管资本从事的生产和利润表现形式是不同的。

二、文化资本及其形态

应该在各种资本中分化出第五种资本——文化资本，理由是：建筑遗产

---

① ［美］林南著，张磊译：《社会资本》，世纪出版集团、上海人民出版社2005年版，第18页。

第四章 文化资本

和艺术作品等的确具有资本的特点，但是这些文化产品又不是经济物品，把文化作为人力资本或者社会资本并不能抓住文化产品的资本本质，即文化价值在人类进步特别是经济生活中的作用。文化资本概念可以为文化理论者和经济学者提供分析文化问题的工具，对文化产品、文化行为以及公共文化政策的经济方面和文化方面的分析可以在文化资本的基础上进行。在不同的学术场合，文化资本（cultural capital）拥有不同的含义。正确理解文化资本的含义需要区分文化资本和其他几种资本概念，并把握文化资本的分类和特征。

思罗斯比将文化资本定义为一种资产，除了可能拥有全部经济价值外，文化资本还体现、储存并提供文化价值[①]。显然，思罗斯比的文化资本的定义没有突出资本的本质，即资本带给其所有者财富的特性。

思罗斯比同时介绍了皮耶尔·布迪厄（Pierre Bourdieu, 1986）的资本定义，布迪厄认为：如果一个人已经获得了融入上流社会文化的能力，那么可以认为他拥有文化资本，并指出了文化资本的三种形态[②]。

根据布迪厄的观点，社会成员对主流文化价值观（合法化的知识）的获得被称为文化资本。这种意义上的文化资本有三种存在状态：一是内在状态，即长期存在于人的头脑和身体中的文化倾向；二是物化状态，文化资本转换为图画、书籍、字典、工具、机械等文化物品；三是制度化状态，内在的文化资本以某种形式被大家承认，例如法律。对布迪厄来说，内在状态是最重要的，布迪厄认为文化资本的重要特点都可以从文化资本最重要的内在状态中得到。

很明显，布迪厄的文化资本概念与经济学中的人力资本概念非常接近。布迪厄的文化资本强调了资本的收益性（融入上流社会文化），并通过文化资本的三种形态强调了文化资本必须是拥有的文化资源。

布迪厄的文化资本概念在社会学和文化学中获得了广泛使用。

通常将人们所掌握或者拥有的能够为其在未来一段时间内带来收益的文化鉴赏能力和文化资源称为文化资本。因为它在未来可以带来收益，因此文化资本的价值是未来收入的资本化。

---

① ［澳］戴维·思罗斯比著，王志标、张峥嵘译：《经济学与文化》，中国人民大学出版社2011年版，第49页。
② 同上，第52页。

三、文化资本的分类和特征

(一) 文化资本的分类

1. 存量和流量

文化资本的存量是指在某一时点文化资本存在的数量；在某段时期内创造出的文化资本或者因为某种原因而消费的文化资本称为文化资本的流量。文化资本流量会改变文化资本存量，二者之间的关系为：期初文化资本存量＋文化资本流量＝期末文化资本存量。产生文化资本流量的过程就是文化投资。

2. 有形和无形的文化资本

当文化资本以有形的形式（如文化产品或建筑遗址）表现时，文化资本的概念是相当容易理解的。更广泛的文化现象（如传统、语言、习俗、文化鉴赏能力等）被认为是一个群体所拥有的无形文化资本。

有形的文化资本由人类活动所创造出来的，其实体可以持续存在一段时间，若不加以保养，有形的文化资本则会毁掉，通过文化投资，有形的文化资本会增加，拥有可以衡量的资本价值，可以买卖，如建筑物、遗址、场所、文化产品等以及其他有形的文化资本。

无形的文化资本是一种精神资本，以群体共有的观念、习惯、信仰、价值观、文化鉴赏能力等形式存在，也可能以文化产品的形式存在，如具有公共特性的音乐、文学作品。随着时间的流逝，无形的文化资本可以提供服务流。这种无形文化资本的存量，如被忽视则可能消失，通过文化投资则会增加。现存文化资本的保护和新文化资本的创造都需要投入资源。

有形的和无形的文化资本都可以被看作在某一时点的资本存量，是一种可以用经济和文化价值来评价的资产。此种存量造成了文化资本的服务流量，服务流量可以直接进入最终消费，或结合其他投入来进一步生产具有经济价值与文化价值的商品和服务。

文化资本存量也会随时间而减少，因此，需要花费资源来加以维持。在一段时间内，文化资本的增加量减去消失量即为文化资本的净投资，这种净投资影响了下一期的文化存量的数量与价值。

第四章 文化资本

（二）文化资本的特性

1. 文化资本不同于制度

文化可以将制度包含其中，文化所描述的现象远远超过制度内涵。尽管流行的说法是将文化视为一种"非正式制度"，但是文化不同于制度。从一定意义上说，制度资本可以通过复制法律体系而迅速获得，而文化资本的获得则不能够这样做。

2. 文化资本是经济增长的最终解释变量之一①

文化资本这一要素的独特性和重要性在于：它是通过制约其他生产要素而起作用的，可以说，在生产函数中，文化资本是影响生产函数形式的重要因素。例如它制约着对经济资本的选择，表现在大量的禁忌阻止发展中国家的国民去利用自己丰富的资源；文化资本要求技术引进必须考虑与当地文化的融合；它影响着人力资本的发挥，被管理学归属于 X 非效率中；它对于制度选择有着重要作用，可以说，文化资本变迁决定了制度变迁。无论什么社会，与生产活动和财富积累有关的价值观念都是决定经济发展的程度和方向的重要因素。即使一个国家或地区具备了经济资本、技术和一定的人力资本，但是文化资本的缺乏同样会束缚资源配置和经济增长。例如，对于温州模式的成功，在同样的产权制度背景下，我们仅仅用经济资本、技术资本和人力资本来解释是不够充分的，如果我们归因于观念的改革，那就不如说是文化资本在起作用。应用人力资本理论对中国区域发展差异的研究表明：体现在教育和健康水平上的人力资本禀赋就是导致发展差距的重要条件。但是这一研究却忽略了一个事实，即沿海发达地区的大量人才是从内地流入的。与其说沿海的人力资本禀赋好，不如说沿海发达地区的文化资本吸引了内地的人力资本和经济资本。

3. 文化资本的报酬递增

大量关于收益递增的经济研究证明，企业家所具有的文化资本是能够实现边际报酬递增的稀缺要素。这是因为文化资本具有自组织的能力，它一旦形成就会不断地自我强化。在经济增长过程中，文化资本的积累带来了利

---

① 高波、张志鹏：《文化资本：经济增长源泉的一种解释》，载《南京大学学报（哲学社会科学版）》2004 年第 5 期。

润,这会吸引更多的人迅速学习或复制特定的文化资本,要阻拦这种观念的传播几乎是不可能的。更多的人获得文化资本后,该国家或地区的文化资本似乎被锁定在一个独特的路径上,沿着这一方向持续扩展下去。而导致经济增长的特定文化资本会进一步同各种思想观念混合在一起,自我组合,互相传递。有利于经济增长的文化资本的自我强化行为推动着那些有机会进入增长轨道的国家,在相当长的一段历史时期内人均收入持续增长而且这一增长速度似乎并不会下降。

4. 文化资本具有很强的溢出效应

形成文化资本需要长期培育,文化资本一旦形成,在与外来文化的接触中会缓慢变化。当一个群体中更多的人拥有相同的文化资本时,群体的规则就更容易遵循。如在一个市场中,人人都很守信用,则市场的整体信用就会提高,但是这也隐含着这样一个推论:在一个不讲道德、欺骗成风的社会,整体道德水平一定是低下的。

5. 文化资本形成的长期性和改变的缓慢性

当外来文化与原有文化接触时,外来文化要符合原有文化的价值,或至少不与之冲突时,才可能比较容易得到广泛接受。当新的文化融入原有文化有益于增进原有文化的价值时,人们比较容易接受新的文化,而新的文化与原有文化不兼容时,则比较难于被一般人接受。文化在改变时不一定是要全盘改变,可以是有选择的改变,新来的文化事物如果不扰乱原有的社会组织,或者能与现存的风俗习惯融合起来,就比较容易被接受。

四、文化资本的影响因素

教育可以增加文化资本。消费者的音乐欣赏能力受音乐教育的影响。在学校里,消费者积累了一些音乐方面的知识和经验。例如,由于音乐欣赏必修课或接触过一些喜欢音乐或懂得音乐的人,消费者的音乐鉴赏力得以提高。另外,普通教育给消费者灌输了系统的知识观念,奠定了消费者进行比较和厘清知识关系的基础,提高了消费者获取任何新领域信息的效率,不管是文化领域还是其他领域。

但是,如果学校对音乐、美术等文化艺术教育不重视,就会造成孩子们文化资本的缺失。弥补学校艺术教育缺失的途径是社会教育,这是我国的社会艺术培训班火爆的根本原因。早期的钢琴课意义重大,宠爱孩子的父母梦想把孩子培养成伟大的钢琴家,即使家长们的这一梦想不能实现,但孩子通过教育已经获得了欣赏音乐的能力。培训消费者艺术鉴赏力的场所自然是学校、官方艺术机构以及社会。这些领域对消费者的训练共同形成了消费者的文化资本。教育对提升高雅艺术鉴赏力意义重大,关于文化消费的研究文献表明,实际上,教育是高雅文化消费但不是通俗文化消费的主要影响因素。

文化资本受家庭的影响巨大。在帮助孩子进行文化选择时,年长的家庭成员往往根据自己的文化消费经验进行指导。在文化消费方面的早期投资存在很多的偶然因素,但是孩子接触最多的是家庭成员,家庭成员的文化资本可能会直接传递给年幼的孩子。

文化资本受社会环境的影响。出生并生活于世界音乐之都维也纳的人无时无刻不沉浸在音乐的海洋里,即使不再接受专门的音乐教育,他们对音乐的认识和理解能力也非同一般。社会有必要在创造艺术氛围方面进行投资,以便于积累其成员的文化资本。如果个体或团体进行文化艺术环境投资,会很难保证他们的付出能得到回报,因为"搭便车"问题仍然存在。由于这种"搭便车"因素的存在,普通教育、社会环境对社会成员进行文化熏陶的重要作用就更为突出。

第二节 文化投资决策

一、文化投资的意义和方法

(一)文化投资的意义

文化资本存量的改变称为文化投资[①]。文化投资是文化资本得以持续的重要保证。缺少文化资本人们将寸步难行,进行文化投资则是人们普遍的行为。例如,一个人从少儿时期就要从家庭接受大量的关于伦理道德及观念信仰的说教,当他进入学校时,所学习的不仅是专业技能,而且还包括大量的

---

① 本部分内容改写自:高波、张志鹏:《文化资本:经济增长源泉的一种解释》,载《南京大学学报(哲学社会科学版)》2004 年第 5 期,第 102~112 页。

由国家所强制灌输的价值观以及意识形态理论,即使在工作中,也必须融入企业或其他组织的特定文化中。正如诺思(Douglass C. North,1981)指出的:"一个社会的教育制度,用狭隘的新古典术语是不能简单地解释清楚的,因为其中许多情况显然是指反复灌输的价值观念而不是对人力资本投资。"[1]

诺思的观察是敏锐的,但是他却没有意识到人们灌输价值观念的行为并非是多余的。相反,这是一种同人力资本投资性质有所不同的文化投资。获取特定的价值体系会为每个人将来的生活提供极大的便利,这种价值体系可以减少人们在每件事上都需要做出分析判断所消耗的精力和资源。

每一代人都低估了新观念的巨大潜力。穷国所需要转变的是观念而不是物质。如果一个穷国投资于教育且不去损害人们从外部世界获取观念的动机,它就会迅速从世界范围的知识储藏中的可利用部分获益。文化投资不仅对个人是必要的,对于一个社会来说也是必不可少的,它是经济增长的一条途径。长期以来,宗教与各种哲学、主义以及学说在文化投资上发挥了主要的功能。

(二) 文化投资的方法

文化投资的具体方法则是教育及从外部世界获取新观念。文化交流是推动文化资本扩展的重要方法。文化资本的积累如果单独在某一国家或地区内部进行,那将不仅耗时甚长,而且极可能停滞。文化资本的积累是与自由思考、广泛交流密切联系的。

促进文化投资的另外一条重要途径是改变教育内容,而不仅仅是延长教育年限。人力资本理论将受教育年限作为考察人力资本投资的一个重要指标,并将教育投资作为一项重要的政策建议。但是文化资本的研究表明,对文化投资更重要的是改变教育内容。任何一个国家的教育内容中都包含了很大一部分价值观,也就是我们所说的文化投资。文化资本的积累需要多元文化的共存与交流,需要多种机制观念的冲撞与选择,需要多角度的思维模式与创新,这就意味着各级学校的教育内容更应开放与丰富。

---

[1] [美]道格拉斯·C. 诺思著,历以平译:《经济史上的结构和变革》,商务印书馆1992年版,第54页。

在企业层面上,企业文化建设的实质在于企业家进行了持续的文化投资,文化投资的直接产出是创新性观念,这是企业生产过程中不可缺少的一种要素,具体来说,企业家直接影响着企业文化的塑造和企业的兴衰。这种独特的价值观念能够通过投资行为进一步扩展为更多人的观念,成为企业不断创新的内在动力。

二、文化资本的价值

费雪(Fisher,1906)给出了一个最宽泛、最本质的资本价值定义:就资本价值的意义讲,资本只不过是将来收入的折现,或者说是将来收入的资本化。任何财产的价值,或财富权利的价值,是它作为收入源泉的价值,是由这一预期收入的折现求得的。如果高兴的话,为了逻辑上的方便起见,也可以将我们自身的所有权包括在财产之内,但也可以按照习惯,把人类看作单独的范畴。

根据费雪的定义,可以将资本投资看作是消费在时间上的权衡取舍,是放弃今天的消费换取明天的消费。人们放弃眼前的消费来制造机器、学习技能以及建立规章制度都意味着获取将来的收入与消费。从这个意义出发,人们习得和遵从的特定文化实际上也是一种资本,因为它是人们为了换取将来的利益而在早期进行的投资活动。

一个投资项目的价值就是未来预期现金流量按照一定利率折现后的现值。如果项目预期现金流量的现值(价值)大于现在的投资额,则投资可行,反之则不可行。文化资本的价值就是文化资本所能带来的未来收入流量的现值。费雪的价值评估模型里所孕育的思想精髓正是现代价值评估技术发展的基础,也为价值评估理论的发展指明了方向。

文化资本价值的评估可以采用净收益折现法,即将文化资本未来的自由净收益作为预期收益的量化指标,并使用与之匹配的折现率折现。计算公式如下:

$$P = \sum_{t=1}^{n} [R_t \times (1+r)^{-t}] \qquad (4-1)$$

其中,R_t 为第 t 期的文化资本净收益;t 为预测期期数,t = 1, 2, 3, …, n;r 为折现率;n 为预测期第 n 年。

三、文化投资决策

文化投资决策的原则如下:由于文化资本的投资价值衡量文化投资的未来净收益的现值,如果文化资本的价值大于投资成本,则投资;否则,则不投资。

根据文化资本价值的计算公式,影响文化投资决策的因素如下:

(一) 文化资本的收益期限

文化资本的收益期限是指文化资本未来获取收益的年限。为了合理预测文化资本未来收益,根据文化资本收益的特点以及有关法律法规、契约和合同等,预测文化资本的收益期限。

如果估计文化资本可以持续给其拥有者带来收益,没有对文化资本的使用年限、投资者所有权期限等进行限定,并可以通过延续方式永续使用,则可以假设文化资本相应的收益期限为无限期。如果合理预计文化资产只能在未来的有限期内带给拥有者收益,则文化资产的收益期是有限的。

显然,文化资产的收益期限影响着投资决策。对孩子的艺术教育增加了孩子的文化资本,提高了孩子未来的艺术理解能力和生产力,因此对孩子的艺术教育的收益期限至少与孩子的生命一样长。如果考虑到文化资本在家庭成员中的传递,也许还应该考虑到艺术教育对未来几代人收益的影响。

(二) 净收益流

文化资本计算公式中的 R_t,表示明确预测期的第 t 期的文化资本净收益,即文化资本带来的收益减去维持文化资本的支出。

文化资本的收益不仅仅指货币收入,而且包含文化资本带给拥有者的各种可能的效用,当然,如果预测文化资本的价值,应该将这种效用用货币来衡量,在现实生活中,衡量文化资本带来的效用的货币价值有时是困难的,甚至是不可能的。在研究中,可以假设文化资本带给消费者的各种效用可以用货币衡量。一副绘画的收益应该包含展览的收入,也包含所有者欣赏绘画的效用,所有者获得的消费效用可以用支付意愿衡量其货币价值。

文化资本所有者的身份不同,文化资本的收益也不同。如果绘画的所有者是私人收藏家,他可以向其他欣赏者收取费用,可以销售绘画获得收入,也可以自己鉴赏获得消费者效用，这些都是绘画带给私人收藏家的收益。如果绘画的所有者是国家博物馆，而博物馆对公众免费开放，则绘画的收益包括带给观赏者的效用，绘画对旅游业等其他行业的正外部性的收益，以及绘画的文化价值带给国民的效用。由于对于私人和对于政府机构来讲，同样的文化资本带来的收益是不同的，文化资本对私人的收益可能远小于文化资本对于社会的收益，对于个人没有投资价值的文化资本，对于社会来讲，可能是有投资价值的。比如某些非物质文化遗产，对于个人来讲，非物质文化遗产的收益扣掉时间成本后较低，不具有投资价值，但是对于社会来讲，由于其受益群体较大、受益时间较长，并且对于后代具有期权价值，非物质文化遗产可能是有投资价值的，这是政府资助非物质文化遗产传承人的理论依据。

不同的文化资本的维护支出是不同的。绘画的维护支出包括保养、保护、修复等费用；文化遗址的维护支出包含维修、保卫等费用；文化鉴赏能力的维护支出包含不断接触文化产品的时间成本和文化消费的货币支出。

不同的文化资本的收益方式不同。具有实物形态的文化资本、可以内化在所有者身体上的文化资本、可以通过法律形式形成收益权的文化资本能够给文化资本的所有者带来收益，对私人来讲，这种文化资本可能是有投资价值的。比如绘画，其实体可以给所有者带来欣赏的效用和销售价值，具有投资价值；艺术教育可以提高接受教育者的艺术鉴赏能力，提高受教育者未来的生产效率和创造力，具有投资价值；文学作品的版权赋予版权拥有者该文学作品的收益权，也具有投资价值。但是如果文化资本主要是以概念形式存在，其所有者不能限制其他人使用文化资本，则对私人来讲，这种文化资本不具有投资价值。比如，风俗习惯、文化传统等，虽然可以给使用者带来收益，但是由于不具有排他性，所以对私人不具有投资价值，但是良好的风俗习惯可以降低社会运行的成本，降低市场交易成本，就社会整体来看，对风俗习惯的投资可能是值得的。

（三）折现率

不同时期的净收益对决策者的价值是不同的，文化投资的成本需要现在支出，但是文化资本的收益在未来才能取得。现在投资1万元，1年后得到1万元的回报，显然是不值得的；那么，1年后需要得到多少收益，才值得现在投资 1 万元呢？这就是折现率问题。

折现率取决于货币的时间价值和风险溢价。

货币的时间价值是指在没有通货膨胀、没有风险的情况下，现在的 1 元钱投资 1 年所能得到的货币增值。一般认为国库券是没有风险的，因此可以使用 1 年期的国库券到期收益率衡量货币的时间价值。

风险溢价是文化投资承担风险所需要的必要补偿。文化投资的未来收益可能很大，也可能很小，这种不确定性就是投资的风险。现在花费 100 万元购买 1 幅绘画，20 年后可能以 1000 万元的价格卖掉，也可能以 50 万元的价格卖掉，也可能无人问津，这是投资绘画承担的风险。艺术投资者承担了投资风险，如果只能得到投资国库券的收益率，就没有人愿意投资艺术品，所以投资者承担的投资风险必须获得超过无风险收益的收益，即风险溢价，又叫风险补偿。

当考虑到文化投资的跨代问题时，文化投资的收益可能是下一代人的事情，折现率就体现了现代人对下一代人收益的重视程度。折现率越高，当代人对后代人收益的重视程度越低。

（四）净现值

投资决策取决于投资的净现值，即文化资本的未来净收益现值和投资支出的差额。如果净现值大于零，则投资。否则，则不能投资。

文化投资的成本既包括货币支出，也应包括其他投入要素的机会成本。孩子接受艺术教育的成本不仅包括学费支出，还应考虑孩子时间的机会成本。如果孩子闲暇活动丰富，可以获得较大乐趣，甚至可以增加孩子的人力资本，那么孩子时间的机会成本较大，这种孩子比较厌恶艺术培训，当家长发现孩子对接受艺术教育比较抵触时，往往会考虑放弃孩子的艺术教育。但是如果家长认为孩子的业余活动不能给孩子增加人力资本时，即使孩子不愿意学习艺术，他们往往也会逼迫孩子学习艺术，因为这时他们认为孩子的时间的机会成本较低。孩子开始学习艺术时，体会不到学习的快乐，但却失去了玩耍的乐趣，学习的机会成本较高；如果孩子通过一段时间的学习体验到了艺术的乐趣，学习的机会成本就降低了。所以，有些孩子一开始不愿意接受艺术教育，但是一旦体会到艺术的美好，就会主动学习艺术。

（五）文化资本价值分析的缺点

利用上述文化资本价值评估方法制定文化投资的决策时，会遇到较多的问题。

首先，文化投资的收益是未来发生的，对收益进行预测具有极大的主观性。对一幅无名画家的作品未来的市场价格进行预测，很大程度上是投资者的主观臆断。这样，不同的投资者预测的未来收益具有较大的差别，这也是不同投资者对同一件文化产品支付意愿不同的原因。

其次，文化资本的未来收益可能是后代人获得，而投资决策是当代人做出，当代人做决策时，要考虑当代人的资本支出和后代的收益。艺术教育的受益者是孩子，决策者是家长，孩子从艺术教育中获得多少收益，是家长预测的。文化资本的收益受到文化偏好的影响，也受未来文化环境的影响，当代人很难估计后代的文化偏好变化和文化价值观的变化，家长的价值判断很难代表孩子对未来收益的支付意愿。因此这种文化决策可能引起两代人之间资源分配的不公平。

第三节　文化资本的持续性

制定文化投资决策时，要考虑文化资本的长期动态演进、跨期及跨代选择等方面的问题。即文化资本在一个相当长的时期如何演变，如何在两代人之间分配文化资本，这就是文化资本的可持续性问题。

一、可持续性

可持续性往往和经济发展问题相联系。可持续发展既指经济的持续发展，又指环境的持续发展，前者指经济发展不会减缓速度而会自我持续性地保持发展速度，后者指通过维护自然界的生态体系以保存和提高环境价值。

联合国世界环境和发展委员会提出，持续发展是指"发展要满足当代人的需求，但不能损及将来的人满足其需求的能力"。因此，持续性的关键问题是资源的跨代转移分配问题。

二、文化资本持续性原则

无论对于个人还是对于社会来说,都有三种对待文化资本存量的方式:第一种是只利用而不保护甚至破坏文化资本存量,以至于文化资本随时间的流逝而减少;第二种是维护文化资本的存在状态,使文化资本经受住时间的考验而不减少;第三种是利用现在的资源生产并保存文化资本,使传承给下一代的文化资本数量增加。文化资本的保护和利用实际上涉及文化投资决策问题,文化投资决策的原则是看文化资本的价值和投资成本之间的关系。下面利用文化资本价值评估原理来分析公共部门制定文化投资决策时应该遵循的原则。

根据价值评估模型,文化资本的价值计算公式如式(4-1)所示。

按照思罗斯比的观点,以下原则作为判断文化资本持续性的依据[①]。

(一) 物质福利与非物质福利原则

文化资本的价值取决于文化资本的未来收益 R_t,即第 t 期的文化资本净收益。文化资本不仅能够给社会成员提供物质性文化产品和服务流量,而且也能够产生非物质性利益,这就是文化资本产生的文化产品和服务的经济价值和文化价值,文化资本带给消费者的物质利益与非物质利益是其经济价值和文化价值带给消费者的直接效用。

因此,文化投资决策不仅要考虑文化资本的经济价值,也要考虑文化资本的文化价值。艺术教育投资的物质利益也许不足以弥补投资成本,但是必须考虑到艺术投资提高国民素质和创造力的非物质利益。综合考虑艺术教育的物质利益和非物质利益,艺术投资的收益远大于艺术投资的成本,所以公共机构提供公共艺术教育是符合投资原则的。

(二) 代际公平与动态效率原则

文化资本投资可能是"前人栽树,后人乘凉",文化资本的未来收益 R_t 可以持续很长时间,往往涉及跨代收益。对孩子进行文化投资,家长要付出

---

① [澳] 戴维·思罗斯比著,王志标、张峥嵘译:《经济学与文化》,中国人民大学出版社 2011 年版,第 56~62 页。

货币资金，孩子要付出时间，但是只有孩子获得文化资本的收益，家长是没有回报的。保护文化遗产需要当代人承担费用支出，但是后代人可以从文化遗产中获得收益。因此，由于文化资本回报的时间跨度大，文化资本投资成本和收益涉及跨代问题。

跨代公平指文化资本的成本和收益在代与代之间分配的公平性。跨代公平问题实际上存在于当代人和前代人、当代人和后代人、后代人和他们的后代人的代际关系上。文化资本是我们从前代人那里继承来的，并且有责任传承给后代子孙。跨代公平的实质是当代人和后代人在使用文化资本时的机会问题。

跨代公平问题表现为当代人面对的跨期资源配置问题，即对文化资本在现在消费和未来消费之间做出选择。有些经济学家将跨期公平问题定义为效率问题，即资源的收益流的净现值最大，用数学公式表述为：

$$\max(P-C)$$

其中，P 为上文提到的文化资本未来净收益的现值。

如果不考虑折现率，即资本回报的时间价值问题，在文化资本边际收益递减的假定下，可以推导出文化投资收益最大的原则要求总资本存量必须随着时间的变化而保持不变。

资本回报的时间价值问题，就是动态效率问题，这时文化资本总量就不需要保持固定不变。这样考虑文化资本跨代配置的缺陷是，无法选定合适的折现率，不管折现率衡量的是时间偏好还是机会成本，如果时间相当长，则利益流涉及遥远的未来，使用固定的折现率就不太妥当，因为遥远的未来利益的现值将变得微不足道，以至于对当代人的决策不起作用。如果将未来的利益赋予一个较大的权重，那么折现率就会随时间的流逝而减小。

更重要的是，仅仅将文化资本跨期配置看作效率问题，将使我们无法处理代际公平问题。比如，一个正的折现率不管取多么小的值，未来某些利益的折现值都将减小到接近零，这就不可避免地赋予当代人的偏好一个过高的权重，因此，文化投资决策不能仅进行效率分析，必须考虑代际公平问题。

文化资本投资要追求资本的净现值动态最大化。选取不同的折现率，对文化资本提供的现在利益与将来利益赋予不同的权重，得到的文化资本的净现值也不同，这将影响到我们生产及维护文化资本的决策选择。折现率过高，文化资本的净现值过低，我们会做出不提供或不维护文化资本的决策，使一些本该生产或被保护起来的文化资本没有生产出来或被毁掉了。而折现率过低，则有可能生产过多对人类没有用的文化产品，或投入过多的资源保护价值不大的文化资本，使资源的配置缺乏效率，降低整个人类的福利水平。选取不同的折现率，在当代人和后代人的利益之间赋予不同的权重，则反映了决策者在当代人的利益和后代人的利益之间的选择偏好。重视后代的利益就会赋予后代的利益一个较大的权重，这时会做出为后代人而生产并保护文化资本的决策，否则，就会重视当代人的利益，赋予当代人的利益较大的权重，做出使用并耗尽文化资本以穷尽其好处的决策。

对待跨代公平问题的态度，反映在折现率的选取上，体现了对代际公平的哲学态度，即对后代人的福利重视程度。可以认为当代人的利益和后代人的利益同等重要，也可以认为后代人的利益更重要，当然也可以漠视后代人的利益。然而，无法提供一个可操作性的规则来判断跨代公平。

解决文化资本的跨期选择问题要运用价值的双重评价方法，即同时考虑经济价值和文化价值。可以采用成本收益评估法，同时考虑到经济价值和文化价值。跨代问题应用在文化资本上时，我们要着重考虑的是公平，而不是效率。这是因为这代人要为后代承担道德责任，也就是说要尊重后代子孙在经济、社会和文化的生活中取得文化资源的权利，并保障其文化基础不被剥夺。

（三）代内公平原则

代内公平指这一代人有公平取得文化资本的权利，不同的社会阶层、收入群体和地区都可以公平地取得文化资本。

由于文化价值的外部性，文化资本的未来收益 R_t 和投资成本 C 涉及众多社会成员，因此 R_t 实际上是众多社会成员的物质利益和非物质利益的总和。公共文化资本往往由社会机构进行投资，其投资成本 C 通常来自税收，实际上也是社会公众负担的。但是社会中不同的个体从文化资本中获取的收益和承担的成本差别可能较大，这就提出了文化资本投资的代内公平问题，即是否存在有些人承担投资成本而没有获益，有些人获益而未承担投资成本，或者有些人承担的投资成本与获取的利益不对等？

文化投资的诸多议题，如文化资源的分配、文化参与的渠道、为少数或弱势群体提供文化服务等，都是处理文化资本的代内公平问题。但公平性很可能因追求效率的缘故而被忽视。例如，如果博物馆建在农村，则利用效率低；如果建在城市，则农村居民几乎无法获得博物馆提供的服务。现实生活中，为了提高博物馆的利用率，几乎都是将博物馆建在城市中，而忽视了农村居民的需求。

代内公平不仅仅是政治问题，也是经济问题，获得文化资本服务的不公平状况，将影响人力资本、生产率和创造力等的不均等，造成不同群体在经济上的不公平，并最终影响到经济发展状况。因此考虑文化资本问题时必须考虑到文化资本配置的代内公平问题。

(四) 维持多样性原则

多样性是文化资本的重要属性，主要原因是文化资本的价值具有主观性。文化资本的收益 R_t 涉及不同人群的文化偏好，西方人认为没有价值的文化资本，东方人不一定认为没有价值，因此，应该允许多样性的文化资本存在。如果人类对于文化价值的偏好是凸性的，即平均消费多种文化比单独消费一种文化的效用更大，则维持文化的多样性就是理性的选择。此外，不同形式的文化资本相互借鉴能形成新的文化资本，产生新的收益。例如，艺术创作在某种程度上是从现有的文化资源汲取灵感，所以，多样性的文化资本会让多元化的富含文化价值的文化产品在将来被创作出来。

(五) 谨慎性原则

文化资本的收益 R_t 涉及多个时期。现在的收益 R_0 较少，并不意味着未来的收益 R_t 也较小。从当代人利益角度看不值得保护的文化资本，从后代人利益角度看，可能是值得保护的。

文化投资决策可能导致不可逆的文化资本状况的改变，因此我们应特别谨慎并要以风险厌恶的观点进行文化投资决策。如果一项文化资本是独一无二、不可替代的，那么此项文化资本的毁灭将是一种不可弥补的损失。如果认为该文化资本将来可能拥有足够的收益，我们可以应用谨慎性原则来保护它。

就文化资本而言，谨慎性原则并不是说绝对不能实行不可逆转的决策，而是说，涉及不可逆的情形时，在考虑其他持续性原则的同时，我们更应秉持高度谨慎的态度。

(六）维持文化系统与承认相互依赖性的原则

一种文化资本的收益 R_t 不仅受这种文化资本本身的影响，还可能受其他文化资本的影响，相互作用的文化资本形成文化体系，文化体系中没有一个部分可以独立于其他部分而存在。文化体系是经济运行的基础，它影响人们的行为决策。如果我们忽视文化资本，任凭文化资本消失，不进行文化投资，以至于文化资本无法维持赋予人们认同感的文化价值，文化体系就会处于危机之中并可能崩溃，随之而来的是人类福利和经济产出的损失。

思考题：
1. 论述文化资本与其他资本的关系。
2. 文化投资决策的原则是什么？
3. 文化资本的持续性原则有哪些？

第五章

文 化 生 产

文化生产是指文化产品的生产过程,由于文化生产具有创意性,文化生产的动机、成本和组织过程都有独特之处。文化经济学研究要突出创意对文化生产的动机、成本和组织过程的影响。

第一节 文化生产:定义、组织方式

文化生产[①]是心理学家、社会学家、艺术理论家和其他领域的学者的重要研究课题。但是经济学家长期以来并没有把文化生产行为作为研究对象,原因是多方面的:多数经济学家不懂艺术是一个原因;另一个原因是影响文化生产的因素太复杂;长期以来文化产业对经济发展的贡献不大则是主要原因。

在经济学著作中也提到过艺术家的创作,但那只是当创作引起创新,并进而导致技术进步时,经济学家才不得不提到创作。即便如此,创作对经济学家来说仍然是外生变量,即假定创作已经发生了,再研究创作对创新的影响、对经济发展的贡献,而不去追寻创作的原因。尽管创作的原因超出经济学研究的范围,但是文化经济学应该考虑文化生产的原因和过程。本节简单介绍文化生产的概念和组织方式。

---

① [澳]戴维·思罗斯比著,王志标、张峥嵘等译:《经济学与文化》,中国人民大学出版社2011年版,第101~120页。思罗斯比讨论了艺术创作的动机并模型化了创作动机。

一、文化生产的定义

本书所讲的文化生产主要指作家、诗人、画家、演员、作曲家等文化工作者的创意工作。文化生产过程赋予文化产品文化价值。

尽管从概念上理解,文化生产过程比艺术创作含义更广泛,但是由于艺术家创作艺术品的过程是最典型的文化生产过程,所以本书主要考虑艺术家的创作,书中将文化生产和艺术创作概念等同使用。

关于文化生产的定义,需要明确以下几点:

文化产业中的从业人员的工作不一定是文化生产。艺术创作不包括其他与创意活动关系不密切的文化工作者的生产活动,如新闻记者、剧院会计和电工等的工作,不是说其他工作者的工作没有创意,只是其工作中创意的重要性不突出。我们不研究其他文化工作者的创作,是为了将研究精力集中在艺术工作者的创意活动上,因为对艺术工作者来说,创意在他们的工作中具有无比的重要性。

文化生产过程赋予文化产品文化价值。文化生产使得文化产品具有满足消费者精神需求的特质,而工业生产过程仅仅是机械化的操作,不会赋予其产品新的满足消费者精神需求的内容,这是文化生产和工业生产的主要区别。

艺术家在创作过程中,满足了自己创意的欲望,因而创作者在文化生产过程中也获得愉悦感,这是工业生产中的工人体验不到的。由于文化产品凝结了艺术家的创意,所以艺术家往往对自己的文化产品特别有感情。

文物的文化价值可能是历史沉淀的结果。文物的历史价值可能是文物与一些历史事件相关联的结果,其精神价值、象征价值则是人们将自己的意志物化到文物上的结果,这些文化价值与文化生产无关。

二、文化生产要素

经济学假定生产函数如下:

$$Q = F(K, L)$$

其中:Q 表示产量,对于艺术创作来说,艺术家创作的目标不仅包括产品的数量,还应包括文化产品的质量,即文化产品的文化价值。相对于数量来说,艺术家可能更在意作品的艺术水平,因此文化产出中应该包含艺术产品的质量。尽管现实中艺术品的质量是难以量化的,但是我们研究问题时,应该把艺术品的质量像可以量化一样处理。K 表示实物资本投入数量，可以理解为土地、厂房设备数量。L 表示劳动力投入的数量，可以用劳动的小时数衡量。F 表示函数关系，代表在一定量的资本和劳动量下能生产的最大产品数量，因此，可以把函数 F 理解为技术水平。

经济学中生产函数的突出特征是生产要素的边际替代率递减。假定生产某种产品需要使用两种生产要素，一般情况下，这两种生产要素具有替代性，即为了生产固定数量的产品，可以多使用某种生产要素而少使用另一种生产要素，也可以少使用某种生产要素而多使用另一种生产要素。生产要素的边际替代率是指当增加 1 单位的某种生产要素使用量时，在维持产量不变的情况下，可以减少另一种生产要素的使用量。生产要素的边际替代率与生产要素的使用量有关，边际替代率递减假定是指随着某种生产要素使用量的增加，该种生产要素的边际替代率不断降低。这一假定主要是因为要素之间需要互相配合使用，生产过程中要素之间存在某种最佳的比例关系。满足这种规律的生产函数的等产量曲线是凸向原点的。

对于某些艺术创作来说，土地、厂房、设备的投入量较少，相对于劳动力来说，资本的数量、质量对文化价值的创作不重要。可以认为，艺术创造的主要投入要素是劳动力。这样，文化生产过程可以写为：

$$Q = F(L)$$

经济学中假定，在其他生产要素使用量不变的情况下，某种生产要素投入的边际产量递减。

如果在某种艺术创作过程中可以忽略其他生产要素的作用，那么劳动投入的边际产量就可能不是递减的。

三、艺术创作的技术因素

艺术创作是艺术产品的生产过程，创作天赋论是一种解释艺术创作技术因素的理论。

艺术创作天赋论认为天赋是一种思维模式，是创意灵感的源泉。这种理论认为绘画、写诗和作曲等艺术创作过程都是一种艺术家在灵感下的精神体验过程。

创作天赋论致力于分析艺术创作天赋的概念，描述艺术灵感的产生过程。艺术创作天赋论认为天赋必须具备三个要素：想象力、判断力和鉴赏力。想象力指利用既有的思想创造新思想，并理清新思想和旧思想之间联系的能力；判断力则是对想象力的调整和控制，并对想象力产生的各种思想进行分类；鉴赏力是指艺术家内在的感觉，是判断力的内化和升华，鉴赏力使艺术家能辨别"大气或吝啬，高贵或卑贱，美丽或丑陋，正派或荒谬"。

拥有艺术创作天赋的艺术家具有较高的生产率，即单位时间内能创作出更多的产品，其生产函数 Q = F(L) 具有较大的导数。如图 5-1 所示。

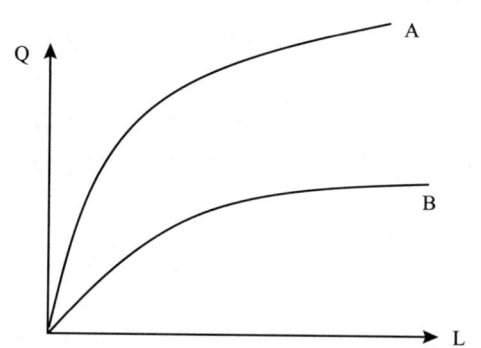

图 5-1 拥有艺术天赋的艺术家生产效率更高

图 5-1 中，与艺术家 B 的生产函数相比较，艺术家 A 的生产函数斜率更大，这意味着 A 增加一单位创作时间比 B 增加一单位创作时间能生产更多的艺术产品。可以说艺术家 A 拥有艺术天赋。

创作相同的艺术品，艺术家 A 耗用的时间比艺术家 B 少，因而，艺术家 A 从事艺术创作比艺术家 B 具有绝对优势，艺术家 A 在艺术创作中比艺术家 B 更容易成功。

当艺术家具备上述创作天赋时，他进行艺术创作的机会成本就比较小，相对于其他行业来说，艺术家在艺术创作上具有绝对优势，艺术创作是最适合艺术家的职业。

我国著名画家黄永玉早年碰到一位作画的女士，黄先生对其画技佩服之极："不知道画人物有明有暗，凸凹立体反而更惟妙惟肖，还不知道可以照实物临摹，不知道绘画有种种技巧、种种规矩……"可是，那女士却说："你还有一个最重要的'不知道'，那就是你不知道你画得比我好。"时隔多年，二人再次相逢，女士又问："你现在明白了吗？"黄先生说他一直在思考着这个当年令他百思不解的问题,现在终于有所领会,那就是"画画以外的东西"——无可替代的创造性,还有原始的艺术感觉。那位女士说的"你比我画得好"其实是说"你比我有绘画的天赋"[①]。

吴冠中认为,艺术创作过程中,境界比技术重要,境界是感情的真实,技术只是一个手段。吴冠中说的境界就是创作天赋论中的天赋。[②]

四、艺术创作的组织方式

艺术品的创作可以由一位艺术家单独完成,某些艺术创作活动也可能需要以集体形式进行。因而艺术创作的组织方式有两种:个人独立创作和艺术家的团体创作。

有些研究忽略了艺术创作团体内部成员之间的各种关系,而将创作团体当作创作个人对待,认为关于个人进行创作的动机、决策过程同样适用于团体,不考虑企业内部的组织,把企业作为一个单独的生产者,这与经济学把企业作为一个黑匣子看待是一样的思维方式。

但是,当企业理论把经济研究的触角伸到企业内部的组织过程中时,再把艺术团队当作一个生产者看待就忽略掉了很多有价值的东西。艺术团队的组织方式会影响艺术创作的效率和质量,因此,也应该探讨艺术团队的内部组织问题。

第二节 艺术创作的目的

要知道哪些因素对艺术家的创作活动有影响,首先要知道艺术家进行创作的目的。

文化产品具有经济价值和文化价值,而文化价值与创作者的收益有可能是不一致的,文化产品的生产者未必追求利润最大化,而可能追求文化价值最大化,因此艺术家创作的目的就比工农业生产的目的更为复杂。由于生产的目的不同,文化产品的生产者进行创作决策时,文化产品价格预期可能只

[①] 黄永玉:《平生最爱写和画此外啥都"无所谓"》,载《收藏快报》2008年3月12日。
[②] 吴冠中:《就是一个体制问题》,载《南方周末》2008年1月10日。

起到很小的作用,同样,艺术创作的成本所起的作用也相对较小。

艺术家的行为似乎混乱无序,在艺术创作的混乱表象下,也许存在着某种系统的支配艺术创作的原因。以现代决策过程来看待艺术家的艺术创作,可以认为艺术家是一个理性决策者,在内在与外在的限制条件之下,追求创作目的最大化。如果艺术创作的收益同时包括文化产品的市场回报和文化价值,我们就可以假定艺术家创作的目的是收益与成本之差的最大化。在艺术家创作的动机中,市场回报和文化价值的分量不同,有的艺术家比较看重作品的市场回报,有的艺术家比较看重作品的文化价值,这两种不同的艺术家的创作行为不同。

可以根据艺术创作的目的将艺术机构分为营利性机构和非营利性机构。

一、非营利性机构

(一) 非营利机构的动机

非营利艺术机构进行艺术创作的动机是:在一定时期内,在票房和其他来源的收入总和足够弥补成本的情况下,提供一定量符合质量标准的文化产品,使观众规模最大化。

非营利性机构的艺术家注重创意活动过程带给他们的享受,他们认为艺术是美妙绝伦的,是社会必不可少的,因此艺术应该被更多的人欣赏,他们创造的产品吸引的观众越多,他们就越开心,这是"艺术至上"理念的体现。

(二) 非营利机构的行为模型

描述非营利机构艺术家创作的模型是纯粹创作模型,纯粹创作模型认为艺术家进行创作时,仅仅追求文化产品的文化价值,而完全忽视文化产品的经济收益。艺术家形成某种概念,然后进行具体的艺术创作以体现这种概念,在此创作过程中,艺术家使其作品的文化价值达到最大化。但是在进行艺术创作时,他要受到其他经济因素的约束。

为了达到文化价值最大化的艺术创作目的,艺术机构要尽可能提高文化产品的质量。每个艺术机构都会按照传统与创新相结合的方式,按照自己的标准生产一些优秀文化产品,艺术机构对艺术创作类型的选择和提供的文化产品质量水准体现了艺术创作的质量目标。

在经济学的理性最大化分析框架中，可以将文化价值作为文化生产的目标函数，也可以作为艺术家追求的效用函数。也就是说，艺术家的效用就是作品的文化价值，他追求的就是文化价值的最大化。

假定艺术家在时间 L 内付出成本 K 创造的作品数量为 Q(K, L)，文化价值是 v(Q)，那么艺术家在创作过程中就是要最大化收益 v(Q)。只不过艺术家在创作时要受到生理约束、成本约束和技术约束，比如说在一个月内进行艺术创作的时间不能超过 L_0，成本不超过 K_0。艺术家创作的模型可以写为：

$$\max_{K,L} v(Q(K, L))$$
$$s.t.\ K < K_0$$
$$L < L_0$$

其中：L 为艺术家艺术创作的时间；K 为艺术家艺术创作的资本支出（不包含艺术家的时间成本）；Q(K, L) 为生产函数，即在艺术家的创作水平下，用 L 时间和 K 资本支出能创作出满足某种质量要求的 Q 数量的文化产品。

纯粹创作模型描述的艺术家先有跳跃式的概念，然后将这些概念转化为形象、文字或者声音，文化价值就在这个转化过程中凝结到作品中去。艺术家的作用就是整理这些价值流量，在一定的时间内，在技术条件许可的前提下，把这些文化价值凝聚在一起，使这些价值流量形成一种具体的艺术形式，并在适当的时候展现在世人面前，追求文化价值的最大化。

（三）非营利机构行为模型的解释

1. 决策变量

决策变量是艺术家可以选择其水平以最大化目标函数的变量。这个决策变量的水平决定了生产的作品的质量和数量，即生产怎样的文化产品，生产多少文化产品，以使生产的文化产品的文化价值最大。可以生产的文化产品的质量和数量不是任意选择的，而是受时间、成本、技巧和天赋的约束。在技术水平不变的假设下，文化产品的质量和数量受创作文化产品时花费的时间和资本支出的影响，因此时间和资本支出是艺术创作最根本的选择变量。假设模型应用在一种文化产品的生产上，比如绘画，画家选择投入什么样的原材料以及劳动时间以决定画作的质量和数量？我们设定画家选择的变量就是花费的工作时间和投入原材料的成本。也就是说,我们假定,对于一种特定类型的艺术创作来讲,耗费一单位的工作时间就会产生一定质量和数量的文化产品。这种文化产品的质量和数量具有一定程度的文化价值,而这个文化价值就是艺术家追求的最大化目标。

事实上,艺术创作时间和成本与文化产品拥有的文化价值之间的关系是很复杂的,确定这个关系不是一件容易的事情。我们也许不得不笼统地假定,文化产品的文化价值是投入的劳动时间和资本支出的函数,而不考虑这种函数的具体形式。

2. 目标函数的约束

画家、工匠和雕塑家必须在既定的工具和表现技法下进行创作,这反映在艺术家创作的函数 $Q = F(K, L)$ 的具体形式上。在很多情况下,艺术创作还受作品质量的约束,例如,签约某机构的作曲家和剧作家可能被要求写作具有确定内容和固定长度的一幕戏和一段合奏,也就是说创作时要至少满足某种文化价值。

3. 艺术创作的目标假设

Q 数量的文化产品包含的文化价值是创作时间和材料成本的间接函数 $v(Q(K, L))$。文化价值是劳动投入时间的函数,这意味着对艺术创作行为做了一个非常强烈的假设:不同的艺术家有不同的创作函数,这种不同的创作函数,代表着艺术家不同的创作天赋。无论艺术家从事何种艺术形式的创作,都要将时间分配在不同的工作上,比如创作行动和创意思考。不同的艺术创作花费在创意和行动上的时间差别很大,有些艺术创作需要创意,有些艺术创作需要技术的应用,有些艺术创作则无法将创意和技术应用加以区分。所有的艺术家都在从事创作活动,但是他们的创作活动产生的文化价值差别很大。对平庸的艺术家来说,投入大量工作时间完成的作品,仍可能被认为文化价值很小;而对于天才的艺术家而言,投入少量的时间创作的文化产品,仍会被认为具有很大的文化价值。因此,艺术家的天赋不同,其艺术创作能力不同,反映投入时间和产品文化价值之间关系的创作函数就不同,这种不同的创作函数也就是创作天赋差异的一种衡量。

4. 纯粹创作模型的应用

我国的艺术创作面临的巨大问题是缺少进行纯粹理性创作的艺术家。我们常常感叹,现在艺术领域很难出大师。为什么呢?使用纯粹创作模型,可以从艺术创作的目标和约束条件两方面分析这种现象。

从创作目的看,很多艺术家创作的动机不是追求作品文化价值的最大化,而是追求其他东西,比如职称、财富等。这样为了实现其目标,艺术家就不一定要创作出优秀的作品。

从进行艺术创作的约束条件来分析,还有一个重要的原因,那就是艺术创作的数量易于衡量,而艺术产品的质量难于界定。在当前的文艺体制下,评价艺术成就的标准偏重于数量,导致艺术创作以追求数量最大化为目标,而忽视了艺术产品的质量,或者对艺术产品质量的重视程度不够。

二、营利性机构

尽管多数艺术家进行艺术创作的目的之一是为了表达某种思想,为了追求某种文化价值,但是现实生活中常见的情况是,艺术家也像俗人一样为了生活而奋斗,艺术史上充满了为了金钱而进行创作的艺术家,文艺复兴以来,很多画家、音乐家和作家都有这种情况。这些艺术家或者营利性艺术机构进行艺术创作的目的与其他商业企业一样,追求利润最大化,他们进行艺术创作的唯一目的是金钱。这不是说他们进行艺术创作时不产生文化价值,只是说他们不将文化价值的创造作为目的,而是将创造文化价值作为获得作品的经济收益的手段。

这类艺术创作模型中的目标函数只有经济收益,而没有文化价值。

假定艺术家在投入资本 K 和时间 L 后创造的产品数量是 $Q(K,L)$,创造的可以用货币衡量的经济收益为 $u(Q(K,L))$。艺术家从事艺术创作时也会有成本支出,这些成本是指机会成本,包括材料的成本、工作室的租金、艺术家的劳动力成本等。在模型中要将这些成本考虑进去,因此模型中的净收益是指扣除创作成本之后的收益。那么艺术家在创作过程中就是要最大化净收益 $u(Q(K,L))-c$。艺术家在创作时要受到生理约束,比如说在一个月内进行艺术创作的时间不能超过 L_0。同时还可以假定受到生存约束,即为了生存至少要赚得某个数量的钱 u_0。则营利机构的艺术家创作模型可以写为:

$$\max_{K,L} u(Q(K,L))-c$$
$$\text{s.t.} \quad L < L_0$$
$$u(Q) > u_0$$

模型中，艺术作品的功能体现于赚钱能力上，如果文化价值在某种程度上会影响到经济收益，那么艺术创作者也会考虑文化价值。如果文化产品的文化价值和收益正相关，那么创作者追求经济收入的同时，也努力最大化作品的文化价值；如果作品的经济收益和文化价值负相关，那么创作者追求经济收入最大化的同时，也在努力创作对社会有害的文化价值。

为了避免有害文化价值的生产，可以设置专门的社会机构管理文化部门，规定艺术家创作的作品的文化价值必须达到一定的水平。这种文化管理可以是事先的，即在艺术家创作之前，就公布艺术家创作的作品的文化价值标准，这在实际操作中困难很大。文化管理也可以实行事后管理，即对艺术家创作出来的文化产品进行文化价值的审查，如果认定文化价值是负面的，可以禁止文化产品的传播，比如电影审查制度。

可以在模型中将文化价值设置为某一最低限度，以反映这种文化管理，比如要求文化价值达到某一基本要求或者符合某一文化标准。这时需要在模型的约束条件中加上 $v(Q) > v_0$，其中 v_0 为社会管理者确定的文化产品要达到的最低文化价值。

三、混合目的

现实生活中，艺术家和艺术机构的文化生产目的可能介于纯粹文化价值与纯粹经济利益之间，他们既追求文化价值的创造，享受创意过程的快乐，又关心文化产品带来的经济回报，因此，他们的行为经常表现出矛盾的一面。

不同文化产品的经济收入包含不同的内容，例如，艺术表演的经济收入可能是艺术表演的门票售价、政府补贴或是版税在各期收益的折现值等。表演艺术家创作的经济收入来自其演出的销售，这种所得以工资或者费用的形式表现。

混合目的的文化生产有两种模型化经济收入和文化价值的方法：将经济收入作为创作决策的约束条件；将经济收入和文化价值作为联合最大化目标。

（一）经济收入作为约束条件

假设艺术家赚钱的唯一目的只是为了维持生存，只要能够维持生存，他就不会再考虑经济因素。在这种假设下，金钱并不是艺术家进行艺术创作的原因，它只是艺术家创作决策过程中不得不考虑的一种约束条件。这适合于古典音乐、歌剧、爵士乐与诗歌等所谓非商业创作过程中，适合于那种不重视金钱，内心世界里只是为艺术而艺术的艺术家。这时，纯粹创作模型的目标函数和限制式都可以保存下来，唯一需要改动的是要再加上一条约束条件，以使经济收入达到维持生存的最低水平。艺术创作的目标依然是文化价值的最大化，但在追求文化价值最大化时，艺术家面临更多的约束，在技术和需求约束之外，又要面临生存条件约束。在这个模型中，我们考虑的焦点仍然是创作的文化价值，但是变量的选择范围已经受到经济因素的影响。

为了简单起见，我们把艺术家创作的文化产品的文化价值和经济收益直接写成创作时间和成本的函数。仍然假定艺术家在时间 L 内创造的文化价值是 v(K, L)，创造的可以用货币衡量的经济收入为 u(K, L)，付出的成本是 c，艺术家在创作过程中要最大化文化价值 v(K, L)。只不过艺术家在创作时要受到生理约束，比如说在一个月内进行艺术创作的时间不能超过 L_0。同时还受到生存约束，即为了生存至少要赚得的钱，假定为 u_0。则受到收入约束的艺术家创作模型可以写为：

$$\max_{K,L} v(k, l)$$
$$s.t. \quad L < L_0$$
$$u(v) > u_0$$

加进收入约束的模型对预测艺术家的创作行为产生了影响：受到收入约束的艺术家创作时很关心赚取必要的钱。例如，剧作家会为了其作品能够演出并赚得必要的最低收入而写作剧本。

艺术家必须使用相对于没有收入约束时较小的成本投入进行创作，以便尽快获得生存必要的收入。例如，画家和雕塑家可能会限制创作时使用的材料，以满足最低收入约束。

（二）经济收入和文化价值作为联合最大化目标

许多艺术家就像普通人一样，对物质的占有欲望很强烈，这样的艺术家不满足于仅仅获得能维持生计的物质水平，他们要有更多的钱，不仅要提高衣食住用行等基本生活水平，还要得到许多其他的奢侈性生活品。因此他们从事艺术创作的目的不仅仅是文化价值，赚取金钱也是他们的重要目的。

我们假设这些艺术家仍然具有强烈的艺术创作欲望，他们之所以是艺术家而不被当作工匠，是因为他们还想通过艺术创作来表达某种东西，传递某种信号，将文化价值赋予文化产品。对于这种艺术家来说，他们渴望创作高品质的艺术作品，但是金钱对于他们来讲同样重要。

这时，模型中的目标函数变为文化价值和经济收入之和。文化价值和经济收入没有相同的单位，为了描述既重视作品的文化价值又重视作品带来的经济收入的艺术家，我们假定对于一名艺术家来说，他的作品的文化价值和他得到的经济收入之间存在某种交换关系，对于不同的艺术家，这种交换关系不一样，因此不能用这种模型比较不同艺术家创作的作品的价值。约束条件和以前的模型一样，还是技术条件和需求条件，最低收入约束也可以保留下来，假如艺术家获得成功，此限制条件将自动得到满足，也就不再具有约束力。

假定艺术家在投入资本 K、时间 L 时创造的文化价值是 $v(K, L)$，其作品可以获得用货币衡量的经济收入 $u(K, L)$，付出的成本是 c，它们都可以用同一种指标衡量或者可以换算成相同的单位，那么艺术家在创作过程中就是要最大化净收益 $u+v-c$[①]。则所得为联合最大化目标的艺术家创作模型可以写为：

$$\max_{K,L} \ (v(K, L) + u(K, L) - c)$$
$$\text{s. t.} \quad L < L_0$$
$$u(K, L) > u_0$$

不同的艺术家对作品的经济收入和文化价值的重视程度是不同的。为了描述对经济收入和文化价值的不同重视程度，将模型中的目标函数进行加权，作品的种类和数量在多大程度上受赚钱动机的影响取决于艺术创作者在目标函数中给予经济收入的权重，如果艺术创作者给予文化价值的权重为 s，$0<s<1$，那么他赋予经济收入的权重为 $1-s$，这时的联合最大化目标创作模型的目标函数可以更改为：

$$\max_{K,L} \ (sv(K, L) + (1-s)u(K, L) - c)$$

如果 s 较大，则艺术创作者较看重文化价值，不太重视经济收入；反之，如果 s 较小，则艺术创作者较重视经济收入，不太重视文化价值。

---

① 由于文化价值和经济收入的关系复杂，文化价值和经济收入的综合收益应该表示为 $f(u, v)$，只有文化产品的文化价值和经济收入之间没有关系时，文化价值和经济收入的综合收益才是二者之和。本书为了论述的方便，用文化价值和经济收入的简单加总表示二者的综合收益。

文化产品的文化价值和经济收入是相互一致、相互对立还是无关对艺术家的创作也有影响。例如，不出名的艺术家以创新的手法进行创作时，可能会发现他们所生产的文化价值和经济收入不一致，如果他们在目标函数中给予经济价值足够大的权重，他们将会创作更多商业导向的作品。出名的艺术家会发现他们所生产的作品的文化价值与经济收入相一致，此时，成名的艺术家会进行更多的创新，以同时最大化作品的文化价值和经济收入。现实中，我们经常可以观察到默默无闻的艺术家更喜欢模仿大家的创作，而成名艺术家往往喜欢自己独创。

第三节 文化生产的成本

一、生产要素的种类

根据生产函数 $Q = F(K, L)$，文化生产要投入资本要素 K 和劳动力要素 L。

（一）普通劳动力

劳动力要素既包括文化生产过程中的普通劳动者，也包括艺术家。戏剧表演中的保安、票务、卫生、水电等劳务人员为戏剧表演中的普通劳动者，一般而言，文化生产中使用的普通劳动力与其他行业没有本质区别，而且在文化生产成本中所占比例较小，对于文化产品的生产影响不大，因此，文化经济学不需要专门考虑此类劳动力。在理论分析中，可以不考虑文化生产中的普通劳动力。

（二）艺术家

艺术创作中的主要生产要素是艺术家，他们是创意的主体，艺术家的艺术天赋和创作技巧直接决定文化产品的文化价值。

艺术家的时间成本是文化生产中最大的成本支出，在各种文化生产过程中，艺术家不仅决定产品的价值，而且是生产成本的主要决定因素。

艺术天赋论的实质是说具有艺术创作天赋的艺术家生产文化产品的成本较低，具有艺术天赋的人可以用更少的时间创作具有相同文化价值的文化产品，或者使用相同的时间创作具有更高文化价值的文化产品。如图 5-2 所示，AC_1 和 AC_2 代表两位艺术家的创作成本，在各种产量水平上，平均成本 AC_1 都比 AC_2 低，AC_1 代表具有天赋的艺术家创作的平均成本，AC_2 则代表普通人进行艺术创作的平均成本。具有艺术天赋的艺术家在进行艺术创作的成本上有绝对优势，进行艺术创作是最适合他们的工作。因此具有艺术创作天赋的人从事艺术创作是一种理性选择。

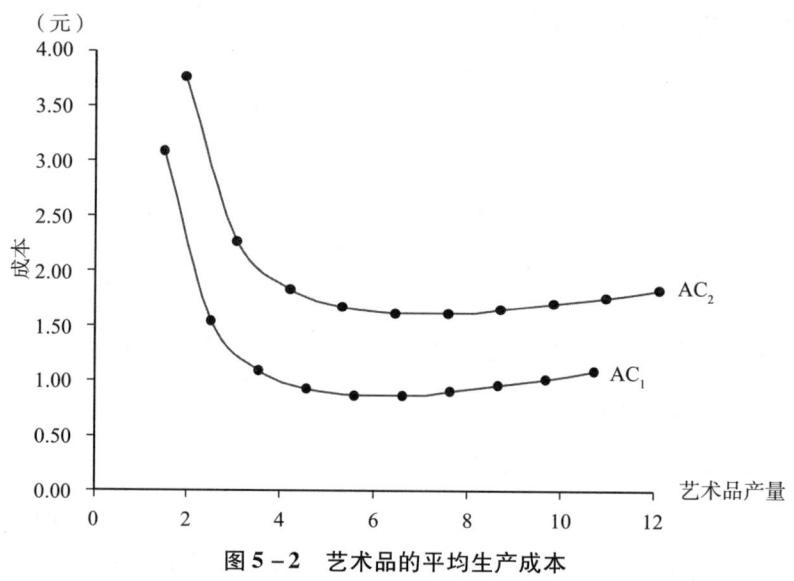

图 5-2　艺术品的平均生产成本

艺术家的技巧培养需要很长时间，而且艺术家创作时需要有创意，因此艺术家的劳动时间的成本应该很高，但是现实中，艺术家的劳动时间的成本却难以衡量。主要原因是：第一，艺术家的劳动差异明显，因此艺术家市场不是完全竞争市场，不能对不同艺术家的时间成本直接对比；第二，艺术家往往只在某个艺术领域具有专长，离开其擅长的艺术领域，可能会表现得很平庸，无法根据机会成本的概念衡量艺术家的时间成本；第三，艺术创作过程带给艺术家的创意享受，降低了艺术家创作时的疲劳，甚至创意的快乐超过了疲劳的痛苦，创意的享受会对艺术家的创作决策产生巨大影响，因此时间成本在艺术创作决策中所起的作用较小，现实中可以观察到艺术家在收益较低的情况下仍进行艺术创作，我们观察到的艺术家的收益可能没有真实反映艺术家的时间成本。

(三) 资本要素

对于美术创作,资本支出包括画室、画具、办公设施等费用;对于表演、舞蹈等的创作,资本支出包括剧场、道具、舞台美术设施、服装、水电等费用。

资本要素对不同形式的文化生产的重要程度不同。对于文学、绘画、作曲等创作而言,资本要素的影响较小,但是对于戏剧、舞蹈、电影、电视来说,资本要素的影响不应忽视,特别是随着现代技术的发展,先进设备对文化产品质量的影响越来越大。

我们以演唱会为例,分析生产要素类型。假设某歌星演唱会的成本预算如表5-1所示。

表5-1　　　　　演唱会的成本预算　　　　　单位:万元

序号	类型	项目	内容	金额
1	合同	演出费	含演出费、机票费、民工费用	330.00
2		审批费		1.00
3	接待	艺人酒店		8.00
4		工程酒店		4.00
5		接待用车		3.00
6		餐费	艺人团队及工程	8.00
7	安保	特卫		1.00
8		公安		10.00
9		消防		
10		安检门		
11		保安	以实际发生为准	
12	场地	场地租赁费		15.00
13	搭建	内场地板保护	场地保护、含内场500张座位的搭建费用	4.00
14		电检阻燃		1.00

续表

序号	类型	项目	内容	金额
15	保险	意外伤害险		2.00
16	票务	票纸		0.60
17		防伪贴	假票较为猖獗，建议主办方自己加一道特别防伪	0.60
18		总票房费用		2.00
19		检票综合费		0.50
20	工程	叉车租赁费	2部	1.50
21	后台	后台物料采购	杂费采购	1.00
22	宣传	电视		30.00
23		报纸	文章及硬广告不少于15个整版	
24		杂志		
25		电台	每天主流电台3家，不少于30次滚动	
26		网络	腾讯、新浪的战略合同，包括微信的推广	
27		户外	黄金地段、机场、高速入城口的广告牌	
28		其他	公交站台广告50块，2个月	
29	制作	海报	包含海报、DM单等广告宣传品	2.00
30		票套	按实际发生支付	
31	会议	新闻发布会	含主创交通费、酒店住宿费、现场物料费及媒体酬劳	4.00
32		庆功宴		2.00
33	税收	增值税	按实际发生支付	—
34		票提	安实际发生支付	—
35		个人税		5.00
36		版权税		1.00
37	其他	乐器报关		0.50
38		不可预计费用		10.00
合计				447.70

合同、安保主要为歌星的出场费和其团队的费用、保安人员的薪酬等，演唱会投入的劳动力中只有歌星一人为艺术家，其他人员均为普通劳动者。

资本支出包括宣传费、招待费、交通费、场地费、搭建场地的材料费等。

二、成本种类

根据成本与产量之间的关系，可以把成本分为固定成本、变动成本和混合成本。

（一）固定成本

固定成本是指不随着产量改变的成本。戏剧、舞蹈等在排演阶段的支出，无论开始表演后，表演场次是多少，其排演的成本都不变，这是戏剧表演的主要固定成本。画室的租金不随着画家作品数量改变，是绘画的固定成本。

固定成本与产量无关，可以表示为 FC。

表 5-1 中宣传、搭建、票务、工程、后台、庆功会等费用不随演出场次而变化，为固定成本。

（二）变动成本

变动成本是随着产量而变化的成本，产量越大，成本越大。例如画家的劳动时间随作品数量的变化而变化，演员的奖金随着票房数量的变化而变化，这些都是可变成本。

变动成本与产量正相关，可以表示为 VC，计算公式如下：
$$VC = k \cdot Q$$

表 5-1 中演唱会的合同费用、安保、保险、部分税费等随着演出场次而变化，为变动成本。

（三）混合成本

混合成本的大小与产品数量相关，但是与产品的数量没有线性函数关系。

对于艺术创作比较重要的一种混合成本是半固定成本，这种成本在产量的一定范围内是固定的，但是产量超出一定范围时，半固定成本会发生变化。例如，如果某剧院的座位数是 400 个，我们用门票数量衡量戏剧的产出,在产出为 0~400 张门票时,只需演出一场,这时剧院租金、水电、安全保护、演员的工资等都不随门票数量变化;但是当门票数量超过 400 张时,需要增加演出场次,租金、水电、安全保护、演员的工资等都要跳跃到一个更高水平。

半固定成本如图 5-3 所示。

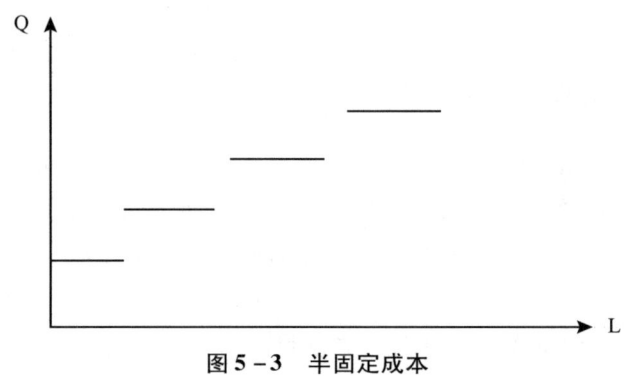

图 5-3 半固定成本

歌星演唱会的变动成本随着演出场次的变化而变化,但是如果把门票数量作为产量,其合同费用、安保费用等为半固定成本,只有增值税、票提为变动成本。

三、文化生产决策

文化生产决策可以用成本支出既定的情况下产量的最大化来描述,或者用产量(质量)既定的情况下成本最小化来描述。

假定某种艺术品的创作既需要设备投入 K,又需要艺术家的劳动 L,按照经济学的经典假设,两种要素的边际替代率递减。如果设备的价格为 P,艺术家的时间成本为 W,则成本 $C = P \times K + W \times L$。艺术创作决策是在保证艺术品的文化价值达到某一水平的前提下,尽量降低创作成本,则艺术创作的决策应该选择图 5-4 所示的均衡点。

假定艺术家的工资水平大幅度上升,但是设备的价格不变,则艺术创作的要素投入选择将随之发生变化,如图 5-5 所示。

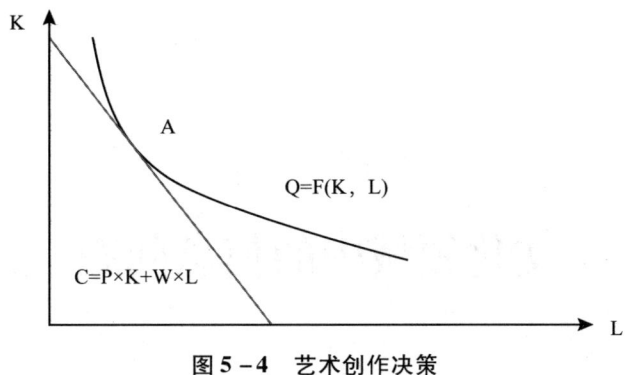

图 5-4　艺术创作决策

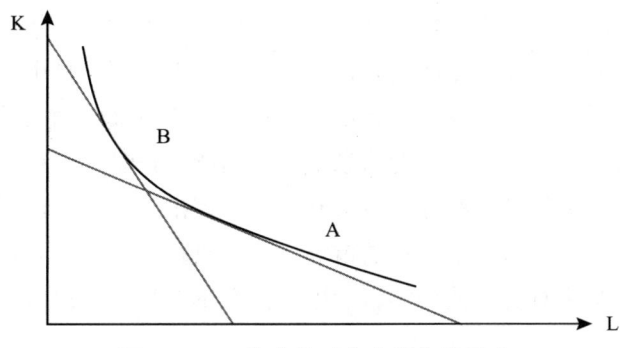

图 5-5　工资变化对艺术创作的影响

文化生产的均衡点将从 A 点移动到 B 点，此时，艺术家的使用减少，设备的使用增加。电影制作中各种特效的使用，既是现代技术的发展使得特效完全可以替代演员的表演的结果，也是演员工资上涨的结果。

思考题：
1. 创作天赋论的内容是什么？
2. 有哪些模型可以描述艺术创作的目的？
3. 艺术创作的成本有哪些类型？

第六章

文化领域中的信息问题

我们假定消费者购买文化产品是为了消费,而消费的文化产品都需要购买,因而,本书中所称文化消费和文化需求实际上是同一件事。在研究不同问题时,为了便于理解,我们交替使用文化需求或者文化消费的概念。

在文化消费中存在着严重的信息不对称问题,信息不对称引起逆向选择和败德行为,解决信息不对称的方法有广告、评论、评级、声誉、社会交流和时尚等,但是解决信息不对称的市场行为本身也存在信息不对称。本章主要介绍信息不对称对文化消费的影响以及信息不对称的解决方法。

第一节 信息不对称问题

本节介绍经济学中信息不对称的概念、后果和解决方法,后面两节介绍文化领域信息不对称的解决方法。

一、信息和信息不对称

信息是有关商品、行为等特征的知识。信息是决策过程中需要知道的有价值的资源,信息能够提高市场主体决策的有效性,减小经济主体的决策风险,从而提高它的预期收益。

信息具有"质"和"量"上的独特性。从质的方面看,信息很像"公共物品":因为增加一个人获得的信息并不减少其他人可以获得的信息量,信息不具有竞争性;因为一旦信息扩散开来,就很难阻止其他人免费获得信息，信息在一定程度上也没有排他性。从量的方面看，信息的价格常常采用超额收益方法计算得出：拥有信息做出的决策比没有信息做出的决策多获得的额外收益即为信息的价格。

完全信息是指市场的供求双方对于所交换的商品具有充分的信息。完全信息是决策有效的必要条件。但是，现实中信息常常是不完全的，特别是在文化市场上。购买传递信息的产品之前，消费者无法了解信息的内容，这就出现了一个困境：如果销售者不让消费者在购买之前充分了解产品内涵的信息，则消费者就无法评估产品内涵信息的效用，消费者可能因为不知道究竟值不值得购买而不去购买产品；如果销售者让消费者在购买之前充分了解产品内涵的信息，则消费者又可能因为已经知道了信息也不去购买。因而，对于主要提供信息的产品来说，由于信息不对称，市场的作用受到了很大限制。

消费者缺乏信息的情况在文化行业较为普遍，这与文化产品的特性有关。一方面，文化产品销售的是概念内容及文化产品携带的信息，消费者必须在不完全知道或者不知道文化产品的信息内容的情况下，做出消费决策。用经济学术语来讲，文化产品属于"体验型产品"，消费者只有消费以后，才能准确地评价产品的质量，如读书、看戏、听唱片等。另一方面，有些消费者必须了解文化产品内涵的概念内容，充分了解文化产品的信息后，才能评估文化产品的文化价值；但是认识、理解文化产品概念内容内涵的信息往往需要较强的专业鉴赏知识，例如尽管在购买之前消费者就可以近距离观赏油画、雕刻，但是鉴定它们的价值需要专门的知识，缺乏鉴赏能力的消费者很难确定它们的价值。文物鉴定更是一门专业化的学问，大多数消费者不具备鉴定文物的能力，他们只能想办法尽量降低信息缺乏对决策的不利影响。

不同的经济主体缺乏信息的程度往往不一样，销售者一般要比消费者了解更多的产品信息。例如，作为电影的生产者和销售者，导演和主演、制片人等比观众更加了解电影的思想和艺术特征；出售劳动的演员要比制片人更加了解自己劳动技能的高低；画廊主人比顾客了解作品的来源、真伪等。上述种种情况都是所谓"信息不对称"，即市场中交易一方比另一方拥有更多的有关产品的信息。

二、信息不对称的后果

决策之前的信息不对称称为事前信息不对称，决策之后发生的信息不对称称为事后信息不对称。事前信息不对称会引起逆向选择问题,事后信息不对会称引起败德行为。信息不对称引起的逆向选择和败德行为,都使得市场机制不能很好地发挥作用。

(一) 逆向选择

完全信息假定下,根据需求定律,如果降低某种商品的价格,对该商品的需求量就会增加。但是,在市场信息不完全的市场中,需求定律不再成立,消费者对商品的需求量不随价格的下降而增加,而是相反,随价格的下降而减少。这种情况称为"逆向选择"。

下面以电影为例说明为什么会出现逆向选择。假定关于一部电影的文化价值的信息是不对称的,电影生产和营销人员知道电影的文化价值的高低,但是消费者不知道。

消费者假定电影院通常以高价格出售高文化价值电影的门票,以低价格出售低文化价值电影的门票。即平均来说,购买高价电影票欣赏到的电影的效用高于购买低价电影票欣赏到的电影的效用,因此,消费者根据商品的价格来判断商品的"平均"文化价值或者预期的文化价值。随着电影票价格的下降,观众主观上认为电影的文化价值下降,观看电影获得的效用减少,因而不愿意观看电影,电影市场呈现出不景气的状况。由于电影票房收入低,制片人愿意拍摄的电影数量下降。但是,被制片人否决的电影主要是那些投入成本较高的电影,而不是那些小成本、小制作的电影,因为在电影市场不景气、票房普遍较低的情况下,生产高投入电影将冒更大的亏损风险,因而大投入制作电影是不明智的。结果,摄制出来的电影更多是小投入的作品,电影的平均文化价值就会下降。反之,如果电影市场繁荣,电影票价普遍较高,电影的供给将增加,但主要增加的是那些文化价值更高一些的电影,因为现在拍摄高文化价值电影有利可图。结果,电影的平均文化价值上升了。总之,消费者有理由相信,随着电影票价的上升,电影的平均文化价值也将上升。消费者购买电影票时不仅考虑票价,而且也考虑电影的文化价值,即考虑价格和文化价值的一个综合指标:性价比 g/P,其中分子为电影文化价值的衡量指标,分母为电影票的价格。性价比反映观众购买电影票时支出的每单位货币所得到的文化价值量。一般来讲,电影的性价比是票价的函数,在不同的票价水平上,电影的平均文化价值不同,性价比也不同。我们可以预期，性价比随着票价的上升而上升，但是票价到某一数值时，电影的票价可能脱离文化价值而虚高，这时电影的性价比就会下降。

考虑观众的反应，如果观众没有任何途径获得有关电影文化价值的信息，但是知道影院里放映的电影有文化价值高的电影，也有文化价值低的电影，如果观众愿意花 P_1 元钱看一场高文化价值的电影，而只愿意花 P_2 元钱观看低文化价值的电影，其中 $P_1 > P_2$；观众预期电影院中放映高文化价值的电影的比例为 r，则低文化价值的电影所占的比例为 $1-r$；由于观众观看电影之前不知道一部电影的文化价值究竟是高还是低，那么观众愿意支付的票价将是 $P^e = rP_1 + (1-r)P_2$，而无论这部电影好与坏（观众并非不想在知道电影的文化价值后再买票，而是根本无法获得电影文化价值的信息），由于 $P_1 > P^e > P_2$，那么高文化价值的电影也只能获得 P^e 的价格，这个价格显然比观众愿意支付给高文化价值电影的价格低，于是电影制片商将根据票价 P^e 决定投入的大小，这个投入小于根据 P_1 票价决定的投入量，结果高文化价值的电影的质量下降了。但是低文化价值的电影得到的票价 P^e 大于观众愿意支付的价格 P_2，低文化价值的电影的制片商很乐意继续生产。所以，这时电影制片商只生产在电影票价格 P^e 之下也能盈利的低文化价值的电影。在票价 P^e 下，高文化价值的电影的产量下降，低文化价值的电影的产量上升，因而，高文化价值的电影占电影总量的比例 r 将下降。但是观众也能认识到这一点，由于 r 变小，观众随之降低愿意支付的价格 P^e，而 P^e 的下降会造成高文化价值的电影的比例 r 下降。这一过程重复下去，结果高文化价值的电影的比例 r 降为 0，观众愿意支付的价格 P^e 变为 P_2，这时电影院里没有值得一看的高文化价值的电影，观众也不愿多花钱看电影，这时市场达到均衡状态，但是均衡价格为 P_2，这意味着高文化价值电影将不复存在。

现实生活中，高文化价值电影还在上映，观众还在花钱购票，为什么理论分析和现实出现了差距呢？原因是我们假定观众没有途径获悉电影的文化价值，实际上观众和电影制片商、发行商、影院都在努力想办法传递电影文化价值的信息，也就是寻找解决电影文化价值信息不对称的途径。

（二）败德行为

事后的信息不对称也会使市场价格失灵，这种后果被称为败德行为。败德行为主要出现在"委托—代理"关系中，在这种关系中，委托人委托代理人处理与委托人有关的一些事务，并支付相应的报酬。假定在"委托—代理"关系中存在信息不对称，在办理委托人的事务时，代理人清楚自己是在为委托人的利益尽力工作还是拿着委托人的报酬为自己谋福利，但是委托人不知道。一般而言，代理人的利益与委托人的利益不一致（有时甚至可能是冲突的），在这种情况下，代理人有机会利用信息不对称为自己谋福利，以至于损害委托人的利益，这种行为就是败德行为。例如，雇员在工作中偷懒耍滑，经理的决策伤害股东利益，病人被过度医疗等。由于信息不对称而引起的委托—代理问题妨碍市场机制的正常运行，从而造成资源配置的低效率。

在文化产品的生产中存在事后信息不对称引起的败德行为。在电影制作中，剧组成员不顾电影制作的需要而过于注重渲染自己的文化偏好或者摄制过程中要求提高自己的待遇或者生活条件，都属于败德行为。例如，剧组的工作人员刚刚到场，准备完成一天的拍摄，这个时候却发现某些演员不见了，原来是这些演员去参加一个商人邀请的演出，出席这次活动能赚到很多钱，所以也就不顾还有没完成的拍摄任务私自去参加活动了。再如，因为电视剧的热播，某演员的名气越来越大，也就不再是原来那个认真拍戏的好演员了，开始为了名气和利益做一些比较出格的事情。这种败德行为使得团队的组建和协调成为电影、电视剧摄制中的重要问题。

在文化消费中也存在败德行为。假如一个消费者想要购买某件文化产品，如字画、瓷器、玉器等，但是他没有鉴别这些文化产品的能力，既不能鉴定它们的真伪，又不了解它们的市场行情。他可能会请别人鉴定，但是一旦这种鉴定的委托—代理关系形成，鉴定者知道自己的鉴定能力、是否付出了必要的关注度进行鉴定，以及是否把鉴定的结果实事求是地告知投资者，而作为委托人的投资者却不知道鉴定者是否尽职，鉴定人就可能在进行鉴定的过程中出现败德行为。投资者预期文物鉴定者在鉴定过程中存在败德行为，因而不会相信鉴定者的鉴定或者根本不与鉴定者签订委托—代理合同，信息不对称问题得不到解决，委托人仍然不敢投资购买艺术品。

三、信息不对称的解决办法

生产者和消费者都在探索消除信息不对称的方法，一旦消除了信息不对称，就可以避免逆向选择和败德行为，矫正市场失灵而获得的资源优化配置的好处成为解决信息不对称的动力，这种获利机会也推动了市场上专门从事信息传递的第三方市场中介机构的发展。

（一）事前信息不对称的解决方法

长期利润最大化目标是降低信息不对称程度的内在动力。为了实现长期利润的最大化，生产者有必要根据其产品的质量制定价格，这时价格成为产品质量的指示器。如电影发行商往往根据对电影票房的预测制定相应的营销方案，根据对电影满足观众偏好的程度的猜测，评价电影带给观众的效用，以此制定相应的票价。因此，对观众认为文化价值高的电影制定的票价高，对观众认为文化价值低的电影制定的票价低。如果电影发行方和电影院对低文化价值的电影制定的票价较高，将会影响上座率、二轮放映的票房，以及后继电影的票房价格。高文化价值的电影的票价过低，将会减少票房收入，因为电影好，提高票价并不会大幅度减少观众数量，所以提高票价可以提升票房。总之，高文化价值的电影高票价、低文化价值电影低票价，符合长期利润最大化原则，这是市场自身对信息不对称问题的纠正。观众对大电影放映公司更信任，而对新出现的小电影公司不信任，就是因为大电影公司考虑长远经济利益，会根据电影的文化价值制定合理的票价，而小电影公司对长远利益不重视，很可能制定虚高的电影票价。

生产规模也可以传递商品质量信息。大规模生产者的产品似乎更加可靠，大牌导演、大制片公司摄制的电影往往质量更高，因为他们退出电影圈的代价巨大，在电影生产方面他们投入了大量沉没成本，如果退出电影圈，这些沉没成本将消失殆尽。这些沉没成本成为他们考虑经济利益、生产高质量电影的保证金，巨大的保证金逼迫大导演、大制片商努力保证电影质量。

广告是解决信息不对称问题的重要途径。在购买之前消费者可以通过广告，如电影预告、电视广告、书或唱片的印刷广告、杂志试行版等，了解销售者提供的信息。广告播出的信息帮助销售者把产品与可能的消费者的文化偏好联系起来，但广告中实际信息的量是有限的，通常仅仅包括该产品的大体风格、内容、主要参与者。

明星也起到了类似广告的作用。明星的市场号召力是其巨大的文化资本，如果明星出演的电影文化价值低，将会损害其市场号召力，降低其文化资本，因此，明星会慎重考虑出演的电影并在表演中尽职尽责。观众看到有知名演员的演出，往往会认为电影的文化价值高，也是基于这一逻辑。

解决信息不对称问题的另外一个方法是建立"信誉"。信誉是消费者对企业行为的一种主观评价，消费者根据自己购买和消费某种产品的亲身体验以及来自其他消费者的"忠告"或别的因素，对生产和销售该产品的企业的诚信（或欺瞒）程度做出判断，并根据这种判断来决定以后是否会购买该企业的产品。如果商品的买卖是经常性行为，信誉机制比较容易建立。在这种情况下，企业只要欺骗消费者一次，就可能永远失去这一消费者，甚至有可能失去更多的消费者。反之，如果交易本身是一次性的，交易结束后，双方永远不会再碰面，则信誉就难以发挥作用，因为在这种情况下，企业用不着担心受骗者会向其他消费者揭发自己的欺诈行为。信誉通过"区分市场"解决信息不对称问题，信誉好的商品意味着质量高，信誉差的商品意味着质量低，这样高质量商品和低质量商品就成为两个不同的市场。在文化市场上，文化产品生产者的名誉可以看作是对文化产品质量的保证，质量差的电影将对生产者已经建立起来的市场名誉产生负面影响，使观众不再相信他们以后的产品，因此名导演、明星出演的电影往往被观众期待。

由于信息不对称扭曲了资源配置，传递信息成为有利可图的行为，纠正资源配置的收获就是传递信息的收益，这样就有可能产生专门从事提供信息的人和组织，他们构成了独立于买卖双方的市场第三方，通过向市场主体提供信息收取费用。只要购买信息的费用低于信息给他们带来的好处，买方或卖方也就愿意向他们购买信息。但是第三方提供的信息也同样受逆向选择和败德行为的影响，如果不解决这些问题，信息中介组织的发展就会受到影响。文化评论、文物鉴定、评级等都类似于第三方做出的商品质量的鉴定，在我国的文化市场上，这些市场中介的信息不对称问题没有得到有效解决，严重影响了我国文化市场的发展。

（二）事后信息不对称的解决方法

解决委托—代理问题导致的败德行为的一个方法是采用激励设计方案：委托人把自己的利益和代理人的利益捆绑在一起，这样，当代理人为自己的利益而采取行动时，他同时也就是在为委托人的利益服务了。

下面是激励设计方案的两个例子。雇主如何确保雇员不偷懒呢？一旦雇主方面存在着信息不对称，他就无法有效地监控雇员的行为，无法再把工资与雇员的努力程度直接挂钩,而只能把工资与可观察的生产结果相联系。在这种情况下,不同的报酬形式可以改变雇员的行为,使他们不再偏好偷懒。如电影摄制组的薪酬设计,制片人为了激励主要创作人员全身心投入电影的摄制,往往设计底薪加提成的报酬方式,除了给导演、编剧、主要演员固定的工资外,还有一部分提成是与电影的票房挂钩的。一些大的艺术收藏家或艺术投资基金为了激励他们的艺术顾问努力工作,也会把艺术顾问的收入和艺术投资的收益关联起来。

第二节 文化评论

文化消费面临信息不对称造成的逆向选择和败德行为,这使得文化消费难以进行。信息传递部分解决了信息不对称问题,在促进文化消费中发挥了重大作用。信息传递的渠道有社会交流、文化评论、鉴定人的评级、时尚等。但是信息传递过程中也产生了一些新问题。本节介绍文化评论对文化信息传递的作用,第三节介绍评级、社会交流和时尚的信息传递作用。

一、文化评论的作用和文化评论市场

文化评论是解决文化产品信息不对称的一条途径。[①] 当销售者和消费者只是偶尔进行买卖,或者得到相关产品的信息需要大量专门投资时,由具有专门知识的第三方向不同的交易主体提供信息可能是解决信息不对称的有效方法。消费者进行文化消费时,不同程度地依赖这个行业的评论家和鉴定人,因为这些专家经验丰富,而且对这类产品有独到的见解。人们也认为评论家的评论具有公正性和客观性。

(一) 文化评论传递信息的作用

文化产品文化价值具有不确定性的特点既适用于消费者也适用于生产商。人们在欣赏之前无法确定"体验型产品"的质量,因此文化消费者可

---

① [美] 理查德·E. 凯夫斯著,康蓉等译,《创意产业经济学》,商务印书馆2017年版,第306~316页,对艺术评论的作用、信息不对称导致的问题做了详细介绍。

能会花费精力（包括时间和金钱）去收集有助于他们做出选择的信息，这些信息提高了获取高文化价值的概率。通常消费者可以从多个渠道获得这些信息，有些信息直接从产品经销商那里获得，文化生产者和经销商也会发行大量海报、电视广告和预告片，经销商能给消费者提供他们所需要的信息，但消费者知道经销商不乏夸大产品质量的动机。消费者对第三方信息渠道不会有这种偏见，但消费者获得第三方信息的代价可能会更大，而且第三方提供的信息有时并不一定内行或准确。

在第三方信息的提供者中，自由专家尤为重要。与其他信息渠道相比，专家信息有权威性（他们拥有大量文化资本），又不会对哪个供应商的产品有任何好恶偏向。对专家评论的需求取决于消费者从其他渠道获得的信息质量的高低。消费者如果能够从其他渠道获得可以信赖的准确信息，对专家信息的需求就会大为降低，反之，对专家信息的需求就会大量增加。在大都市文化中心，戏剧和舞蹈评论家对门票的需求量发挥着决定性作用，因为消费者在购买门票之前没有任何获得独立观点的渠道（除口头消息之外）。视觉文化产品往往价格较高，消费者购买时更慎重，他们完全可以在购买之前利用自己的空余时间在画廊甚至是躺在睡椅上先观赏一下，获得有关视觉文化产品的初步信息，因而戏剧和舞蹈评论家对消费者的影响力比视觉艺术评论家更大。

客观的专家评论可以从两方面为消费者提供信息帮助。一方面，文化评论可以对产品进行客观描述，提供文化产品的质量特征。生产商对产品的描述是不可信的，因为他们有"吹捧"自己产品的动机。例如，评书人联系全文，对所评之书进行细致的评论，而出版商对书的了解并不亚于评书人，但却只在封面上作简要的褒奖，这是因为出版商的动机是宣传该书，即使出版商做出评论，读者也不一定相信。另一方面，评论家可以通过内化消费者的文化偏好、提前判断文化产品的吸引力来缩短信息传递过程。但在有些方面，评论家们也无法帮助消费者解决信息问题。例如，评论家的爱好也许与消费者的偏好不同；评论家们的独立立场有可能会受到质疑；由于时间和经济原因，消费者无法得到评论家们的评论等。

（二）评论市场

评论家经过激烈竞争获得并使用他们的评论权利。只有那些富有的文化

第六章 文化领域中的信息问题

产品收藏家才可能直接雇用意见咨询师,而其他愿意花钱买到评论观点的买主们出价太低不足以获得独家评论。艺术评论的传播渠道是评论家们进行竞争的市场,大多数评论性文章、建议是和报纸、杂志以及各种广播中的信息联系在一起的,未来的评论家要通过竞争或是获得某个研究院的会员资格使编辑们愿意采用自己的评论、发表自己的作品以使自己的声音汇入到这些信息的洪流中。评论家们希望自己的观点获得消费者的信任,从这个意义上讲,评论家们最终要跨越的门槛是消费者的信赖。消费者的信赖通过是否订阅登有这些评论家观点的杂志、报纸显示出来,而究竟有多少评论观点可以刊登在报纸杂志上几乎都是由报纸编辑和其他撰稿者决定的,因而评论家的艺术评论首先要符合编辑们挑剔的眼光。

20 世纪 80 年代,我国的电影评论主要通过《大众电影》杂志与普通电影观众见面,《大众电影》是当时发行量最大的刊物,《大众电影》上发表的电影评论影响了观众的购票意愿。当各种大众杂志兴起时,评论界的竞争又转移到有文化素养者阅览的各种小杂志中,这些小杂志本身产生了不少新作品,同时也包括了激烈而又狭隘的评论竞争。这些小刊物偶尔也会激起读者的兴趣,从而产生广泛而直接的影响。

评论家之间的竞争赋予成功的评论家引以自豪的地位。评论家要想获得成功必须具备很好的条件。其中一个条件是评论家的观点要经受得住时间考验,评论家观点和大众对这些观点的理解都具有主观性,因此对评论家观点的准确评估需要通过长时间的市场检验;另一个条件是评论观点必须有预见性,比如评论应该指出某位崭露头角的艺术家的优秀作品是否预示着一个辉煌灿烂的时尚潮流的到来;再一个条件是对评论家观点做出筛选的编辑们和最终消费者之间的文化偏好差距不大。

为了满足文化偏好不同的消费者的不同需求,评论市场也有等级层次。对于文化资本较高的消费者,评论家们力图按照作品的客观标准进行评价,使每件作品都得以准确定位。为不太内行的观众提供服务的评论家们倾向于内化潜在消费者的文化偏好,评论家们建议消费者喜欢或不喜欢消费者自己拿不定主意的作品。事实上,对于简单的艺术产品,消费者不需要很多文化资本就可以判断它是否满足自己的偏好,评论员的评价通常不起作用,消费者通过文化产品采用的素材(如动作片和流行音乐的巨大耗资)来判断文化产品是否符合自己的偏好。

(三) 评论市场的败德行为

艺术市场种类繁多，艺术家们拥有丰富的创造力，很少有消费者具有充足的文化资本来判断这些文化产品的文化价值，这就要求评论家对新文化产品、新艺术家进行批评。由于艺术批评对消费者的影响，艺术家会特别关注评论家的评论，通过贿赂评论家推出艺术作品的现象在多数艺术行业中都出现过。无论一件艺术作品是否赢得市场认可，创作作品总会发生成本，而那些通过贿赂赢得评论家们关注的作品有可能获得生产成本好多倍的回报，于是艺术家们有足够大的动力去贿赂评论家，比如说，某位崭露头角的视觉艺术家会把自己的一幅作品送给称赞他的评论家，因为当读者看到评论家对该艺术家的赞扬后会受到影响而购买该艺术家的作品，使其价格一路飙升，这样评论家手中的作品的价格就会上升，而艺术家则名利双收。

评论家们可能受到贿赂的影响做出评论，也可能不受贿赂影响而以艺术审美为标准去做出评论，怎样选择取决于评论家的效用函数和选择成本。爱钱的评论家和本来就没有信誉的评论家也许会受贿赂影响而进行评论，因为这样的评论家可以低成本地获得更多的贿赂，从而提高他们的效用。贿赂问题在艺术行业以各种形式反复出现。如果消费者知道评论家的文化资本和做出评论的依据，就能客观判断评论的可靠性，但是消费者显然缺乏这种信息，这种信息不对称使得评论家具有了接受贿赂并提供虚假评论的可能性，即信息不对称引发评论家的败德行为。

收藏家等文化消费者会对艺术评论败德行为做出反应。当消费者发现评论家 X 手里有艺术家 Y 的某件作品时，他会考虑这位评论家对 Y 作品的评论是否值得相信。消费者会推测这位评论家高度赞誉 Y 的作品可能不是作品本身优秀，而是为了提高手中文化产品的价格获得高额回报而提供的虚假评论。下面两个因素可能会抵消消费者的这种看法。第一，X 评论家购买和收受艺术家的作品并不一定有损于他对这位艺术家作品质量和前景的评价。若 X 评论家选择以 Y 的文化产品来保有自己的部分财富，那么他就使得自己的财富在某种意义上成为自己看法的抵押品。X 评论家希望通过改变收藏家观点来使自己的财富增值，但是如果他的观点在评论界毫无影响的话，他将会面临财富的损失。第二，评论市场的竞争将不负责任的评论家的名誉置于危险境地。评论家之间不断激烈竞争，别的评论家有可能对 Y 的作品发表不同的评价，竞争的结果很可能不仅降低 X 评论家手中 Y 的作品的价格，而且降低 X 评论家在评论界的地位，减少他以后通过评论获得的收益。基于此，收藏家会相信 X 评论家拥有 Y 的作品促使他公正地评价 Y 的作品。

现代通信技术的发展使得评论家的观点更容易送到消费者面前，网络加剧了评论市场的竞争，降低了虚假评论的收益，并将降低贿赂对评论的影响。

贿赂使艺术评论市场产生逆向选择，并可能导致评论市场萎缩。如果艺术市场已存在很长时间，很多新艺术家刚刚被评论市场注意，消费者对新艺术家的评价极不稳定，评论市场对某位新艺术家的正面评价会使得艺术家的作品价格高涨，消费者知道评论家们极易收受贿赂，但并不清楚究竟是哪位评论家接受了贿赂，也不知道哪位艺术家进行了贿赂。评论家只对某位艺术家及其作品发表看法，却不提供他做出这种评价是基于作品的文化价值还是接受了贿赂。消费者知道评论家们有很强的受贿倾向，因而对评论家们的观点不屑一顾，没有人把评论家们发表的观点当作一回事，期刊主编不再考虑评论家们的投稿，这样一来评论家们的评论功能就被逐渐削弱。由于消费者不知道哪些评论家做出虚假评价，而对评论市场采取不相信的态度，甚至使评论市场无法生存。我国评论市场的萎缩与某些艺术家不负责任的评论关系密切。

改变艺术评论市场的逆向选择要求消费者对评论家们有合理的信任，这种信任建立在评论家们的信誉上。如果评论家们在文化需求市场存在已久，他们的声誉会成为虚假评论败露后遭受巨大损失的抵押品。如果评论家们能为他们的观点提供合理的抵押，消费者们就会根据逻辑和自己的经验对评论家们的观点做出判断。如果文化市场对产品的判断稳定，反映消费者价值取向的商品价格不再受评论家观点的干扰，行贿受贿就不再是艺术家和经销商的理性选择。因此，评论市场的繁荣需要文化消费者拥有一定的文化资本以判断批评家观点的客观性，还需要时间培养出有市场声誉的评论家。

二、视觉艺术评论

对视觉艺术文化价值的评判越来越依靠专业知识，这增加了普通消费者理解视觉艺术产品的难度，拉大了消费者和视觉艺术之间的距离，也为视觉艺术评论提供了大量生存空间。视觉艺术评论帮助消费者理解视觉艺术品的文化价值，但是信息不对称造成这个市场的逆向选择和败德行为。

文化经济学

评论家们在法国视觉艺术市场中的作用可以追溯到 19 世纪。[①] 起初，艺术评论是一个非专业化的职业，当时艺术创作处在各种学院理论的严格限制下，艺术市场提供给评论家们的用武之地很小。印象派的诞生加大了视觉艺术品和文化消费者之间的鸿沟，使得艺术家和普通大众之间需要建立沟通的桥梁，评论家起到了这种桥梁作用。绘画风格和绘画技巧不断革新，评论家正好可以指导大众如何欣赏一幅作品，而不是教给大家如何去解释绘画的主题。评论家们日渐明显的信息传递作用正好与 19 世纪 70 年代各种小刊物的兴起吻合，因为这些小期刊比普通报纸更青睐印象派。评论家们对印象派的传播发展起到了重大作用。

评论伴随艺术革新出现是一种常见的模式，视觉艺术领域风平浪静毫无创意时，评论的声音便归于沉寂，艺术市场一旦有了创新，就有了艺术评论的发展空间，评论家们可以发挥他们的能力进行评论。20 世纪的艺术市场一个十分显著的特点是评论家们对某个新流派或运动所表现出来的热情与该流派或运动提供的可解释余地正相关。立体派看似不重视外界的观点，但立体派为评论界提供的发挥空间还是立刻被纪尧姆·阿波里耐（Guillaume Apollinaire）以及莱昂斯·罗森伯格（Leonce Rosenberg）和别的评论家抓住。未来派在诞生之初就有自己独立的思想理念，几乎没给评论家留有任何阐释空间。而超现实主义则第一个因其文学灵感而不是视觉灵感遭遇到顶级评论家的猛烈抨击，不过正是这次抨击给评论界创造了大量的评论机会，使得超现实主义得到迅速传播。

20 世纪的美国延续了这一模式。当时抽象表现主义成为评论家超越传统评论的契机，加上那时的一流艺术家杰克逊·波拉克（Jackson Pollack）等保持低调沉默，因而评论家们便拥有了一块可以自由发挥的空间。同样的事情也发生在之后的概念派艺术上，概念派艺术经常忽略视觉因素，学术活动成为其全部内容，视觉艺术除为评论家提供了用武之地外，把个人文化偏好也置于评论家的指导下，为评论家发挥其文化批判功能提供了平台。

当经销商—评论家的合作体制在法国艺术市场出现后，经销商、代理人、评论家以及宣传员的作用经常相互重叠。费利克斯·费内翁（Felix Fe-

---

[①] [美] 理查德·E. 凯夫斯著，康蓉等译：《创意产业经济学》，商务印书馆 2017 年版，第 306~316 页，该书对视觉艺术评论做了详细介绍。

neon）在加入伯恩海姆—热恩画廊之前一直是多家报纸颇具影响力的评论家，他在 1908 年成为这家画廊的负责人之后不仅为自己的画廊选择艺术家，并在自己评论的影响范围内极力帮助这些艺术家。著名的美国评论家克莱门特·格林伯格（Clement Greenberg）1959 年同意在法国和一位传统艺术方面很有声望的经销商康帕尼组织一个临时艺术部，格林伯格高举后美术抽象派的旗帜，在自己的文章中大力吹捧并推出了巴尼特·纽曼（Barnett Newman）和莫里斯·路易斯（Morris Louis）两位艺术家。总的来说，格林伯格对自己青睐的艺术家不遗余力地赞誉，他不仅私下指导他们绘画技法，并且指点他们哪些作品可以拿去展出，而且格林伯格对收受艺术家作品一事毫不掩饰。艺术杂志有时也把艺术评论版面和艺术广告混为一体，明目张胆地发挥评论的广告推介功能。

  评论家自我推销的最明显例子是意大利著名绘画专家和鉴定家伯纳德·贝伦森（Bernard Berenson）和国际经销商大师约瑟夫·杜维恩（Joseph Duveen）之间的合作关系。贝伦森在 19 世纪 80 年代就已成为无可争议的绘画大师，尤其在意大利绘画方面。早在 19 世纪，虚假鉴定已司空见惯，鉴定专家腐败受贿也成为家常便饭，贝伦森无疑在鉴定资格和道德水准两方面较其前人有所提高。不过，贝伦森和杜维恩建立了长期合作关系，这使他得到杜维恩售出的全部意大利绘画利润的 10%，后又增至 25%，为此贝伦森为杜维恩提供了不少服务。刚受委托时，贝伦森为杜维恩购买的柏林银行家奥斯卡·海因奥尔（Oskar Hainauer）的重要收藏进行鉴定。贝伦森很快证明了自己与那些富有的美国文化产品收藏家之间的合作关系的重要价值，他成功地把阿拉贝拉·亨廷顿（Arabella Huntington）从杜维恩在巴黎的竞争对手塞利格曼（Seligman）那里挖到杜维恩这边，贝伦森将这些作品鉴定后转卖给富有的美国收藏家，当然与此相伴的是他们之间的利益分享协议。他们之间的这种利益分享协议一直持续到 20 世纪 30 年代，这使得贝伦森在鉴定对杜维恩的利润有影响的绘画作品时有所偏向。据科林·辛普森（Colin Simpson）的讲述，有一幅作品，据传出自意大利文艺复兴时期威尼斯画派乔尔乔涅（Giorgione）之手，1912 年意大利经销商兼绘画修复人路易吉·格拉西（Luigi Grassi）拥有了这幅作品，路易吉·格拉西对这幅作品做了充分修复，贝伦森对此心知肚明，因而便向杜维恩推荐并以乔尔乔涅作品的价码购买了这幅作品，而贝伦森却在出版界说这可能是意大利画家提香（Ti-

tian）的早期作品，也很有可能是一幅复制品。另一幅作品，贝伦森曾在自己的两本书中提到这只不过是一幅伪造了贝利尼（Bellini）签名的马尔科·巴赛蒂（Marco Basaiti）的作品，可后来，当收藏家朱尔斯·贝奇从杜维恩手中买走这幅作品时，它却摇身变成了贝利尼的一流作品。与此相反，另一幅贝奇买走的维琴佐·卡泰纳（Vicenzo Catena）的作品后来证明很有可能是乔尔乔涅的真迹，价值是贝奇所付价钱的十倍，这时杜维恩便授意贝伦森建议贝奇应该把这幅作品转让回杜维恩，原因是这幅作品的水准达不到贝奇的收藏要求。当然，杜维恩和贝伦森之间的交易也发生过争端，他们曾就贝伦森是否应分担杜维恩在意大利绘画方面遭受的损失一事发生争议，不过他们之间的秘密协议条款有利于杜维恩作假，因而让贝伦森不得不按照条款承担了一些损失。贝伦森和杜维恩以及其他人之间的这种利益协议支持了贝伦森的学术研究，杜维恩也曾长期在经济上帮助贝伦森出版他的书籍。

不管怎样，评论家仍在称赞、证实文化产品，消费者也并不认为自己完全不受评论家们左右以至于对他们的评判和证明置之不理。评论家和艺术家这种自我推销的做法对弥补信息不对称并非毫无意义。

三、推荐书目和书评

随着纸质图书和电子图书的爆炸式增长，读者搜寻自己偏好的图书耗费的时间越来越长，为了寻找一本自己心仪的图书而将一类图书浏览一遍几乎是不可能的。根据匆匆浏览一遍的结果，也不一定能找到对自己有用的图书。所以，研究生很重视导师推荐的专业书，因为研究生相信导师的文化资本足以鉴别专业书的水平，导师也能根据专业要求断定什么样的专业书对研究生的学习最有帮助。

但是，并非每个读者都能幸运地获得导师的帮助。当阅读浩如烟海的文学著作和古典名著时，即使导师也提供不了有用的推荐书目。

评价图书的优劣需要特定的文化资本和价值观，因此对图书的评价存在不确定性，图书出版量的迅速攀升和图书质量良莠不齐进一步增加了读者搜寻优秀图书的难度，一方面读者需要获得书籍的信息以做出阅读选择，另一方面却难以有效获得书籍的信息。这就催生了各种各样的以提供信息为目的的排行榜、读书俱乐部和个人推荐书目等。

美国的读书会、读书俱乐部等商业机构众多，全美国共有200多个，而

第六章 文化领域中的信息问题

且根据读者的兴趣趋向专门化。

网络上有各种畅销书排行榜,被有影响力的畅销书排行榜选中的书籍,往往销售数量和点击量大增,因而出版社的销售收入和网络小说的阅读付费或者广告费也大幅度增加。

许多全国发行的报纸刊物会邀请一些知识界名人向读者推荐阅读书目,这些人物的声誉被认为是他们选择的图书的高文化价值和紧跟时代脉搏的关键保证。他们的建议和他们所推荐的图书之间没有利益上的联系,但是他们的建议却与他们的声誉有直接的联系。因为他们是大学教师、著名学者,如果读者发现他们推荐的书籍文化价值不高,读者就会直接怀疑他们的专业水平,即使大多数读者不认识他们,也会有部分读者是他们的朋友、学生和专业人士,推荐书目的学者不愿意提供低质量的书目而冒毁掉声誉的风险。但是专业学者的推荐书目显然受到他们的文化偏好的影响,即使他们声称他们推荐的书目与他们的专业无关,是他们阅读的"闲书",但是对于非专业的普通读者而言,他们的推荐书目仍然是"太专业"了,以至于读者只是浏览一下专家们在看什么书,但很少真正按照专家推荐的书目阅读。

针对普通读者的推荐书目考虑了读者的文化资本状况,因而能够推出读者接受的书目,如众多网站推出的各种图书排行榜。在一些销售图书的网络平台上,"畅销书排行榜"分为1天内、2天内、3天内、7天内、1个月内等多种,各种排行榜无疑为在网络上购书的读者提供了参考,影响了图书销售的数量。

畅销书排行榜提高了图书的发行量,相对降低了图书出版发行的平均成本,并使图书销售平台可以和出版商商榷图书购进价格。销售平台的图书价格不会比普通书店的零售书价低出很多(除了用来吸引读者的折扣图书)。

出版社在图书的封底上印刷各种专家学者对图书的评论已经不是新鲜事。我们从国外翻译的各种学术名著更是附带了多为世界著名学者的简评,例如,某经济学名著译本的封底上就印刷了几位诺贝尔奖获得者的简评。

诺贝尔奖获得者的书评显然成了著作质量的背书,读者也许不知道图书的内容是否值得阅读,但是相信诺贝尔奖得主的专业知识足以鉴别图书的质量。

图书评论人员会不会做出不符合实际情况的评论呢?这取决于评论人员虚假评论的收益和成本,对于没有太大市场声誉的评论者,如果有朋友让他们写书评,他们可能不吝溢美之词,因为夸大图书质量对他们的声誉也没有太大影响,但是对图书给予差评则可能会失去朋友,读者也知道评论者的逻辑,因此对于不知名学者的评论,读者很少关注。但是,市场声誉极高的评论家写书评就会较为谨慎,因为虚假的评论对他们声誉会造成损失,正因为如此,读者才更关注名人的书评。

第三节　评奖、文物鉴定以及社会交流

除了文化评论以外,各种艺术评奖、艺术作品的鉴定以及社会时尚都传递了文化产品信息,在一定程度上缓解了信息不对称引起的市场问题。

一、评奖

各种评奖活动是对文化产品的质量认定,是一种重要的文化产品的信息传递方式,通常人们相信获得重要奖项的文化产品的文化价值较高,因此愿意支付较多的钱进行消费或收藏。

除了评论界接连不断的评论外,对艺术家水准的证明还来自各种奖项和奖品。金鸡奖、百花奖和其他同类奖项都是对艺术家成就的一种承认。这些奖项同时也向消费者说明了文化产品的质量,从而为其创作者带来丰厚回报。有些奖项传递了有关文化产品的信息,促进了社会对文化产品的认可,或促进了"为艺术而艺术"的纯粹目标的实现。

也有评奖活动的赞助商对评奖活动所带来的利润感兴趣,于是在向消费者传递信息的同时接受贿赂。因而消费者面对各种奖项时和面对评论时一样,不好判断他们所得信息的可靠程度。举例来说,电影公司把自己拍摄的影片吹捧为当月最佳影片,不会在很大程度上影响观众对电影质量的期望。

(一) 电影评奖

各种类型的电影评奖活动向潜在电影观众传递了获奖电影的价值信息。下面以奥斯卡电影奖为例,介绍电影奖在信息传递方面的作用。

1927年5月,美国电影界知名人士在好莱坞发起成立了一个"非营利组织",定名为电影艺术与科学学院(The Academy of Motion Picture Arts and

第六章 文化领域中的信息问题

Sciences),它的宗旨是促进电影艺术和电影商业的发展。学院决定对优秀电影工作者的突出成就给予表彰,创立了"电影艺术与科学学院奖"(Academy Award),1931年后"学院奖"逐渐被其通俗叫法"奥斯卡金像奖"所代替。尽管诸多电影奖项缺少让消费者可以信赖的可靠度,不过奥斯卡金像奖的评价或许不会受到相关利益群体的影响,似乎能给消费者提供客观的电影评价。奥斯卡奖吸引了全世界的注意力,由此也给获奖电影带来了巨大的经济收入,因为奥斯卡奖项的评价被公众当作对影片质量、获奖演员和提名演员的准确定位。

学院吸收电影业专业人士作为其会员,其中演员约占会员总数的1/4,同时还包括许多其他影视创作行业的职业人士、管理人员和公关专家等。评委数量巨大和来源广泛保证了奥斯卡金像奖的客观性。奥斯卡金像奖评奖的第一步是向学院会员发放符合条件的影片名单。每年1月份对上年上映的电影进行提名,提名结果在2月份宣布。然后学院将给会员们放映被提名的影片,最终的选举投票在2月份进行收集和统计整理。

获奥斯卡奖后影片上座率明显提高。演员获表演奖之后,观众对他们在未来影片中表演的期望值也提高了,同样他们得到的回报也会增加,这一效应在一项影片毛收入的统计研究中非常明显。恰好在奥斯卡颁奖之夜前重新上映的那些未做大力宣传的低成本影片,以及刚刚开始巡回放映的影片,票房收入会比第一次上映时高出很多,各种主观猜测会使北美的票房毛收入增加500万~3000万美元。对电影发行商来说,花大力气去赢得获奖影片的发行权就有了商业保证。更有意思的证据是电影行业根据奥斯卡效应来推测诸多艺术家和影片的前景。在个人获奖者中,年轻新秀的身价在以后拍片时提高最大。而早已声名显赫的演员,他们的酬金早已定位,获奖给他们带来的好处主要是拓宽戏路,从而增加收入。这种现象与电影制片商从各种渠道获得的替代性演员信息相融合,奥斯卡奖的信息价值最大,而来自电影观众和其他渠道的信息价值就会小得多,因而奥斯卡金像奖对电影演员收入的影响最大。

电影制片商已经不能也不愿像从前联合制片时那样积极影响奥斯卡评奖的结果了。制片商曾经拥有的两个优势如今已不存在:第一,他们可以靠和演员签长期合同的办法来占有演员因为市场价值增值而提高的部分酬金;第二,颁奖委员会成员对制片商的依附使制片商可以利用这种极为亲密的关系来为影片拉票。现在，制片商只能依靠合理安排上映档期来增加他们获奖的概率，他们大都在深秋、初冬尤其在12月发行他们最重要、夺奖呼声最高的影片，以便在奥斯卡奖提名时，委员们仍能清晰地记着他们的影片。在20世纪80年代30部获得最佳视觉效果奖提名的影片中，有10部在12月发行，11部在9月和11月之间发行，只有4部在1月到4月间发行。在好莱坞商业新闻报纸上刊登影片广告和给委员会成员分送大量的录像带（有的委员每年能收到100个录像带）是发行商最常见的影片广告方式。热衷于投资为自己影片拉票的不是超级大片的制片商，而是一些发行中等投入的高质量影片的独立公司，因为对于独立公司中等投入的电影来说，信息不对称问题更严重，奥斯卡奖传递信息的功能更明显，获得奥斯卡奖后的收益也就更大。

（二）图书评奖

像电影、电视界的评奖一样，图书界也有各种奖项，这些奖项向读者提供获奖作品的信息，促进了图书市场的繁荣。

以我国的茅盾文学奖为例，该奖项通过评奖向读者传递评委们对各类文学作品的评价，读者根据文学作品的获奖情况评判作品的价值。

1981年4月，根据茅盾先生遗愿，用其捐献的25万元稿费设立了茅盾文学奖。茅盾文学奖是最主流的中国文学的最高奖项，旨在褒奖体现中国当代长篇小说创作思想高度和艺术水准的优秀作品。茅盾文学奖为读者挑选了有思想高度和艺术水准的优秀作品，《平凡的世界》《白鹿原》《芙蓉镇》等获奖作品获得了广大读者的认可。但是从获奖作品和作家情况看，这个崇高的奖项也摆脱不了信息不对称的影响。

首先，茅盾文学奖表现出评委文化偏好与大众文化偏好的脱离。茅盾文学奖属于体制内的专家、精英评奖，坚持"传统价值"这个根本，茅盾文学奖曾因"曲高和寡"而使人望而却步。第八届评奖有了改进，采取的是相对公平、周全的大评委制，并准许网络小说参评，但直至第十届（2019年）茅盾文学奖，仍无网络作家问鼎，这说明多数评委还是坚持自己的评判理念和尺度。

其次，茅盾文学奖起到了信息传递的功能，对获奖作品影响巨大，获奖者的身价也会飙升。文学作品一旦异化为某种衡量工具，文学的审美属性就被忽略，而成为一种让"作家"成名的工具。

二、文物鉴定

文物指遗存在社会上或埋藏在地下的人类文化遗物。根据《文物保护法》第2条，文物包括：具有历史、艺术、科学价值的古文化遗址、古墓葬、古建筑、石窟寺和石刻、壁画；与重大历史事件、革命运动或者著名人物有关的以及具有重要纪念意义、教育意义或者史料价值的近代现代重要史迹、实物、代表性建筑；历史上各时代珍贵的文化产品、工艺美术品；历史上各时代重要的文献资料以及具有历史、艺术、科学价值的手稿和图书资料等；反映历史上各时代、各民族社会制度、社会生产、社会生活的代表性实物。此处的文物，泛指经人类加工、制造的具有观赏、收藏价值的艺术载体，是个很广泛的概念。从定义可见，文物是具有观赏和收藏价值的。文物投资是继证券、房地产投资之后的一种新的投资方式，越来越多的资金涌入其中。

对于过去流传下来的文化产品以及一些文物，其年代、真伪、价值等的信息难以获得。由于文物产生于一定的历史环境，在自然和人为因素的影响下，许多文物年代与价值不明。对文物进行鉴定需要具有一定的艺术理论和实践经验，艺术市场上的买卖双方如果都不经常进行交易，或者至少一方不经常交易，那么至少一方缺乏艺术鉴定所需要的文化资本，甚至两方都缺乏，因此，文物市场上的信息不对称是严重的，这可能会导致逆向选择，即文物市场上赝品泛滥，消费者预期市场上的文物都是赝品，也只会出赝品的价钱，这样文物市场出现了"劣币驱逐良币"的现象：只有假文物交易，没有真文物交易。

但是现实中，显然也在交易真正的文物，那么文物市场是怎样解决信息不对称问题使市场正常运转的呢？信息传递中又出现了哪些问题？怎样解决这些问题？这需要使用信息经济学进行解释。

文物鉴定是指运用科学方法分析辨识文物年代、真伪、质地、用途和价值的工作，鉴定是揭示文物价值的重要手段。文物作为历史文化的载体，其价值不都是直观的，许多文物的价值隐藏于实物遗存之中，揭示文物价值需要专门的文化资本，这给第三方提供文物鉴定服务留下了发展空间。

文物鉴定的主要内容包括辨别文物真伪、判明文物年代、评定文物价值和等级几个方面。这些关于文物的信息可能是缺乏的或者是不对称的，由第三方提供有关信息可以提高信息的质量和可信度。

文物鉴定要发现文物的真实面目，提供不为人所知的信息。要提供可信的信息，鉴定者应具备以下基本条件：使用科学的方法；按照严格的程序；实事求是；应具备广博的历史知识、文物知识、自然科学知识、现代科学技术知识以及文物做假知识等文化资本。

获得鉴定人所提供的服务要付出很高的代价，因为专家们拥有的知识和文化偏好是他们拥有的必须获得回报的财产。同时他们的公正性还面临着被生产商腐蚀的危险，生产商和鉴定人之间可能会有分割利益的秘密交易，为此鉴定人在给消费者提供建议时会偏向某个生产商。

如果违背了以上原则，文物鉴定的信息就没有太大的价值，甚至有可能使文物市场进一步萎缩。2011年中央电视台"3·15"晚会曝光了文物鉴定领域的种种黑幕，一部分鉴定"专家"为假文物出具假鉴定。其实在文物鉴定领域，这种现象由来已久，"艺术鉴定界的'专家'黑洞不容忽视，也包括一些权威，不分青红皂白，戴着'专家'、'权威'的帽子随便出具与一定数额金钱相应的'鉴定证书'"。[①] 之所以出现假鉴定，主要原因有：文物鉴定需要的文化资本是广博的，专家出现鉴定错误是常有的事，这为做假鉴定提供了借口；文物信息是不对称的，文物的真假除了少数专家外，外人很难判断，这为做虚假鉴定蒙骗交易者提供了可能；文物的价格是高昂的，虚假鉴定可以带来巨额收益，这为做虚假鉴定提供了动力；法律漏洞提供了可乘之机，瑕疵声明免责条款使虚假鉴定可以逃脱法律责任。[②] 这样，鉴定者（或者联合市场交易一方）做假鉴定就肆无忌惮了。

而这些利益驱使下的假鉴定，使得整个收藏市场愈加混乱。相当一部分鉴定家、批评家、理论家在文物市场上发挥消极作用，一旦被假鉴定蒙蔽者发现真相，他们很可能退出收藏市场，更危险的是，当潜在市场交易者预期

---

① 张素琪：《艺术鉴定谁说了算》，载《大美术》2005年第7期，第98页。
② 《拍卖法》第61条规定了拍卖人的瑕疵声明免责条款，而拍卖人则将该条款的利用发挥到了极致，只要在拍卖图录、拍卖会场向竞买人声明"本公司特别声明不能保证拍卖标的的真伪及/或品质，对拍卖标的不承担瑕疵担保责任"，一旦碰上赝品纠纷，拍卖公司依"瑕疵声明免责"条款即可抗辩成功。因为"瑕疵声明免责"条款的存在和法院对其适用范围的无限放宽，竞买到赝品但遭败诉的大有人在：“吴冠中假画案"中，苏敏罗状告北京瀚海败诉；"张大千赝品案"中，重庆市民李先生两审败诉，等等。见周维：《我国文物艺术品拍卖市场的法律问题研究》，载《经济与法》2011年第3期，第121~122页。

大多数鉴定是虚假鉴定的时候,他们将不再相信鉴定,鉴定作为文物鉴别和信息传递的渠道解决信息不对称问题的功能将丧失殆尽,结果可能是文物市场难以形成。

解决事前信息不对称的方法有信息传递理论和信息甄别理论。当代理人知道自己的类型,而委托人不知道时,信息传递模型假定代理人选择某种信号,委托人接收信号;信息甄别模型假定委托人提供多个合同供代理人选择,代理人根据自己的类型选择一个最适合自己的合同。[1] 解决这些虚假信息的问题需要设计一种机制,这种机制为提供真实信息提供激励,使得市场双方以及作为第三方的鉴定者提供真实信息比提供虚假信息更有利可图,这种激励的要点是提高真实信息的收益,提高虚假信息的成本。这些可能的措施包括:法律制裁,如果涉及故意做出错误鉴定,应该认定为欺诈;提高进入壁垒,实行资格准入制度,规范鉴定市场;实行鉴定资格担保制度,把鉴定结果和鉴定者的某种资质捆绑在一起,比如个人信誉、企业信誉等;实行期权收益,文物的转手收益和鉴定者以及销售者的收益挂钩;第三方担保制度,可以由担保公司向鉴定者出售担保,鉴定结果和保险都作为鉴定书的一部分,保险公司对鉴定者进行监督;拍卖行隐含担保,拍卖物一旦被证实为赝品,购买方有权取消交易。[2]

三、社会交流

社会交流是获得信息的另一条常用途径。人们喜欢谈论文化产品,因为可以从交流中获得文化产品的信息,并从中受益。文化产品和关于文化产品的文化资本可能是人们最恰当的谈话素材,一个人对书籍、电影、音乐、美术和电视节目的选择可以真实地反映他的兴趣和态度,这对文化产业解决信息不对称问题具有很多重要意义。

第一,社会交流是文化产品的一个强有力的宣传媒介,它远远胜于那些缺乏威望的社会宣传。由于聊天具有宣传作用,消费者可以通过聊天免费获取有关文化产品的信息,而且在聊天中获得的信息可能非常详尽可靠,尽管聊天者的文化评价受其文化资本的影响,但一般没有贿赂问题导

---

[1] 张维迎:《博弈论与信息经济学》,上海三联书店、上海人民出版社2004年版,第237页。
[2] 有关拍卖行的隐含担保参见:周维:《我国文物艺术品拍卖市场的法律问题研究》,载《经济与法》2011年第3期,第121~122页。

致的故意歪曲。

第二，社会交流产生从众行为。读畅销书、看流行电影可以帮助你积累聊天素材，当你遇到聊天对象时，这些素材随时都可能派上用场，这些素材的价值与读这本畅销书是否是一种享受无关。从众行为减少了获得信息的费用，使得消费者有可能低成本地解决信息不对称问题。从众行为的文化消费选择也许不能帮助消费者消费到最好的文化产品，但是至少不会消费最差的文化产品。考虑到从众行为节约的信息成本，在信息成本足够大的情况下，从众行为是一种理性选择。

第三，社会交流强化了超级明星效应。超级明星的吸引力超越了艺术自身的魅力，因此吸引了许多平时对艺术不感兴趣的人。不管歌曲爱好者是否会认为五场普通音乐会与一场帕瓦罗蒂的演唱会的效用相当，许多即使对歌曲不怎么感兴趣的人都会涌向帕瓦罗蒂的演唱会，这就是超级明星效应。演出经纪人发现超级明星效应来自明星的魅力而非其卓越才华，社会交流是超级明星强化魅力的重要途径。

第四，社会交流是一些高雅艺术的传播途径，在社会交流中这些艺术的文化价值得以体现。社会交流存在规模经济，不太流行的文化产品的价值取决于对该产品有着共同兴趣的人们相互交流的容易程度，偏远小镇的京剧爱好者难以找到知音，这阻碍了京剧在偏僻地区的发展。在社会交流过程中，现存文化产品与人们的文化偏好形成了完美结合，推动和激活了人们对任何一种文化产品已有的需求和欲望。

第五，社会交流存在边际收益递减效应。成年人很少把同一本书或同一部电影看两遍，尽管他们可能会把同一个唱片放无数遍，然而每重复一遍，从中获得的快乐就会少一些。重复看一部电视剧或同一个演员演的一连串电影的次数也可能会减少，因为片中人物和背景的改变是有限的。重复次数不断减少的特点也适用于人们就文化产品进行的交流上。人与人之间的交流可以增加我们对某种文化产品的认识，帮助我们了解它的优缺点以及它与其他文化产品的联系等。但是，随着对它的了解增加，人们交流的次数就会越来越少。现在我们就来比较一下人们就当代流行音乐电台不断重复播放的一首歌曲的交流次数和就每天只有1000名观众的戏剧的交流次数的差别。我们（随机）遇到的每个人都知道这首歌曲，所以我们谈论它的热情很快就会逝去。相反，我们（随机）遇到的人当中只有很少几个知道这部戏剧，所以，有关它的交流是很有限的,相应地,它持续流行的时间就会延长。

四、时尚①

信息交流可以进一步帮助人们判断什么是时尚。时尚,英文单词为fashion,是在特定时间内由少数人率先尝试、被认为将为社会大众所崇尚和仿效的生活样式。追求时尚是一门"艺术",从模仿、从众开始,逐步发展到从时尚潮流中萃取出它的本质和真义,来丰富自己的审美与文化偏好。法国时尚学院和巴黎商学院认为:时尚的内涵最重要的是懂得穿着。除了时装之外,音乐、戏剧、电影都是巴黎文化的代表,时尚的使用范围也就渗入到文化艺术的各个领域。从某个角度上说,时尚是一种知识,是向消费者传递的一种审美观和商品信息。

追逐时尚使人竞争,竞相追逐时尚的消费者们可以利用各种资源以实现自己的愿望:利用文化资本培养兴趣、花时间利用文化资本寻求消费机会,或结交一些肯花时间并能在自己感兴趣的东西上为自己提供建议和信息帮助的朋友。每个人从事活动的环境是不断变化的,在这不断变化的环境中,人们挑选创造性产品,在挑选过程中,人们的价值观和态度发生着深层次的根本变化,这些变化影响着人们对文化产品的选择。时尚向人们传递新文化产品的性质,减少了人们调整文化资本的时间和成本。

在某种意义上,名声也是一种时尚。名声就是大量的奉承,持续的时间往往很短。在文化消费方面,消费者可以从与他人就文化产品进行意见和态度的交流中得到益处,在"名声"的消费方面也是如此。名声的消费具有共性——当想到别人崇拜的偶像与我们相同时,我们会感到更高兴,这完全符合丹尼尔·布尔斯廷(Daniel Boorstin,1962)所说的"因闻名而闻名"。这对文化需求非常重要,因为,新的时尚不断形成,就会不断形成新的需求。利奥·布劳迪(Leo Braudy,1986)认为:对演员、音乐家这些艺术家来说,名声的作用更显著,因为这些艺术家的演技可以完美地、直接地展现在观众面前,而对文学和视觉艺术家来说,观众不能直接看到他们的创作过程,因此名声的作用下降,他们很难使观众着迷。

---

① [美] 理查德·E. 凯夫斯著,康蓉等译:《创意产业经济学:艺术的商品性》,商务印书馆2017年版,第291~294页。

技术决定时尚在消费者中的流行速度。一种时尚的流行速度决定着它作为人们热门的话题过时的速度。因此，决定一种文化时尚流行速度的技术越发达，该时尚在消费者中流行的时间就越短，一种时尚流行的势头越大，它过时的速度就会越快。最好的例子就是新技术对时尚流行速度的影响。收音机大大提高了新歌的流行速度，同时也把一首流行歌曲的寿命从18个月减少到3个月。各种时尚流行的过程也取决于储藏产品的技术，例如，我们读到19世纪的著名小说就像读今天的畅销书一样容易，但是，如果我们想听一听19世纪意大利男高音歌唱家卡鲁索（Caruso）的原始唱片就很难了，这决定了图书的流行时间比唱片更长。

思考题：
1. 信息不对称怎样影响文化消费？
2. 文化领域有哪些措施解决信息不对称问题？
3. 提供文化产品信息时会出现哪些问题？

第七章

文化遗产

最重要的文化资本存量是文化遗产，文化遗产不仅具有资本特性，还具有时间上的持续性。本章探讨文化价值和文化资本理论在文化遗产领域的应用，由于文化遗产在经济发展方面的重要性，我们也介绍了文化遗产的申报条件和程序等应用性较强的内容。

第一节 文化遗产的定义与评定

文化遗产的定义经历了不断发展的过程，同时为了操作的方便，联合国教科文组织对各类文化遗产的申报条件及程序也做了详细规定，本节简单介绍文化遗产概念的变迁过程及文化遗产的评定。

一、文化遗产的定义

在最广泛的意义上，从过去继承来的东西都可以叫文化遗产。我们此处的文化遗产指联合国教科文组织《世界文化及自然遗产保护公约》中的定义。从可操作性出发，联合国科教文组织将满足以下条件者称为文化遗产：

（1）历史文物：从历史、艺术或科学角度看，具有突出、普遍价值的建筑物、雕刻和绘画，具有考古意义的成分或结构，以及铭文、洞穴、住区及各类文物的综合体。

（2）建筑群：从历史、艺术或科学角度看，因其建筑的形式、同一性及其在景观中的地位，具有突出、普遍价值的单独或相互联系的建筑群。

（3）考古遗址：从历史、美学、人种学或人类学角度看，具有突出、普遍价值的人造工程或人与自然的共同杰作以及考古遗址地带。

二、评定文化遗产项目遵循的准则

凡提名列入《世界遗产名录》的文化遗产项目，必须符合下列一项或几项标准方可获得批准。

（1）代表一种独特的艺术成就，一种创造性的天才杰作。比如雅典的卫城，它代表古代希腊的最高艺术成就，反映了希腊人的创造力和他们的智慧。雅典卫城符合世界遗产的第一项标准，特别是卫城中的神庙，是由希腊最著名的一些艺术家建造完成。

（2）在一定时期内或世界某一文化区域内，对建筑艺术、纪念物艺术、城镇规划或景观设计方面的发展产生过重大影响。遗产项目体现了在一定的时期内或者在世界的某一个特定的文化区域内人类观念的转变。这种纪念性建筑物体现了包括城镇规划、景观设计等建筑艺术的转变。比如德国的鲍豪斯学院，这是一所仅仅存在了十几年的艺术学校，但是在它存在的短短的十几年中，这所学校把古典的或者说传统的建筑教育和艺术设计教育转化为现代主义的教育方式，它反映了20世纪20年代人类思想观念、审美观念和教育观念的转化。因为它反映了在这样一个人类的变革时期人的观念变化，所以被列入《世界遗产名录》。

（3）能为一种已消逝的文明或文化传统提供一种独特的至少是特殊的见证。如像耶路撒冷就是一个非常重要的遗产项目，它反映了一种古老的人类文明在这里产生发展，尽管这种文明的一部分今天已经改变了，但是耶路撒冷是这种文明的发源地，是这种文明曾经存在的一个历史见证，能够满足这一标准，耶路撒冷也可以列入《世界遗产名录》当中。

（4）可作为一种建筑或建筑群或景观的杰出范例，展示出人类历史上一个（或几个）重要阶段。比如，我国的故宫已经变成明清的象征。另外克里姆林宫和红场也是《世界遗产名录》上的项目，克里姆林宫和红场是俄国革命和早期社会主义发展过程的象征。

（5）可作为传统的人类居住地或使用地的杰出范例，代表一种（或几种）文化，尤其在不可逆转的变化的影响下变得易于损坏的文化。比如，意大利的名城威尼斯就是这样的一个范例。中世纪，有一些人逃避战乱在威尼斯定居下来，然后在这里逐渐建造了一座城市，随着意大利经济的发展、国家的强大，这个城市逐步发展，建造了许许多多非常杰出的建筑。同时威尼斯培养出了一大批艺术家，像威尼斯画派。后来随着整个世界贸易体系的变化，随着世界各国海上霸权的逐渐变化，威尼斯失去了原来的地位，它那曾经的辉煌今天可能已经消退了，但是威尼斯这座城市本身见证了这样一个文明，像这样的城市也可以列入《世界遗产名录》当中。实际上我国的丽江也属于这种类型的项目，它体现了那里的人们和玉龙雪山以及周围湿地的关系，丽江文化可以验证人和自然之间的这种平衡。

（6）与具有特殊意义的事件、现行传统、思想、信仰、文学艺术作品有直接或实质的联系（只有在某些特殊情况下或该项标准与其他标准一起发挥作用时，此款才能成为列入《世界遗产名录》的理由）。比如我国的故宫，因为和历史当中很多非常重要的人物有关，所以它也可以满足这一项标准的要求。

怎样能让这些人类共同所有的文化遗产得到保护，是人类不断思考的一个问题。实际上从20世纪70年代开始，特别是在70年代末，对于整个国际社会来说，对于历史城市的保护，对于历史地段的保护，对于本身可能就是城市一部分的建筑物的保护，就成为摆在人们面前亟待解决的问题。这些地段或建筑并不都是重要的建筑，但是它们在一起共同构成了一个历史环境，而这个历史环境又反映了一个民族或者一个地区文化发展的过程，像这样的遗产，国际社会给予了越来越多的重视。

我们从《世界遗产名录》当中也可以看到这样一种趋势：由于对文化遗产保护的需要，文化遗产所涵盖的内容变得越来越广泛。《世界遗产名录》在1978年第一次公布时一共有12项，到2019年7月6日已经增加到1121项。我国自1985年加入《世界遗产公约》，至2019年7月6日，共有55个项目被联合国教科文组织列入《世界遗产名录》，位居世界第一，其中世界文化遗产33处，世界自然遗产14处，世界文化和自然遗产4处，世界文化景观遗产4处。

世界文化遗产的数量日益增加，同时遗产项目也不断出现新的类型，比如说城市，最初的遗产公约规定历史纪念物、建筑群、考古遗址为文化遗产，后来发展到整座城市也可以被评为文化遗产，例如我国的丽江就被评为世界文化遗产。

1992年提出一个新的文化遗产类型,这就是文化景观。文化景观实际上反映的是人和自然共同作用的结果,反映了人类文化的一个特殊面貌。文化景观包括三种类型:第一种类型就是人类设计建造的,具有明确规划的景观,包括具有美学价值的花园广场等景观。第二种类型是逐渐发展而成的,可能不是人们一次设计出来的,它是基于一种社会文化甚至是一种行政或者是宗教的要求,与环境相适应最后形成了一种景观。第三种类型实际上是一种结合物,比如说它包括一些自然的风貌,同时又有一些人文的东西,某些物质遗产融合了强烈的宗教或者艺术和文化因素。

三、非物质文化遗产

1972年,联合国教科文组织制定了《世界文化及自然遗产保护公约》(简称《世界遗产公约》),该公约将对人类整体有特殊意义的文物古迹、风景名胜及自然风光和文化及自然景观列入世界遗产名录。但是,这个公约不适用于非物质遗产。因此,在1972年《世界遗产公约》获得通过之后,一部分会员提出在联合国教科文组织内制定有关民间传统文化非物质遗产的国际标准文件。1989年11月,联合国教科文组织第25届大会通过了关于民间传统文化保护的建议,这个国际标准文件要求各会员采取法律手段和一切必要措施,对那些容易受到世界全球化影响的遗产进行必要的鉴别、维护、传播、保护和宣传。同时指出,有大量具有文化特性和当地少数民族文化传统的口头遗产正面临消失的危险,因此,急需告诫有关当局及这些遗产的拥有者,使他们知道这些遗产的重要价值,并知道怎样去保护。建议在最后一章关于促进国际合作的条文中指出,会员要对那些民众或社团的具有象征性精神价值的非物质遗产给予更大的关注。秘书处根据建议的精神不断提出活动方案,如非物质民间传统遗产的动员行动、清查行动、抢救行动、宣传和维护行动等。执委会在155次会议上制定了关于由联合国教科文组织宣布为人类口头及非物质遗产优秀作品的评审规则。

(一)定义非物质文化遗产的目的

定义非物质文化遗产的目的是号召各国政府、非政府组织和地方社区采取行动,对那些被认为是民间集体文化的传承和记忆的口头及非物质遗产进行鉴别、保护和利用。只有这样,才能保证这些文化特异性永存不灭。联合国教科文组织非物质文化遗产评审规则旨在鼓励个人、团体、机构和组织根据联合国教科文组织的宗旨，积极配合联合国教科文组织的有关纲领和1989年关于民间传统文化保护建议书，对有关口头及非物质遗产进行管理、保存、保护和利用。

（二）非物质文化遗产的定义

联合国教科文组织《保护民间创作建议案》所指的非物质文化遗产，是"来自某一文化社区的全部创作，这些创作以传统为依据，由某一群体或一些个体所表达并被认为是符合社区期望的作为其文化和社会特性的表达方式；其准则和价值通过模仿或其他方式口头相传"。非物质文化遗产的形式包括语言、文学、音乐、舞蹈、游戏、神话、礼仪、习惯、手工艺、建筑艺术及其他艺术。除此之外，还包括传统形式的联络和信息。

《中华人民共和国非物质文化遗产法》规定：非物质文化遗产是指各族人民世代相传并视为其文化遗产组成部分的各种传统文化表现形式，以及与传统文化表现形式相关的实物和场所。非物质文化遗产包括以下一些形式：一是传统口头文学以及作为其载体的语言；二是传统美术、书法、音乐、舞蹈、戏剧、曲艺和杂技；三是传统技艺、医药和历法；四是传统礼仪、节庆等民俗；五是传统体育和游艺；六是其他非物质文化遗产。

非物质文化遗产的最大特点是不脱离民族特殊的生活生产方式，是民族个性、民族审美习惯的"活"的显现。它依托于人本身而存在，以声音、形象和技艺为表现手段，并以身口相传作为基本手段而得以延续，是"活"的文化及传统中最脆弱的部分。因此对于非物质文化遗产传承的过程来说，人的作用显得尤为重要。

（三）非物质文化遗产的申报条件

联合国教科文组织认为，非物质文化遗产是确定文化特性、激发创造力和保护文化多样性的重要因素，在不同文化相互包容、协调中起着至关重要的作用，因而于1998年设立了非物质文化遗产评选。联合国教科文组织对非物质文化遗产的申报方式、申报单格式和内容、评审团的组成、评选标准、申报的文化空间或文化表达形式、参评作品评审办法、评审后工作、国际资助等都有严格的要求。

项目的申报有三个基本条件：一是艺术价值；二是处于濒危的状况；三是有完整的保护计划。

申报的世界非物质文化遗产作品应该满足以下具体条件：

（1）表明其深深扎根于文化传统或有关社区文化历史之中。

（2）能够作为一种证明民间文化特性和有关文化社区的手段，在智力借鉴和交流方面有重要价值，并促使各民族和各社会集团更加接近，对有关的群体起到文化和社会的现实作用。

（3）能够很好地开发技能，提高（手工艺等）技能质量。

（4）对传统具有唯一见证的价值。

（5）由于缺乏抢救和保护手段，或加速的演变过程，或城市化趋势，或适应新环境文化的影响而面临消失的危险。

第二节 文化遗产的价值评估

文化遗产也是一种文化资本。评价文化遗产的价值时，要同时考虑文化遗产的文化价值和市场价格。例如，评价一个文化遗产项目——这个项目可能是文化遗产的分类、修理、复原、改造、再利用、保存、展览等，需要关注一项或者多项文化资本，需要首先评价文化遗产的文化价值和市场价格。文化遗产项目评价的核心是文化遗产项目的投资分析，成本收益分析是通常使用的分析方法，估算出来的收益与投资成本比较，作为判断遗产计划是否可行的标准。

文化遗产项目同时受文化遗产的市场价格和文化价值影响，需要同时评估文化遗产的经济收益和文化价值。在极端情况下，可以假定文化价值和市场收益紧密相关，从而让市场价值的评估代替文化价值的评估。但是可能有一些文化遗产的文化价值和经济价值关系不密切，甚至完全相反。所以，在进行文化评估时应该持有这样一种态度，即文化价值评估和市场价格评估同时进行。① 下面考虑文化遗产项目的市场价值。

---

① 关于文化遗产经济价值和文化价值的评估主要参考：［澳］戴维·思罗斯比著，王志标、张峥嵘译：《经济学与文化》，中国人民大学出版社2011年版，第84~94页。

第七章 文化遗产

一、文化遗产的市场价值

文化遗产项目的投资成本指文化遗产项目中投入要素的成本。例如，在一项文化遗产项目中，若涉及文化遗产的修复，就会有专家和技术人员的劳动付出、材料的耗费等成本。一个都市的再开发或建筑物的更新，会有建筑结构上的整修、加强等重大成本支出。文化遗产的成本有可能是分批支付的，这时还要考虑到时间价值。

（一）文化遗产项目的市场价值

若文化遗产计划涉及十分珍贵的、其价值不证自明的遗产，就不需要进行价值评估了。这时，要做的是成本分析，即如何才能在保证文化遗产项目成功实施的情况下花钱最少。

文化遗产的市场价值是指在正常的市场交易条件下人们为了拥有文化遗产而自愿交易的价格。根据价值评估理论，文化遗产的价值可以表现为人们为了未来消费物质文化遗产而愿意支付价格的折现值。

可以用公式（4-1）计算文化遗产价值：

$$P = \sum_{t=1}^{n} [R_t \times (1+r)^{-t}]$$

其中，R_t 为第 t 期的文化遗产净收益即第 t 期文化遗产收益与维护成本的差；t 为预测期期数，t=1, 2, 3, …, n；r 为折现率；n 为预测期第 n 年。

（二）文化遗产的市场价值分析

大多文化遗产项目需要进行市场价值分析，遗产项目的市场价值包括文化遗产带来的当期价值、未来价值和外部性价值。

1. 当期价值

文化遗产的当期价值是指文化遗产所有者获得的当期净收益，即当期文化遗产收益的货币价值与当期维护费用之差。当期收益只包括文化遗产所有者的收益，这种收益包含所有者直接消费获得效用的货币支付意愿、文化遗产向其他消费者提供服务获得的货币收入等。

2. 未来价值

评估文化遗产未来价值时还要把时间价值包括进去。遗产项目的收益和维护成本在未来一段时间内产生，可以把这些未来的收益流量看作初期投资的回报。因为现在的1元钱和将来的1元钱价值不同，所以必须将文化遗产未来的净收益流量折现，以便用现在的货币价值计算。

文化遗产的未来价值不仅包括货币收入，还应该包括存在价值、期权价值、遗赠价值等非货币收益。

存在价值是指遗产的存在带给社会成员的价值，即使社会成员无法亲身体会遗产项目的溢出，他们也会觉得遗产的存在对世界是有价值的。对全世界的人们来说，即使他们没有去过埃及，他们也会珍视金字塔的存在。

期权价值是指人们希望保存文化遗产的选择权，将来的某一天，他们或他们关心的人也许会享受到遗产的服务。这项选择权，对于他们来说是有价值的，能提供一个他们认可的收益。

文化遗产的遗赠价值是指遗产可以代代相传，这也是人们可以从遗产计划中得到的收益。

尽管文化遗产的存在价值、期权价值、遗赠价值难以用货币衡量，我们在评估文化遗产价值时也必须考虑这些因素，就像它们能用货币衡量一样处理，否则，我们对文化遗产价值的评估就是不全面的。

对文化遗产未来净收益的折现反映了时间价值和文化遗产项目的风险。时间价值体现了对当今消费和未来消费的态度，如果比较重视当今消费，则时间价值较大，折现率较大。文化遗产未来收益的不确定性越大，则项目的风险越大，风险补偿越大，折现率越大。

折现率的大小直接影响文化遗产项目的决策。当折现率过大时，文化遗产项目的净现值变为负数，这时文化遗产项目不值得投资。

当把文化遗产的未来收益和成本支出折现到同一时间点进行加总时，这个总和被称为文化遗产的净现值，这个净现值衡量了文化遗产项目的未来价值。如果净现值大于零，则从经济学的角度考虑，文化遗产项目是值得进行的。

文化遗产的净现值就是由文化遗产未来产生的所有可以直接使用的实物或服务的价值扣除维护费用后的当期价值。例如，故宫是一个许多游客会前往参观的历史遗址，未来游客为直接消费体验支付的货币量减掉经营成本的现值之和就是这个历史遗址的净现值的衡量。

3. 外部性价值

文化遗产影响到其他经济活动的收益或成本，从而产生外部性价值。

文化遗产的外部性表现为对经济的带动作用。世界遗产殷墟给安阳带来了巨大的收益。[①] 殷墟进入世界文化遗产名录，给安阳带来的变化非常明显。殷墟带动了安阳的基础设施建设，特别是道路修建得非常漂亮。文峰路原来很窄，路两边的房子破破烂烂。在申报文化遗产前几年，政府对文峰路进行了改造，路面加宽了许多，还修了两条绿化带，拆掉了路两边破破烂烂的房子，新建了气派的大楼。在文峰中路建设了许多古色古香的门店，很好地体现了安阳深厚的文化。

殷墟带动了旅游业的发展。在殷墟申报世界遗产的5年中以及申报成功后，安阳市的旅游业发展非常迅速。殷墟博物馆接待的游客数量大幅度增长，并且以团队居多。来殷墟参观的游客客源也发生了很大变化：申请非物质文化遗产以前，来殷墟参观的游客以周边城市、省内城市居多；申请非物质文化遗产以后，游客范围逐渐扩大，马来西亚、印度尼西亚等国家和我国台湾、香港地区的旅游团队频频光顾。这些都证明了殷墟的知名度和影响力在逐渐扩大。安阳市旅游局的一项统计数字显示，2005年五一黄金周期间，安阳市共接待游客173.2万人次，比2004年同期增长98.29%。安阳市的几个星级宾馆入住率达到100%。

殷墟旅游业的发展带动了其他行业的发展。在商文化旅游节期间，同时举办了旅游产品设计大赛、产品展销会，安阳市几十家旅游纪念品生产企业参加，向游客展示安阳的土特产，这促进了安阳地方土特产业的发展。滑县的道口烧鸡，内黄的大枣、农民画，林州的核桃、花椒，汤阴的剪纸逐渐由游客带到世界各地，被世界各地的人们认可。这些行业为安阳经济的发展做出了更大的贡献。

殷墟成功申报世界文化遗产不仅使安阳人民获益，而且在河南打造了一条以殷墟为龙头的商文化旅游带。商文化旅游带南起郑州，北到安阳，在这条线上，郑州有商城遗址，新乡有牧野古战场，卫辉有比干墓，淇县有商纣王寻欢作乐的朝歌，汤阴有羑里城，安阳有殷墟。这些蕴涵文化气息的文化景点串起来，让游客对商文化有了更深的了解和体会。

[①] 张锡磊：《河南安阳殷墟五年申遗之道》，载《郑州晚报》2005年9月26日。

二、遗产文化价值的评估

对于一栋建筑、一个纪念碑、一处历史遗址等文化遗产,我们把从这些文化遗产中受益的人群称为社群。对文化遗产投资项目进行决策时,仅仅考虑经济收益还不够,因为文化遗产的经济收益不能完全反映其文化价值。下面我们看一看文化遗产的文化价值构成、由谁来决定文化价值。

(一) 文化遗产的文化价值

1. 美学价值

在最基本的意义上,文化遗产具有美的特征,不论这样的美感是文化遗址本身拥有的,还是由参观者人为赋予的。在评价一件文化遗产的美学价值时,我们还要考虑文化遗产和它所在环境位置的和谐共生关系。

2. 精神价值

遗产的精神价值使群体产生认同感。精神价值的作用有以下一些:提供给社群文化自信;加强当地文化与外部文化的联系;促进文化之间的对话交流。

3. 社会价值

文化遗产作为一种能维系群体信念的共享价值,可以提高社群的稳定性及凝聚力。文化遗产会与社区的生活方式互相影响,从而使社区在生活上和工作上成为一个令人向往的地方。

4. 历史价值

文化遗产的历史价值是文化遗产固有的价值属性。历史价值最重要的作用是使现在与过去产生联结,显示人们现在生活的源头,协助认同感的产生。

5. 象征价值

文化遗产传递一种意义和信息,这有助于社群阐释他们的认同感和确定它们的文化性格。文化遗产有非常重要的教育意义,有助于整个社区扩充知识并提高认识水平。

6. 真实价值

文化遗产的珍贵来自它的真实性和独一无二性。与之有关的一个重要特征是完整性。虽然在不同的情况下,完整性的定义不同,但关于完整性的考虑在遗产计划中是一个重要的影响因素。

（二）文化价值的评价程序

由于文化价值的主观性特征，评估文化价值时，文化价值的决定主体是重要的问题，如何解释这些文化价值的评价标准也至关重要。评价主体以及评价标准都在评估程序里得到反映，评估程序可以分为自下而上的程序和自上而下的程序。

1. 自上而下的评估程序

采取这种程序的理由往往是财务方面，即出资人有权决策。许多公共财政出资的遗产计划就是这样。国际组织、国家和地方政府只愿意出资给那些他们想要的文化遗产项目，取舍的标准则来自社会精英分子和社会优势集团，例如文化遗产保护专家，政府官员和政治人物。

2. 自下而上的评估程序

这种程序倾向于那些被文化遗产直接影响的人群，如由地方社区来主张他们自己的价值观。

第三节　文化遗产的管理

文化遗产是古人留给当代人的财富，我们有责任把它们传承下去。面临大量的文化遗产，当代人必须制定相应的政策以决定维持哪些文化遗产以及怎样维持。文化遗产的持续性问题要坚持六个原则，政府要根据这些原则制定公共政策并确定政策工具。但是各地政府面临维持文化遗产的财务赤字问题，通过文化遗产的私有化无法解决财政赤字和文化遗产持续性的矛盾，相反，私有化可能带来一些负面影响。

一、保护文化遗产的原则

文化保护的原则可以运用在文化遗产决策里，为决策一个文化遗产管理项目提供一套标准。

文化遗产保护的原则可以根据文化遗产价值计算公式（4-1）推导。

一是世代的物质和非物质利益原则。在收益成本评估法中，文化遗产收益 R_t 的计算应反映出将来的物质和非物质利益。

二是跨代公平原则。遗产计划中未来的收益 R_t 必须受到重视,可采用几种不同的方式来体现：在量的方面,可采用较低的折现率或时间偏好来表现未来的价值,或降低经济或文化效益流量的机会成本来表现。在质的方面,我们应该在伦理或道德层面上明确考虑到公平性问题,考虑遗产计划对后代产生的影响。

三是代内公平原则。辨别遗产计划对当代人福利的影响,包括遗产计划的投资在当代人中间的分配,以及遗产计划的收益在各阶级、各收入阶层和各地区之间的公平分配。

四是多样性的维持。应充分考虑文化遗产的多样性,允许不同的文化遗产共存。

五是谨慎性原则。对独一无二的、不可逆转的文化遗产的处理要谨慎,即使文化遗产的存在对当代人收益不大,也不要轻易废弃。

六是经济与文化系统相互依赖的原则。文化遗产是所在都市、区域或国家的文化基础建设的构成部分；文化遗产不仅具有文化价值,也是当地经济的重要组成部分。文化遗产在经济上和文化上的效益都应受到社会各阶层的关注。

二、文化遗产持续性的政策问题

国家和各级地方政府是大部分文化遗产的拥有者和管理者,同时也是文化遗产管理政策和财务制度的制定和执行者,各级政府的决策和行为影响着其他的文化遗产受益者。各国的文化遗产政策构成了其文化政策的主体,甚至成为文化政策的唯一可确认的内容。下面讨论公共部门如何制定和执行文化遗产政策。

(一) 制定遗产政策的目标

公共部门首先需要明确文化遗产政策的目标,在确定文化遗产政策的目标是文化遗产的经济利益最大化或者文化价值最大化后,就可在政策目标的指引下进入制定政策的过程。

(二) 政策内容

文化遗产政策包括：遗产的公共所有权和经营权；保护文化遗产的资金

支持，对遗产的维修、经营和修复工作以及对从事遗产传承的个人的财务资助可以是政府直接提供资金，也可以由非政府经营者提供资金，或者通过税收减免等其他方法进行的间接财务资助；制定管理规则；限制私人处理文化遗产的行为；为更好地执行文化遗产政策而建立教育和信息沟通机制。

（三）政策工具

政策工具指对个人和团体行为形成命令或强迫的手段。政策工具可以分为硬性工具和软性工具。政府使用政策工具介入遗产计划是有成本的，这些成本包括：在规划标准、监督和执行、收益的收集和分配时的行政成本，以及被强制执行文化政策的团体和个人必须花费的遵守成本。

（四）文化遗产政策的财务问题

文化遗产财务政策的基本原则是"谁受益谁付费"，例如，当地政府通过收税来为文化遗产维修融资，国际社会为保护世界遗产提供资助等。这是代内公平原则在财务问题中的具体应用，因为当地居民从文化遗产中获得的收益最大，所以当地政府通过税收为文化遗产维修融资是合理的；世界文化遗产是全世界人民的共同财富，其存在价值、象征价值为全世界人民所共享，因而国际社会才会为保护世界文化遗产提供资助。

三、文化遗产私有化的局限

传统习惯、风俗以及非物质文化遗产等是典型的没有界定私有产权的公共文化产品，这些文化的保护和传承面临缺少产权保护的问题，世界人类口头与非物质文化遗产的认定和保护部分解决了这一问题。对文化遗产的产权界定不清，或者很难确保产权时，也会产生外部性。尽管明确了历史文物的产权，但是由于国家难以保护所有文物，一些人盗卖国家文物也是一种负外部性，是一种市场失灵。由于文化产品的独特性，产权明晰的私有化措施解决不了文化市场的失灵，反而会使文化遗产难以获得持续性发展。下面以意大利文化遗产私有化为例加以说明。[①]

[①] 意大利文化遗产私有化的例子引自：魏伯乐等著，王小卫等译：《私有化的局限》，上海三联书店、上海人民出版社 2006 年版，第 179～185 页。

文化经济学

（一）意大利文化遗产的私有化计划

联合国教科文组织估计，意大利拥有的文化遗产约占欧洲的30%。对文化遗产的保护成为意大利政府的沉重负担，因此，减少遗产保护的呼声不绝于耳。由于政府对文化遗产保护的效率低下，以及长期缺乏遗产保护资金，而文化遗产的维护成本又相当高，加上意大利的预算赤字数额巨大，这些综合因素导致了关于将世界著名的意大利博物馆私有化的热烈讨论。意大利文物部长乌尔巴尼（Giuliano Urbani）形容意大利："就像一个人有许多房子，同时又负有很多债务，因此我们必须看看哪些房子是可有可无的。"

但是，不同政权的频繁更迭，使得这方面进展很小。1990年，通过发放临时许可证，将博物馆的服务临时私有化了，后来又进行了文化讲解和展览组织的私有化。随后在20世纪90年代对各种法律进行了修改，目的是对国有财产进行私有化，但是收效甚微。然而到了2002年，贝卢斯科尼（Berlusconi）政府将部分文化遗产私有化了。到2003年底，共36项从古罗马时代到20世纪的文化遗产卖给了诸如美国卡莱尔集团（American Carlyle Group）等一些国际性投资公司和私人投资者，其中大部分出售价格低于市场价格。2003年起，另有数百处遗产等待出售，其中有神殿、古城堡、中世纪宫殿、考古遗址、博物馆、海滩和岛屿。意大利政府对文化遗产私有化的措施包括：

成立国有公司State Patrimony Plc.，所有国有的不动产、历史遗迹、博物馆和文物都归该公司所有，该公司的控制权归经济事务部。实际上将所有的文化遗产指派给经济事务部，是为了提高国有财产的管理水平，并使得基础设施预算资金可以用于对这些文化遗产的维护和保存。

State Patrimony Plc.成立了一家名为Infrastructures Plc.的国有公司，这家公司有权选择是否对某项文化遗产进行私有化。私有化意味着可以减轻公共预算负担，减少维护和修复方面的开支。选择被出售的文化遗产的条件极为宽松：如果文物级别已够保护，那么征得经济事务部和历史遗迹保护部同意方可出售；其他文物是否可以出售，规定得相当模糊，只是定了一条：将文物成批出售，而不是单卖。这条规定的目的是避免把好的都卖了，把坏的都剩下。更重要的是，至少到2003年，还没有一个国有文化遗产的清单（估计约40万件），更没有可供出售的遗产清单，这就没能形成一个良好的长期销售战略计划。

(二) 文化遗产私有化产生的问题

2003 年 2 月和 4 月，意大利政府分别进行了两宗大买卖，在 36 个售出的文物中包括：罗马的 Manzoni 庄园（20 世纪）；佛罗伦萨的 Manifattura Tabacchi（20 世纪）；巴里的 Archivio di Stato di Bari（19 世纪）；威尼斯的 Correr 宫殿（16 世纪）；勒佐内尔埃米利亚的 Piazzadel Monte 宫殿（1671 年）；热那亚的 Via Balbi 宫殿（1677 年）。值得注意的是，这些交易中，没有一个文物是出售给从事文化遗产保护组织的。

意大利文化遗产私有化的问题是：

第一，准备出售的文化遗产清单可以随意修改。往往根据经济事务部以及地区和市政当局的建议进行修改，没有任何连续一贯的销售战略。一些更好地使用文化遗产的建议由于不符合经济事务部或者市政当局的利益而常常被忽视。

第二，销售协议公布时，关于如何保护被销售的文化遗产的相关条款模糊不清。政府法令没有提供具体的方针指导如何处理具有重要历史意义的文物，因此，社会各方面无法检查文化遗产的销售行为是否符合规定。参议员梅兰德里（Melandri）询问了文化遗产私有化的条件、价值、价格和目录清单等问题，但是没有得到满意的回答。

第三，文化遗产的销售价格很低。有些被出售的文化遗产的价格甚至低于与文化遗产相关的不动产的价格。显然，政府出售文化遗产的操作程序存在问题，以至于很多文化遗产正好是以政府的最低预估价格出售的。卡莱尔集团以近乎白送的价格购买了大量政府出售的文化遗产，当前文化部部长卸任之后出任卡莱尔集团的顾问时，不得不让人浮想联翩。

第四，文化遗产私有化过程中，可能存在大量的内幕交易。Infrastructures Plc. 公司任命了一个分包商具体操作文化遗产的销售，而该分包商却与一些国际不动产企业有着密切的联系，这不可避免地使人们质疑公开出售文化遗产过程的公平性。此外，为了降低文化遗产私有化的成本，政府法令不允许国家议会制定约束私有化的条款，不允许制定影响文物销售的保护条款，不允许对消费者转售给新私营者的行为予以限制，这些规定严重破坏了对文化遗产私有化的民主监督，为文化遗产私有化埋下了隐患。

(三) 被私有化的文化遗产的结局

我们以意大利政府出售的一些不同类型的文化遗产为例，说明文化遗产私有化的结局。

建于 1928 年的 Manzoni 庄园位于罗马附近，由著名的建筑师布拉西尼 (Armando Brasini) 在尼禄大帝陵墓附近的一个古罗马庄园遗址上建造。9 公顷的公园环抱着 3000 平方米的庄园，整个建筑及其附属公园成为附近社区的公共公园。卡莱尔集团以 23 万欧元得到该庄园，这个价格远远低于其不动产的价格，甚至比不远处一套 120 平方米公寓的价格还要低。

佛罗伦萨的 Manifattura Tabacchi 是保存最完好的 20 世纪 30 年代理性主义建筑风格的综合建筑物，包括 15 家工厂，共有 50 万平方米。它被卖给了 Finteena 投资集团，该集团购买这座古建筑的目的是将其整体分割零售以赢得暴利。一些国际烟草制造商和私营投资者对此表示了兴趣。如果这一目的得逞，文物的历史性构造必将遭到破坏。佛罗伦萨市极力挽救这一局面，但是难度极大，由于挽救计划涉及对历史文物的回购（当然这种行为与私有化背景矛盾），Finteena 集团必会向该市政府开出一个高昂的价格，如果政府以高昂价格回购，就使得私有化变成了将公共钱财流到私人手中的闹剧。由于公共政策没有建立有效机制来约束文化遗产的私有化过程，Manifattura Tabacchi 的出售可以看作是意大利文化遗产私有化失败的例子。

意大利南部 Massa d'Albe 市的 Alba Fucens 考古遗址是一座公元前 4 世纪的古城，包括一个圆形剧院、一个温泉中心、一个市民广场、一个城镇会所和一个供奉大力神赫拉克勒斯的巨大神殿。整个遗址出售时的报价为 40615 欧元，临近市的一位市长评论说：这简直是一种侮辱。

将要被出售的文化遗址的名单包罗万象，名单包含了许多文化价值极高的文化遗产。诸如 Barberini 宫殿之类的宝贝也在出售清单上。出售清单上赫然在列的还有一些岛屿，比如 Gorgona 和 Pianosa 的托斯卡纳岛屿，卡普利岛上的台比留大帝的一座巨型综合性庄园——Jovis 庄园（仅报价 90000 欧元），以及位于 Costasmeralda 的 150 公顷的海岸线。这些文化价值极高的文化遗产一旦在私有化过程中灰飞烟灭，将不仅是意大利人民的损失，更是全世界文化宝库的灾难。

（四）文化遗产私有化的争论

事实上，对意大利政府文化遗产的私有化举措，一直存在争议。

支持私有化的理由主要有以下一些：

一是政府缺乏资金照看好意大利海量的文化遗产。仅对意大利的建筑遗产进行粗略估计，就有30000处豪华宫殿、庄园、教堂和修道院，其中有许多证据证明具有极高文化价值的就有10000处。对这些文化遗产的保护、维修、鉴定需要耗费大量的人力物力，成为政府的沉重负担。

二是政府管理文化遗产的效率低下。政府工作人员对文化遗产的保护不仅花费高昂，而且文物保护的效果也常被人诟病。

反对政府将文化遗产私有化的理由有以下一些：

一是由私人出资金和时间照看这些文化遗产的愿望是不现实的。很多对文化遗产表示出购买意愿的消费者直接透露说他们只想把这些东西保留几年，然后就将其出售获利。

二是允许私人从具有丰富文化传统的文化遗产中渔利可能违背了许多民众的信念。以共有的文化资源实现私人的利益也会让人觉得不公平。钱皮（Ciampi）总统就公开要求对出售意大利国有的建筑和遗址要格外小心。

三是文化遗产私有化的法律也存在是否可操作的问题，包括政府是否强制性规定购买者将一些重要的遗址向公众开放的义务。对保持遗址的建筑特点和艺术特点还没有长期稳定的法规以及有效的监控。

思考题：

1. 文化遗产包括哪些？申报文化遗产有哪些条件？
2. 怎样评估文化遗产的价值？
3. 文化遗产的私有化是否恰当？

第八章

美术作品市场

梵高（Vincent Willem van Gogh）一生中只以 400 法郎的价格卖出过一幅画作《红葡萄园》，但是 1987 年的一次拍卖会上，他的油画《鸢尾花》以 5390 万美元的高价售出。1990 年 5 月，他的一幅肖像画《加歇医生肖像》在佳士得拍卖价格达到 8250 万美元。2017 年 11 月，他的《田野里犁地的农夫》以 8131 万美元的价格成交。从 1975 年到 20 世纪 80 年代早期，美术产品价格稳步增长，但是增长速度并不快，从 1985 年开始，印象派作品的价格开始快速增长，不久，其他画派作品的价格也开始快速上涨，这就是著名的艺术繁荣时期，当时有很多行家预测，部分作品在不远的将来价格会超过 1 亿美元。然而，情况远非如此，1990 年及随后的几年，美术产品市场崩溃了，直到 1994 年美术产品价格才开始上升，但是美术产品价格指数远低于 1990 年的峰值。

文化产品市场繁荣和崩溃的原因是什么？为什么有些文化产品价值连城，而有些却非常廉价？为什么有的画作价格上升，而有的画作价格下降？这些现象对画家和消费者的影响又是什么？是否是因为博物馆的定价过高才导致无人问津？观众欣赏到伟大文化产品的机会越来越少了吗？

本章介绍视觉艺术市场。视觉艺术的定义为：艺术作品具有装饰性和知性诉求两个属性，装饰性指作品的大小、重量、形式、物质形态、主题等，知性诉求指作品的历史意义、作品的文化价值、艺术家的声望等。这个定义适用于绘画、素描、雕刻及有关的收藏品。本章以绘画市场为研究对象，研究方法和结论也适用于上述其他形式的文化产品市场。

第八章 美术作品市场

第一节 美术作品的供给和需求

尽管一些人认为,艺术创作是一种自我表达,但是大多数经济学家还是假定艺术创作的目的是为了获得经济利益。我们在考虑美术市场时,既会考虑创作的经济动机,又会考虑创作的创意动机。

美术品市场的参与者包括画家、收藏家、中间商、评论家等,他们的市场行为受不同因素影响。

美术品不同于工业制品,因此美术品市场的竞争关系比较复杂。

一、市场参与者

(一) 画家

美术作品能给画家带来经济收益,其创作过程又能给画家带来创意的快乐,因此,艺术创作的动机既可能是经济收益,也可能是创作的乐趣。

委托作品创作的动机主要是经济利益,委托作品由了解该艺术家绘画技巧的顾客特别委托创作,出名的艺术家经常收到委托创作的请求,肖像画是委托创作的典型例子。很多委托创作还要迎合委托者的偏好进行虚构,如在肖像画中加上一个孩子,在风景画中加上某种花卉。

投机作品是指由艺术家创作出来的,在市场上出卖的作品。艺术家投入时间、原料创作艺术作品,这种作品可能卖得掉,也可能卖不掉,在创作时不知道作品将来的销售价格。投机作品创作的动机主要是创意的乐趣。

美术创作者的水平和市场影响力差别很大,既有少数著名画家,更有大量刚进入艺术界的默默无闻的画家。

(二) 收藏家

美术品市场上的收藏家可能是美术品的购买者,也可能是美术品的销售者。

收藏家收购美术品的动机也可以分为两种:一种动机是收藏家为了欣赏美术作品,获得美术作品的文化价值;另一种动机是把美术品作为投资品,在美术品价格低时买进,价格高时卖出。文化产品的交易越来越频繁,越来越多的人关注绘画市场,文化产品市场已经开始走进普通人的生活,很多人把收藏文化产品作为投资,就像真正的资本市场一样。

为欣赏而购买的收藏家在短期内不会出售其藏品,为投资而购买的收藏家短期内往往会根据市场状况出售其藏品。

(三) 中间商

美术市场上的中间商包括经纪人、画廊。中间商会选择他们认为其作品的市场前景好的画家,以购买或者代理等方式接手画家的作品,然后在市场销售。

中间商与画家的关系实际上类似于厂商与销售渠道的关系,中间商将美术作品的销售与创作过程分离开来。中间商专职销售,画家专职创作。中间商要从众多的画家中挑选市场认可的画家,对画家及其作品进行包装营销,因此,经销商往往具有比较高的艺术鉴别能力。

(四) 艺术评论家

艺术评论家利用自己的专业能力鉴别艺术品的文化价值,评判艺术品的优劣,为消费者、投资者提供参考意见。

艺术市场上的购买者可能不具备艺术鉴赏力,他们往往借助艺术评论家的眼光。因此,画家获得艺术评论家的好评很重要,画家参加各种评奖活动,就是为了获得权威人士的认可,影响购买者的购买决策。

艺术评论家往往是比较著名的艺术家,因为著名艺术家的艺术修养决定了他们的鉴定能力超出常人。因此,画家往往要首先获得画家圈子内的著名人物的好评,然后才能得到评论家的关注,再被画廊和收藏家注意。我们会发现画家很重视圈子文化,这是他们获得艺术评论的重要途径。

二、美术作品的特点

(一) 美术作品的差异性

美术作品市场上交易的作品既有历史名画,也有刚进入绘画世界的现代默默无闻画家的作品。作品的差异不仅仅表现在类型、创新性、风格、主题等方面,更重要的是在消费者眼中,它们不是相近的替代品,因此,尽管都是美术作品，但是它们却没有竞争关系。应该把历史名画和现代默默无闻画家的作品看作两种作品。

名画的数量相对较少，而且在消费者眼中每幅名画都有其独特之处，因此在市场上的竞争不激烈。但是在消费者看来，默默无闻画家的作品在文化价值以及带给消费者的效用上是可以相互替代的，因此，默默无闻画家的作品数量多，替代性较强，市场竞争激烈。

（二）美术作品的信息不完全

信息不完全是指交易者不了解美术作品的文化价值、未来的市场价格、类似作品的价格、作品的原创性和真伪等。获得美术作品市场信息需要付出时间、精力和金钱等，即获得信息需要成本。低成本提供市场交易的信息就是市场上的获利机会，知名的艺术家和艺术评论家具有提供信息的优势，这就为他们利用信息优势获利提供了机会。获得准确的信息需要花费大量的时间、努力和金钱，错误的交易带来的成本越高，潜在消费者就越愿意为了解更多信息花费财力。

（三）美术作品的交易成本

除了购买美术作品本身支付的费用外，为了完成交易，交易各方还要付出其他成本。从买者的角度来看，交易成本包括在寻找和检查商品的成本、中介费用以及讨论选择作品上花费的时间。获得市场交易的信息要付出信息成本，在拍卖行拍卖要付出佣金，为了鉴定艺术品的真伪要付出鉴定费，为了去交易现场要付出交通费，为了签订合同要发生公证费、缴纳印花税等。对于美术作品来说，佣金、咨询费、鉴定费、经纪费等数额较大，对市场参与者的决策影响较大。

三、市场类型

（一）按照作品是否首次交易划分

市场上交易的作品，有的是画家首次出卖，有的是转手交易。按照作品是否为首次交易，绘画市场可以分为两类：初级市场和二级市场。

初级市场是指原作首次出售的市场。该市场包括艺术家的工作室、艺术博览会、艺术节、画廊及类似的销售渠道。初级市场的参与者会受到信息不完全的影响，并承担巨额的交易费用。新艺术家，也就是未成名的艺术家的作品，以及著名画家的新作，都在这个市场上进行交易。

收藏家或其他消费者将以前购买的作品拿出来销售，形成美术作品的二级市场。在二级市场主要交易历史名画或者成名画家的作品，未成名画家的作品也可能被藏家拿出来销售，但是总体上来看，未成名画家的作品在二级市场上影响力不如名画大。

（二）按照市场竞争程度划分

根据交易的作品的数量、替代性来看，未成名画家数量多，作品数量多，作品差异小，作品之间的竞争激烈，可以作为完全竞争市场或者垄断竞争市场看待。

小有名气的画家数量多，消费者认同画家的个性和独创性，认为他们的作品是有差异的，但是在提供给消费者的效用或者投资价值上，小有名气画家的作品又具有较强的竞争性，他们的作品交易市场类似于垄断竞争市场。

名画家的数量相对较少，但绝非仅有，藏家非常认可他们的独创性，认为他们的作品有明显的垄断性，但是在投资价值上，名画家的作品具有替代性，名画家的作品市场类似于寡头市场。

世界名画数量极少，藏家认为他们具有不可替代性，因此是垄断市场。

第二节 初级市场

一、初级市场的特点

绘画作品初级市场的运作过程与其他市场非常相似。典型的情况是，艺术家可能已经与为自己的作品安排展览的经销商建起了专卖关系。在这种情况下，艺术家提供作品，经销商提供市场知识及经验。他们对文化产品的标价反映了艺术家的保留价格，再加上对该作品能超过其保留价格的最高价值的推测。保留价格是指艺术家愿意在市场上出售作品的最低价格。定价需要一定的技巧，它应当超过保留价格，但又不能让买者觉得太高。

尽管也有名画家的作品在初级市场上销售，但是初级市场上交易的作品大多是不出名的年轻画家的作品，为了分析问题方便，我们假定初级市场上交易的作品都是不出名画家的作品，作品之间的替代性较强，市场进入没有壁垒，因此，初级市场是一个完全竞争的市场。

初级市场的文化产品不确定性较大，在初级市场购买美术作品可能要承担一定的风险，风险的主要来源是很多人的知性诉求是不确定的，即使文化产品的装饰属性得到更普遍的了解与认同，其文化价值也没有得到市场的一致认可。

初级市场的交易成本较高，新手买家也许不知道哪些作品正在出售，它们是否属于高文化价值作品，或者在哪里可以不必花费大量的时间与精力就能买到这些作品等。

由于艺术家及其代理人不能确定作品的价格，它们可能依靠对市场的感觉来定价。对市场的感觉是基于以往出售该艺术家作品的经验、目前类似作品的价格以及对消费者偏好的了解。对于尚不知名的新艺术家来说，经销商会在首次展览时压低价格，如果脱销，经销商就会在下次展览时略微抬高价格。

二、投资需求的影响因素

虽然也有消费性需求，但对美术作品的需求主要是投资需求，我们分析时假定购买方为投资而购买。下面分析投资需求的影响因素。

（一）财富

富裕的家庭可以购买更多的资产，包括文化产品，这是一项基本规则，除了劣等品之外商品的需求都满足这一规律。对于劣等品来说，其需求量随消费者收入的增加而减少，文化产品中的劣等品包括复制品或艺术海报，在大多数家庭中，随着财富的增加，这些劣等文化产品会被抛弃。迈克尔·布赖恩（Michael Bryan，1985）测出绘画的"真实经济增长弹性"值约为1.35，这说明随着真实经济的增长，绘画的需求增长速度更快，或者说人均真实收入增加1%时，对绘画的需求增加1.35%，即绘画是一种奢侈品。这有助于解释我国绘画市场的繁荣，以及绘画作品价格的快速增长。

(二) 预期收益

资产的预期收益率为：

$$r = \frac{c + p_{t+1} - p_t + s}{p_t}$$

其中，r 是收益率，以百分数表示；c 表示分红或股票收益，以货币单位表示；p_{t+1} 表示预期售价；p_t 是实际购买价格；s 是由该资产所有权得来的非金钱收益。

对于视觉文化产品，可以假定 c = 0，事实上，如果将保险金、保养费及其他费用考虑在内，应该是 c < 0。通常情况下，文化产品的 s > 0。对于金融资产来说，情形刚好相反，c > 0，s = 0。假设某经销商对某幅画的报价为 5000 元，而收藏者认为该画的作者很快就会出名，从而其作品的价格会大幅上升。假定收藏家认为一年后该画能卖到 6000 元，并且在收藏这幅画的过程中，一年得到价值 1000 元的艺术享受，那么持有该画一年的收益率为 $r = \frac{6000 - 5000 + 1000}{5000} = 0.4$。如果该收益率超过其他资产的收益率，并且其他影响资产需求的因素一样，那么收藏家就会买下该幅作品。如果投机商不懂艺术欣赏，他们不会获得艺术欣赏的收益，s = 0，则预期收益将为 $r = \frac{6000 - 5000}{5000} = 0.2$。如果其他情况都不变，由于预期收益下降了一半，投机商就不会像收藏家那样热心获得这幅作品。收藏家愿意出多少钱购买画作呢？只要购买画作的收益率 r 大于购买其他资产的收益率，收藏家就会购买画作，如果收藏家不止一个，他们就会抬高价格，直到购买画作的收益率等于购买其他资产的收益率。收藏家愿意出的最高价格为 $p_t = \frac{c + p_{t+1} + s}{1 + r}$，假设收藏家预期明年的售价为 6000 元，并且从任一替代性金融资产上所能获得的预期收益最高为 15%。与投机商的区别是，收藏家通过持有该画一年，可以获得价值 1000 元的艺术享受。投机商愿意支付的价格为 $p_t = \frac{6000}{1 + 0.15} = 5217$（元），收藏家愿意支付的价格为 $p_t = \frac{6000 + 1000}{1 + 0.15} = 6087$（元）。如果收藏家与投机商同时在某个拍卖会上竞标这幅画作，收藏家将会胜出。艺术享受在文化产品定价中的作用使一些人认为,投机商在艺术市场上难以生存。现在考虑税收对文化产品价格的影响。假定对文化产品的转卖征收3%的税收,这将使收藏家愿意支付的价格降低为 $p_t = \dfrac{6000 - 0.03 \times 6000 + 1000}{1 + 0.15} =$ 5930(元),所以税收一开始就转移给了艺术家。

(三)风险

风险是一幅画未来收益的不确定性。假设有两幅画,一幅是知名画家创作的,另一幅的作者是无名小卒。两幅画的现价都为5000元,知名画家的画一年后可以卖到6000元,无名画家的画一年后可能卖到10000元,也可能只卖到2000元,这两种可能性相同,那么两幅画的预期平均售价均为6000元。然而,无名画家的画可能要承担巨额损失,多数情况下,我们会购买知名画家的画,而不愿意购买无名画家的画,以避免损失的风险,这样的消费者被称为风险厌恶者。如果我们确信某件文化产品将来一定会升值,那么我们购买它的可能性就大,如果我们认为文化产品价格的不确定性较大,购买它的可能性就比较小。事实上,大多数当代绘画作品是贬值的,这与当代绘画的风险性较高有关,正如某位画廊所有者所说,在当代绘画作品中,转卖时能获利的作品所占的比例微乎其微。

(四)流动性

未来在二级市场上流动性高的资产比流动性低的资产更具吸引力,因此价格更高。大师的作品流动性更高,新手的作品流动性较低,因此大师的绘画更受追捧。艺术市场的发展使得文化产品的流动性变得更强。收藏家和博物馆在购买文化产品时很少考虑转卖,即使是个人收藏,作品的持有期一般也会相传几代人。过去,文化产品的持有期为40年或更长时期,现在,四五年后就会再次出现在拍卖行。

(五)偏好

由于艺术作品在某种程度上是奢侈品,很多可能的买主在没有非常富裕前一般不会进入艺术市场。所以,他们一般没有购买此类商品的经验,也不大可能会花大量的时间与精力去了解这个市场。随着他们更加富裕,他们的时间就更加宝贵。有些收藏家咨询专家、艺术评论家、画廊所有者及其他能够预测或影响目前大众文化偏好的人。另外一些收藏家为了节约信息成本，只买入并转卖成名作品，这加强了艺术领域的明星现象，使大部分在世的或已故的成名画家的作品经常达到超高的价格，而一些有才华但无名的画家的作品却少人问津。

三、初级市场上的作品价格

在消费者看来，初级市场交易的美术作品有差异，又具有较强的替代性，它们都有升值的潜力，但是不确定性都很大。

图 8-1 描绘了一个假设的美术作品初级市场。市场需求曲线是市场上所有个人需求曲线的水平加总，图 8-1（a）中的供给曲线是一条向右上方倾斜的直线，表明随着美术品价格的上涨，进入美术市场的画家增加，美术作品数量增加。二者的交点决定了初级市场上美术作品的市场价格。

图 8-1（b）表示某位画家的作品市场，供给曲线是一条垂直线，对应的数量为 1，因为只有一件文化产品可供出售，需求曲线是一条向右下方倾斜的直线，代表市场对这位画家作品的需求。市场出清价格或者均衡价格为 P_1，在这个价格水平上的实际销售取决于能否吸引到愿意在此价格下购买的个人。由于新艺术家不可能依靠这种偶然情况的发生，他可能会选择市场价格 P_2 作为代替，这一价格高于艺术家的保留价格 P_r，但低于价格 P_1。很多认为在这一价格下获得该作品很划算的潜在消费者，可能都会在先来先得的基础上进行购买，消费者很可能保留相当数量的消费者剩余，即其为购买该商品愿意支付的价格与实际支付的价格之间的差额。

画家能索取比市场价格更高的价格是基于作品的差异性，差异性越大，作品的价格越不受市场价格的影响。对于毫无名气的画家来说，其作品价格有可能低于市场价格，以补偿需求者的市场交易成本和信息搜寻成本。

在初级市场上，视觉文化产品的供给取决于生产成本和预期价格。文化产品的预期价格越高，艺术家越可能进行创作并在市场上出售作品，生产成本越高，艺术家越不愿意进行创作。

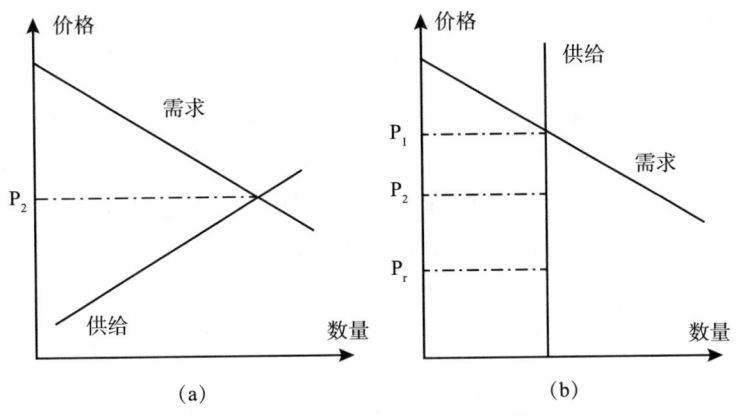

图 8-1　初级市场上的需求与供给

画家也许会在市场上有节制地出售自己的作品，以避免因供给过剩而使销售价格过低。如果我们认为同一位艺术家的作品是相近的替代品，那么这位艺术家作品的供给和需求也构成一个市场。这位艺术家作品增加使供给曲线向右移动，并导致市场价格下降。为了避免价格过低，艺术家会将创作的作品保留起来，等到价格比较高时出售，这是艺术家利用可能的成功机会的一种手段。

四、艺术投资的实证研究

投资收益率又称投资利润率，是指投资收益（税后）占投资成本的比率。投资收益率的计算公式如下：

投资收益率 = 年平均利润总额/投资总额 × 100%

其中，年平均利润总额 = 年均产品收入 - 年均总成本 - 年均销售税金及附加。

欧美学者对文化产品市场投资收益率的研究结论主要有：绘画投资的实际平均年回报率（扣除通货膨胀因素）一般为 0.5%～8%。弗雷和波莫（Bruno S. Frey and Werner W. Pommerehene，1988）对 1652～1987 年包含德国、法国和波兰的拍卖数据进行了研究，将通货膨胀、佣金费用以及其他相关因素考虑在内之后，绘画的年平均利润率为 1.5%，1950～1987 年的真实年平均利润率为 1.6%，绘画投资利润率的变化性很大，因此对美术产品投资很难获得正常的投资收益。

表8-1是1975～1999年一些家庭投资的平均回报率及其风险。其中回报是指资本回报加上从其他多种资产中获得的额外金钱收益，如债券利息、股票红利等。风险是用年收益率的标准差来衡量的。在艺术以外的其他资产中，由道琼斯指数衡量的公司股票是收益率最高的资产，年均收益率为12.07%，但是风险也很高，标准差是13.15%。风险偏好者追求高回报率，而对风险不是很担心，因此股票对他们有吸引力。讨厌风险的投资者为了减少投资风险愿意接受低一点的回报率，因而他们更可能购买AAA公司的债券。

表8-1　　　　1975～1999年美国资产的回报率和标准差

资产	回报率（%）	标准差（%）
美国消费品价格指数	4.86	3.03
绘画	10.25	24.58
AAA公司债券	9.37	2.09
黄金	5.51	27.45
3年期国债	8.06	2.53
道琼斯工业指数	12.07	13.15

资料来源：詹姆斯·海尔布伦：《艺术文化经济学》，中国人民大学出版社2007年版。

美术作品带给消费者的既有文化价值产生的消费效用，也有投资价值。在欧美文化产品市场上，消费者将文化产品文化价值的消费效用放在首位，购买美术作品的主要目的不是为了追逐短期的财务回报。所以，消费者持有美术作品的时间较长。

绘画收益率的方差明显高于股票和债券等资产，也就是说美术作品投资的风险较高。从表8-1可以看出，美术作品比黄金的回报率更高，风险更低，因此绘画似乎比黄金更优越。但是绘画作为一项投资的全盛时期是在1990年以前，1990年之后表现一般，20世纪80年代艺术投资的高利润率是历史上的特例，这并不能表示投资美术作品能更容易赚钱。相反，在大部分时期内，大部分艺术投资都是亏损的，原因是对视觉艺术的偏好是容易改变的，因此很难预测绘画的未来价格。威廉·鲍莫尔（William J. Baumol）对1652～1961年的640次艺术交易的情况进行了研究，他计算了美术作品的真实收益率,结论为:视觉文化产品的年平均真实收益率为0.55%,约等于公债真实收益率的1/3,每年收益率的变化范围在19%~27%之间。根据这一研究结论,绘画实际上是一种风险大、收益率低的资产。也许文化产品的所有权能给所有者带来艺术享受,是对投资者收益率低的一种补偿。但是出于美术作品能带来金钱收益的幻想而购买是不理智的,更不要认为在任何时间购买任何文化产品都会赚钱。

所有的研究者一致认为,美术作品的投资回报率低,风险大,为了获得投资回报而投资美术作品不是好的选择,只有那些具有充足信息的专家投资美术作品才能得到较好的回报。

文化产品的投资回报率与股票、债券等资产相关性较低或者是负相关,因此文化产品适合在资产组合中抵消金融资产的风险。也就是说,在投资组合中加入文化产品资产,在同等风险下,可以提高资产包的收益率;或者在相同收益率的情况下,可以降低资产组合的风险。

中国文化产品市场与欧美国家市场有很大的差异。国内藏家把文化产品和房地产、证券、贵金属一样作为投资对象看待。相当数量的参与者将文化产品视为投资工具,将投资收益作为主要目标。中国文化产品市场投资收益率的特点如下:

第一,文化产品投资收益率较高。由于较多的资金追逐较少的艺术精品,文化产品实际年平均回报率在15%~30%之间,文化产品投资的收益率远远高于股票、债券等传统资产。文化产品价格与房地产价格变化规律相似,这说明流动性剩余时,房地产和文化产品成为流动性的主要选择。

第二,文化产品收益率波动较大,风险较高。文化产品价格的波动幅度比宏观经济的波动幅度更大。文化产品投资的高收益性不断吸引过剩的流动性涌入,但是,不少发行期限为2~3年的文化产品基金到期时,无法实现15%~20%的预期收益率,出现了亏损和兑付困难。

第三,文化产品平均持有时间较短,换手频率高于欧美国家。更多的文化产品市场参与者追求文化产品的短期收益。

第四,名家杰作的价格上涨幅度较大。由于大量新进场的投资者对美术史等文化专业知识了解较少,为了保险起见,大多选择名家作品。

第三节 二级市场

一、二级市场的现状及特征

2018年,在中国嘉德秋拍上,现代画家潘天寿的巨幅指墨画《无限风光》以2.875亿元成交,创造了他的个人拍卖纪录,之前,他的《鹰石山花图》曾以2.79亿元成交。傅抱石也有两幅作品拍出上亿元的高价,其中,《琵琶行诗意》在2018北京保利春拍上以1.035亿元成交、人物画《蝶恋花》在中国嘉德秋拍上拍出1.334亿元的高价。李可染的《千岩竞秀万壑争流图》以1.265亿元成交。其他近现代画家的作品也有不俗表现。例如,齐白石的《福祚繁华》以9200万元成交,徐悲鸿的《天马六骏》成交价为8970万元,张大千的《天女散花》成交价为8452.5万元。2018年最贵的书画拍品来自古书画板块。在香港佳士得秋拍"不凡——宋代美学一千年"专场拍卖中,苏轼的《木石图》以4.63亿港元成交,在业内掀起一股"苏轼热"。2018年油画和当代艺术板块相比往年略有起色,成交价格有所回升。其中,吴冠中的油画《双燕》以1.127亿元成交。[①]

对艺术家现存旧作的交易构成了二级市场。与初级市场截然不同的是,二级市场的参与者对于艺术家及他们的旧作会有相当的了解。在该市场上购买已经得到公认的作品,不像购买不出名的作品一样需要承担巨大的风险。报纸、刊物、电视等有专门的栏目报道有关美术作品的新闻,在这种情况下,美术品的装饰性及知性诉求两大属性很可能成为众所周知的信息。

当今二级市场上的交易成本和信息成本已经大幅度下跌。过去,经销商的销售价格通常是进价的2~4倍。现在,拍卖行的代理费用一般不超过售价的20%。另外一项革新就是,画廊更加频繁地标示出展览文化产品的价格。因此,在二级市场上,信息不完全的情况得到大幅度缓解。

二级市场上交易的美术品多为成名画家的著名作品,消费者并不认为他们之间是可以互相代替的,作品的数量有限,买主也不多。

---

① 苏丹丹:《2018艺术品市场:调整策略 减量提质》,载《中国文化报》2019年1月16日。

二、拍卖

当市场既没有大量的买主和卖主,又没有近似的替代品时,人们通常通过拍卖的方式买卖商品。拍卖行是买卖商品的机构,根据市场参与者的竞标出价来决定价格。

一般情况下,绘画是通过所谓的英国式拍卖形式出售的,即价格不断被抬高,直到只剩下最后一位出价者。最著名的拍卖行是佳士得英国公司和苏富比英国公司,这两家公司在许多国家都设有办事处和拍卖行。图 8-2 可以解释拍卖过程。① 如果任何一个人愿意出的价格是 P_1,其他的买主也会将价格抬高到 P_1,从而给卖方带来最大收益,同时消费者失去了全部的消费者剩余。

在只有几个需求者的情况下,图 8-2 可以更好地说明问题。这时的需求曲线是阶梯状的,潜在买主对作品的支付意愿 P_a 最高,但实际只要支付 P_b 就可以得到作品。此时卖方得到的价格超出其保留价格 P_r,并且两个价格的差别相当大,同时买主也保留了一部分消费者剩余。

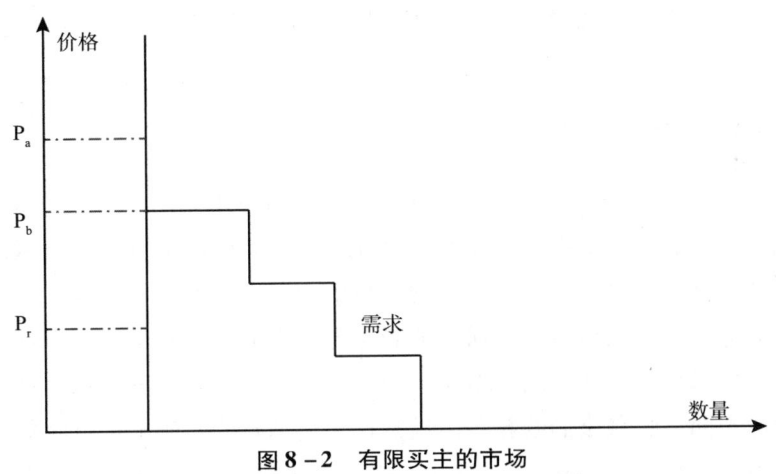

图 8-2 有限买主的市场

假如拍卖时所出的最高价格没有超过保留价格,作品将流拍,卖方拒绝

---

① 本部分内容主要引自:[美]詹姆斯·海尔布伦、查尔斯·M. 格雷著,詹正茂等译:《艺术文化经济学》,中国人民大学出版社 2007 年版,第 173 页。

了最高报价,并自己保留作品。

著名艺术作品的所有权随着收藏家们的转手而不断变换。文化价值很高的美术品进入博物馆后,就从市场上消失了。一些新的美术品能够获得一定程度的市场认可,从而得以保持并提高自己的市场价值。拍卖行和二级交易商主要扮演了"做市"的功能,对文化产品进行价格调整并进行文化产品再分配。

三、收藏家的行为

通过与视觉艺术的直接接触,人们所获得的快乐与日俱增。大多数艺术作品都是持久性的,而且其中一些从美学的角度来看,还属于人类应该收藏的东西,因此人们花费了相当多的资源和精力去收藏和保护它们。收藏家们(不论是个人收藏家还是收藏机构)通常是首先对文化产品进行筛选的人,他们获取收藏品的途径是拍卖行以及二手经销商。各种作品在收藏家们手中流动,不断被转手,直到最后被安放在作品的永久归宿——博物馆里。由于这些"活动家们"的努力,他们所收藏的这些遗留艺术成为我们所谓的视觉艺术遗产。每一位活动家(包括收藏家、二手经销商、拍卖商等)的做法,对于艺术作品在任意给定的时间内如何得到保护和安置都会产生影响。

(一)收藏家的收益

"收藏家"这个词本身就可以说明在艺术市场上对艺术品收集的过程。很多购买艺术品的人把自己标榜为"装饰家",这时候他们考虑的不是这些艺术品的风格,或是有什么深刻的文化价值内涵,他们所关心的仅仅是这些文化产品能否同自己想装点的居室或者是办公室的环境和谐统一,这种购买者,是对艺术品装饰功能的消费者,而不是投资者。收藏家的购买动机就与前者截然不同,收藏家们的收藏活动是在文化消费的基础上进行收集整理的过程。由于对收藏的痴迷,他们事先总会投入很多的精力,学习相关的内容,参观各种艺术画廊和博物馆,提高自己的鉴赏力,学会结合多种因素考察艺术作品,并通过各种实践提高自己的鉴定水平——由此能够找出千差万别的艺术作品各自所含有的特点,并根据这些特点断定究竟哪一件文化产品更有价值。有的时候,我们认为鉴赏力这种东西是无条件的——和其他任何事情相比它都是一个美丽的东西。可是通常情况下，它是有条件的——C 在和 A、B 并列放在一起的时候是一个美丽的东西。由于收集文化产品带来文化资本增加的效应，收藏家在购买它们的时候通常不会出现收益递减的情况，因为每一个收集到的文化产品都能够拓展和延伸收藏家的知识与鉴赏经验，同时也增强了他们鉴定被其锁定的下一个文化产品的能力。

文化资本投资都是非常耗费时间的，与文化资本投资相比，收藏活动往往更耗费金钱，因为它需要收藏家对文化产品进行购买。在任何给定的时间内，一件文化产品都有一个自己的市场价格。当家庭将文化产品作为一种资产时，会考虑到文化产品的资产属性。对于一种资产来说，其需求取决于以下因素：家庭可以利用的财富或资源，资产的预期收益，预期风险即资产相对于其他资产的回报所具有的不确定性，流动性即资产转化为货币的速度和难易程度，以及偏好。这些因素中的任何一项发生变化，都会导致文化产品需求曲线的移动，而且当需求增大时，将导致价格的上升和文化产品出售者收入的增加，同样，目前拥有者的潜在收入将增加。

如果我们也将文化产品收藏视为一种投资的话，收藏通常能够提供一定的回报，我们常用预期资本收益（任何收藏和保护文化产品的收益扣除附加成本以及出售文化产品的交易成本的净值）衡量这个回报。不论消费者的最初收藏动机如何，他们总是难免要盘算一下要把多大份额的财产用于持有文化产品，因为对一项文化产品进行投资，就相当于要放弃一项其他投资。其他的投资方式，比如说股票、债券、房地产、贵金属，也会有自己的预期收益。收藏家总会珍惜自己因为拥有艺术资产所获得的快乐，这种快乐可以称作消费收益，文化产品投资所获得的预期金钱收益通常会低于常规投资的预期收益，其差异反映了收藏家消费收益的价值。

不同类型的投资方式所带来的风险也会影响到收藏家的选择。当今的文化产品在未来的价值是有很高风险的，一个交易商预测今天创作和出售的绘画作品和雕刻作品中只有 0.5% 在未来的 30 年中能够保持市场价值。由于人们厌恶风险，他们通常会控制自己的收藏欲望，而偏好于那些相对常规的投资工具。但是，艺术品的风险相对独立于其他投资工具的风险，将艺术品纳入资产组合，可以降低资产组的总体风险水平，而且艺术品也能够对冲掉特定的风险（比如"臭名昭著"的通货膨胀）。

收藏家行为模型揭示的一层含义是收藏家通过文化产品投资所得到的总

收益率，平均起来应该不少于通过各种常规投资组合所获得的收益率。收藏家预期收益率和实际所获得的收益率之间的差别则正好衡量了收藏家通过收藏文化产品所获得的乐趣。目前已经有大量的研究证实了这一论证。

这一模型所揭示的另外一层含义是投资于文化产品的总收益与投资于股票等的总收益应该是正相关的。收藏家通常也是投资者，他们对两种投资的收益差异是非常敏感的。如果投资于股票的收益较高的话，人们就会放弃文化产品，从而使得文化产品的现有价格下降，直到文化产品的预期收益上升为止。通过金融资产所获得的资本利得也能够增加人们用来购买文化产品的财富。因此，在文化产品的回报率和金融工具的回报率之间存在着很高的相关关系。投资于文化产品的收益相对波动性更大，因此我们可以得出结论：只有对于风险中性的收藏家——也就是说，既不是喜好风险也不是厌恶风险的收藏家——投资于文化产品才是有利可图的。

（二）收藏家的行为方式①

对于收藏家而言，文化产品作为投资工具（有效的投机工具）的意义甚微；收藏家们通常会因为其他艺术爱好者或者艺术鉴定者对其藏品的美学评价而感到欣喜若狂。也存在艺术品投资成功的例子：作为曾经的中国当代艺术全球最大的收藏家，2011年在北京与香港的春季艺术品拍卖会上，尤伦斯（Ullens）几乎全盘出让中国当代艺术藏品，不少作品的成交价是预估价的几倍，被强大的藏家和机构接盘，艺术界人士分析，尤伦斯当年是以比较低的价格入场购买中国当代艺术品的，选择合适的时机抛售也是可以理解的商业行为。

进行全面和卓越的收藏是对收藏家的一个很大的挑战。艺术品收藏要求藏家拥有一定的艺术修养或者能获得艺术方面的智力支持。在尤伦斯的收藏生涯中，友好的画廊主、批评家、学者和艺术家让他获益良多，尤伦斯总结自己30年的收藏经验，指出收藏家首先应该热爱艺术，其次应该虚心学习，广结朋友网络。

商业人士和金融家出现在收藏界不只是因为他们拥有大量财富，而是因

---

① 关于收藏家的行为方式参见：[美] 理查德·E. 凯夫斯著，康蓉、张兆慧、冯晨、王栋译：《创意产业经济学：艺术的商品性》，商务印书馆2017年版，第555~570页。

为他们精通大额的风险投资决策。收藏家之间展开激烈的竞争,尤其是当他们的目光落在同一件文化产品上的时候竞争会更加激烈,夺取当代文化产品的竞争激励收藏家们努力获得"抢手的"最新文化产品。

只要说起成功的收藏家,人们就会认为他们在收藏文化产品的时候拥有很高的文化偏好和鉴赏力,然而这些能力本身却是各种不同的人力资本长期积累的结果。收藏家或者通过进行个人投资以培养自己的鉴赏力,或者是借助于眼光敏锐的顾问。博物馆的董事和馆长通常会扮演投资顾问的角色,当然同时要冒着出现利益冲突的危险,除非收藏家是把文化产品作为礼物或是遗赠捐献给博物馆,然而在这种情况下,收藏家就能够享受到别人无偿而且无私给自己提供建议的好处。总体来说,成功的收藏家都会信任那些收费适中而且建议客观的顾问。有一些大的收藏家,比如J. P. 摩根(J. P. Morgen)确实要依靠交易商给他提建议,然而除非他们自己的鉴赏力非常强,否则他们经常会收藏到赝品。有一些自学成才的收藏家在把自己的收藏公之于众之前能够剔除很多早期的错误。

成功的收藏家的特征根据其所收集的文化产品的种类不同而不同。刚刚提到的收藏家摩根主要收藏那些古代大师作品以及现代著名作品。收藏的作品越是趋向于现当代作品,就越需要收藏家们具有艺术鉴赏的实际能力。虽然收藏现当代作品的风险更大,但是它需要相对少的金融资源。在20世纪早期,那些收藏同时代艺术作品的大收藏家都是来自专业阶层的人士,抑或是受到专业的艺术训练。

行业公司是一个相对较新然而却很活跃的收藏者。在20世纪80年代,有1000多家美国公司从事文化产品收藏活动,它们在一些区域市场上的当代作品销售中占到了高达50%的份额。

和公司的慈善活动类似,公司通过收集文化产品,能够满足两方面的利益要求:通过向顾客宣扬自己的策略或者声誉,以及降低雇用想接近这类收藏品的职员的工薪成本,公司能够提高自己的利润。此外,高层决策者也从中受益,他们能够把股东的财富用于自己的在职消费。上述两种情况都能够揭示目前的公司收藏行为方式。有70%多的公司都宣称自己的收藏行为源自首席执行官的个人爱好;这并不能够表明某个消费动机就是最重要的,但是很多这样的执行官都在各种各样的由捐赠支撑的非营利文化组织中担任职务,而且对于他们来说,收集"难得的"文化产品的收藏行为通常是他们的主要成果。公司收藏行为通常开始于公司利润丰厚而且有自由现金流用于这种收藏活动的时候；而在财务困难时期或者是公司控制权发生改变的时候，公司会售出这些收藏品。

绝大多数公司的收藏品都被陈列在公共场合以及员工们所能到达的地方，旨在提高公司同客户以及员工之间的关系。规模比较小的公司倾向于收藏地方艺术家的作品，这样它们就可以支付比较低的价格。那些云集高学历人才的服务公司或者金融公司，收藏行为更普遍一些，另外那些由于牵涉到致癌物质和环境污染等事件而信誉受损的公司也会更热衷于艺术品收藏。公司所收藏的文化产品类型也会与公司想要树立的公共形象相一致。至少在20世纪70年代，有些公司就把文化产品看作是对抗通货膨胀的有效对冲工具。收藏品有的时候也被卖出以实现资本利得。

四、对艺术品的仿造

对艺术品的仿造多从法律和艺术史角度讨论，我们从经济学角度考虑艺术品仿造。

著名的艺术品总会出现一些仿造品，甚至一些赝品，假冒真品之名进行交易。仿造品有优劣之别，也有合法非法之分，我们讨论时仅考虑优劣之别，不考虑合法性问题。博物馆往往仿造艺术品进行衍生品开发，学习者也会模仿艺术品进行创作，赝品假冒原作交易，我们不对复制、伪造、仿造、模仿、假冒等行为进行区分，统称为仿造。

（一）仿造的积极影响

1. 满足对艺术的需求

王羲之的《兰亭集序》被称为"天下第一行书"，它对中国书法的最大影响是确立了中国书法艺术审美的最高标准，即气韵中和雅正，散淡简远，技法穷微测妙，推移无穷。人们不仅欣赏它，也想拥有它，但是原作是唯一的，拥有者如获至宝，不愿意转让给他人。仿造可以满足其他人欣赏和拥有艺术品的愿望。《兰亭集序》摹本向更多人宣传了原作，使更多人通过欣赏《兰亭集序》了解了其文化价值，也提升了欣赏者的素养。无论仿造是否合法，仿造都宣传了原作，博物馆仿造原作的衍生品宣传了原作，赝品也宣传了原作。

仿造给原创作者带来两种收益：一种收益是原作者可以获得版权费收益。为了获得原创作者的授权进行复制，需要向原创作者缴纳版权费，这种收益对于多数绘画作品不重要，但是对于被印刷发行的作者来说这种收益也是很大的。另一种间接收益是对原作品的宣传使原作者能以更高的价格出售未来的作品。①

2. 增加艺术资本

模仿伟大的作品一贯是训练艺术家的主要途径，同时仿造品也可能出现文化价值极高的艺术精品，丰富艺术品宝库，为人类增加文化资本。

《兰亭集序》原作失传，但是摹本的艺术价值也很高，当我们步入故宫博物院、面对那件著名的冯承素摹写的《兰亭集序》时，还是能感觉到它周身散发出亦真亦幻、如天假人手的神奇魅力。

《兰亭集序》影响力较大的几个摹本如下：

最能体现兰亭意韵的摹本："虞本"。"虞本"为唐代大书法家虞世南所临，因卷中有元天历内府藏印，亦称"天历本"。虞世南得智永真传，直接魏晋风韵，与王羲之书法意韵极为接近，用笔浑厚，点画沉遂。

最能体现兰亭魂魄的摹本："褚本"。"褚本"为唐代大书法家褚遂良所临，因卷后有米芾题诗，故亦称"芾诗题本"。此册临本笔力轻健，点画温润，血脉流畅，风身洒落，深得兰亭神韵。

最能体现兰亭原貌的摹本："冯本"。"冯本"为唐代内府栩书官冯承素摹写，因其卷引首处钤有"神龙"二字的左半小印，后世又称其为"神龙本"，因使用"双钩"摹法，为唐人摹本中最接近兰亭真迹者。

最拙趣摹本。这卷唐摹《兰亭集序》所用的是绢本，有些纸上的效果不易体现出来，再加上年代的久远，绢色陈旧泛褐，使之与当时的艺术效果有了距离，但主要的笔意、字形仍然保存了下来，尤其是笔与笔、字与字、行与行之间，都表现出了映带关系和顾盼姿态。

最能体现兰亭风骨的摹本："定武本"。"定武本"是唐代大书法家欧阳询的临本，于北宋宣和年间勾勒上石，因于北宋庆历年间发现于河北定武而得名。定武原石久佚，仅有拓本传世，此本为原石拓本，是定武兰亭刻本中

---

① 关于仿造的积极影响和消极影响的讨论，参见［瑞士］布鲁诺·S. 弗雷著，易晔等译：《艺术与经济学》，商务印书馆2017年版，第176～180页。

最珍贵的版本。

"唐人五大摹本"从不同层面表现了"天下第一行书"的神韵,是后世兰亭两大体系的鼻祖:一是以虞本、褚本、冯本、黄绢本为宗的帖学体系;一是以定武本为宗的碑学体系。这两大体系并行于世,孕育了后世无数大家。唐人五大摹本曾被收入清乾隆内府,后流散四方:虞本、褚本、冯本现藏于北京故宫博物院,黄绢本、定武本现藏台北故宫博物院。

今天所谓的《兰亭集序》,除了几种唐摹本外,石刻拓本也极为珍贵。最富有传奇色彩的要数《宋拓定武兰亭集序》。不管是摹本,还是拓本,都对研究王羲之有相当的说服力,同时又是研究历代书法的极其珍贵的资料。

3. 仿造支持了创造

伟大的艺术作品为未来的艺术家提供了源源不断的创作灵感。只有极少数伟大的艺术家能够不借鉴早期艺术大师的作品,大多数艺术家通过模仿艺术大师创作的真谛,获得艺术创造的灵感。

(二) 仿造的消极影响

1. 赝品增加了艺术市场的不确定性

赝品利用了金融投资者希望通过购买艺术品获取高额回报的心态。如果赝品对原作宣传的作用很小,则赝品对艺术品投资的影响就占主要地位了。如果投资者知道一幅画可能是原作也可能是赝品,则投资者的支付意愿将大大降低。

2. 削弱了创作的动力

仿冒减弱了原创者的创作热情。仿冒减少了原创者的利润,削弱了创作的动力。

(三) 仿制品的价格

仿制品的价格一般不能与原创作品相提并论。主要原因是:从理论上说,仿制品的供给可以是无穷的,供给的竞争降低了仿制品的价格,博物馆仿制的衍生纪念品的价格只是反映了制造成本和正常利润。

如果仿制品的水平明显低于原创作品,并不足以以假乱真,那么仿制品的价格和初级市场上交易的不出名画家的练习作品并无本质的区别。

即使赝品的水平足以以假乱真,当被鉴定为赝品时,其价格也会远低于原创作品，是因为原作具有唯一性，赝品不具有唯一性。但是如果赝品出自名人之手，作者的艺术水平也是被艺术界认可的，则赝品可被归入仿造者的名下，按照仿造者的作品进行交易，其交易价格取决于仿造者的作品市场价格。

思考题：
1. 收藏家在视觉艺术的需求中起到何种作用？
2. 影响视觉艺术品需求的因素有哪些？
3. 视觉艺术的二级市场有哪些主体？是怎样运作的？
4. 文化产品是不是一种好的投资品？为什么？

第九章

艺术博物馆经济学

博物馆是收藏历史文化遗产的场所。艺术博物馆收藏历史文化遗产的艺术部分。艺术博物馆面临的问题是如何配置艺术文化资源,如何对门票定价,如何管理文化产品的投资组合。我们依次来讨论这些问题。

第一节 艺术博物馆的作用和分类
——以上海市博物馆为例

根据2018年《中国统计年鉴》,我国2018年博物馆总数达到4721座,博物馆从业人员达到105079人,文物藏品达到36628030件/套,举办基本陈列展览24611个,参观观众达到97172万人次,门票销售总额达到990512.4万元。

博物馆具有教育、研究、娱乐等功能,这些功能大多有正外部性。由于上海市博物馆的资料容易获得,而且上海市博物馆的作用比较具有代表性,下面以上海市的博物馆为例说明博物馆的功能。

一、上海市博物馆的状况

(一) 上海市博物馆概况

据澎湃新闻综合报道[①],截至2018年底,上海市已备案博物馆131座,

[①] 《在上海,每18.5万人拥有一座博物馆》,澎湃新闻综合报道,2019年1月24日。

以上海常住人口 2420 万计，每 18.5 万人就拥有一座博物馆，远高于全国平均水平。其中，国家一、二、三级博物馆 21 座，占上海市博物馆总数的 16%。2018 年，上海市博物馆共举办临时展览 322 场，接待观众 1138.7248 万人次。截至 2018 年底，上海市博物馆藏品总量达 2194187 件/套。其中，珍贵文物（馆藏一、二、三级文物）共 22 万件/套，占总量的 10% 以上。

2018 年 12 月 25 日，历经三年建设的董其昌书画艺术博物馆正式对外开放，同期展出了"翰墨云间——程十发书画艺术特展"。董其昌书画艺术博物馆坐落于上海五大古典名园之一的松江醉白池公园内，据《谷水旧闻》记载，这里曾经是董其昌舣咏处。董其昌书画艺术博物馆建筑面积 1500 平方米，其中新建建筑面积 1200 平方米，利用老建筑面积约 300 平方米，共展出各类展品 90 余件套，其中含有董其昌和松江书派、画派作品真迹 30 件套。

从举办主体来看，国有博物馆 99 座，占全上海市总量的 76%，其中文物部门主管的 47 座，其他行业部门主管的 52 座；非国有博物馆 32 座。从主题类型来看，综合性 12 座，历史类 42 座，艺术类 8 座，自然科技类 3 座，其他主题类型 66 座。

从区域分布来看，博物馆设施主要集中在中心城区，黄浦、徐汇、虹口、静安 4 个区的博物馆数量为 64 座，占上海市博物馆总量的 49%。城市中心区域内环内分布的博物馆数量最多、密度最高，共计 65 座；内、中环间和中、外环间分别有 14 座和 8 座；外环外远郊地区博物馆数为 44 座，总量不少，但布局分散，覆盖率较低。

此外，上海市博物馆设施规模总量约 80 万平方米，绝大多数为小型博物馆。根据 2015 年发布的《博物馆建筑设计规范》的规模类别，特大型馆（>50000 平方米）2 座，大型馆（20001～50000 平方米）7 座，大中型馆（10001～50000 平方米）6 座，中型馆（5001～10000 平方米）17 座，小型馆（≤5000 平方米）99 座。

（二）2018 年博物馆参观人次

2018 年，上海市博物馆共设有基本陈列 220 个，临时展览和馆外巡展共 613 个，全年接待观众总量为 2216 万人次，107 座免费场馆共接待观众 1200 万人次。

上海科技馆、上海自然博物馆（上海科技馆分馆）、上海博物馆分别以

354万人次、218万人次和208万人次的参观量排在前三位。从观众人数排名的前20位来看，与2016年度相仿，一、二、三级博物馆在吸引观众方面更具优势，包揽了观众人数排名的前10名。

（三）专题展览情况

围绕红色文化、江南文化、海派文化，上海市博物馆举办了近百场专题展览，如中共一大会址纪念馆紧扣党建，推出"日出东方：近代上海与中国共产党的创建文物史料展"；上海博物馆立足馆藏，先后推出"千文万华——中国历代漆器艺术展""丹青宝筏——董其昌书画艺术大展"；上海中国航海博物馆推出"风好正扬帆——中国古代航海科技展"等。

从主题内容上看，艺术类和自然科技类的专题展览更受观众喜爱。上海博物馆举办的"心灵的风景：泰特不列颠美术馆珍藏展"，121天吸引海内外观众617926人次；上海自然博物馆（上海科技馆分馆）举办的"尼古拉·特斯拉——来自未来的人"展，吸引观众317159人次；上海市历史博物馆、上海博物馆、上海科技馆联合举办的"世纪典藏——上海博物溯源"展吸引观众426875人次。

（四）教育活动、学术研究、文博文创活动

2018年，上海市博物馆进一步利用各种媒体，拓展宣传渠道。在利用传统媒体方面，上海市共有26座博物馆在中央级媒体上发布宣传信息861次，70座博物馆在市级媒体上发布宣传信息3000多次。

在利用新媒体方面，上海市开设网站的博物馆共70座，策划数字展览67个，开通微信、微博公众号的112座，全年利用新媒体发布信息超10000条，平均每个博物馆发布90条。新媒体传播已经逐渐成为博物馆宣传推广的主要途径。"5·18"国际博物馆日期间，在主流社交媒体上推出"hey!博物馆!"以及"2018国际博物馆日"话题活动，营造全民逛展氛围，同时期该话题在全国艺术类话题榜中排名居前。

各博物馆都围绕自己的特色馆藏策划了丰富多彩的教育互动活动，如文化体验营、教育教学、互动教育剧等，还在市民广场、商业中心进行复制推广。例如，2018年，上海市博物馆共策划各类社会教育活动25000余场，其中公共讲座759场次，学生教育和亲子活动22000余场。

博物馆围绕专题展览设计的一系列更贴近展览的教育活动深受欢迎。比如上海博物馆配合"千文万华——中国历代漆器艺术展"举办了"上海博物馆藏漆器赏析"等系列讲座；上海汽车博物馆根据"百年车印象"巡展，设计了"穿越时空的旅行——科学之夜大型亲子嘉年华"，9天活动期间共接待观众3万人次；暑假期间，中国航海博物馆结合中国航海日活动和"CHINA与世界：海上丝绸之路沉船与贸易瓷器大展"推出了"航海生活节"等。贴近青少年和儿童观众身心特点的教育活动也广受欢迎，如上海儿童博物馆的"骨碌学堂"、上海自然博物馆的"绿螺讲堂"都凝聚了自己的忠实粉丝。

2018年上海市博物馆（纪念馆）开展学术活动83次，参与人数10900人次。较为重要的学术活动有：上海博物馆、上海科技馆、上海市历史博物馆举办的"艺术与科学"学术研讨会；中共一大会址纪念馆举办的"马克思主义在中国早期传播与中国共产党的创建"学术研讨会；上海中国航海博物馆举办的"丝路和弦：全球化视野下的中国航海历史与文化"研讨会等。

2018年，上海市共有25家博物馆编撰了学术出版物，共计出版各类图书资料78种；27座博物馆发行了期刊（含内部刊物）32种。

截至2018年底，上海市博物馆开发的文创产品总数已超11237种。2018年新开发文创产品1085种。文创产品年销售额30166.8万元。

2018年，上海市博物馆文创产品开发工作持续推进。已列入国家文物局文创产品开发试点单位的上海博物馆、上海市历史博物馆、上海中国航海博物馆、中共一大会址纪念馆，结合自身实际依托多种平台和媒介，积极引入社会资源，提升开发力度，探索文创开发新模式。

二、博物馆的作用

从上面对上海市博物馆的介绍中可以看出，人们利用博物馆的目的不同，大部分游客既是为了学习又是为了游乐，公众对博物馆的不同需求反映了博物馆的不同功能。博物馆的主要业务是收藏和展览文化产品，除此之外还有保养、研究和教育等功能。

（一）收藏功能

艺术品的最终归宿是博物馆，尽管私人收藏家和厂商也会收购艺术品，但是他们或者他们的后人最终还是要把艺术品在市场上销售，而博物馆一旦收藏艺术品，就很少再向外出售，这样，艺术品最终将由博物馆收藏。

绝大多数艺术作品随着时间的流逝都会有不同程度的磨损，对艺术品进行保存要耗费资源，而现代气候控制技术以及储藏技术也拓展了艺术品保存的范围，因为它们提供了能够对艺术品进行保存的条件。

博物馆拥有保养和维护艺术品的专业设备和人员，有利于艺术品的收藏并将艺术品遗赠给我们的后代。博物馆集中收藏和保养艺术品，也能发挥艺术品管理的规模经济效应，降低艺术品保存的成本。

（二）展览功能

博物馆将自己的展品展示给观众，也开展各种专题展览，并租借其他博物馆的藏品进行展览。博物馆展览的艺术品种类多、规模大，有助于降低展览的平均成本；观众能在博物馆欣赏到各种艺术品，降低了欣赏艺术品的搜寻和交通费用。

博物馆进行展览活动的时候也要努力克服一个内部管理顽症——每个有创造力的参与者都按照自己的偏好行事，表现出"为艺术而艺术"的现象。一个博物馆通常指定一个特定的管理人员去负责某项展览，但是这里也会存在着竞争，作为管理人员也有各自的偏好，由于负责展览意味着选取、保存以及展示特定的艺术品，他们必然会为各自的兴趣而展开竞争。博物馆的管理层也存在着类似的竞争，管理人员可能对于特定的艺术有不同的偏好，因此博物馆工作人员和委托人之间组成的联盟就倾向于把很多重要的决策选择政治化了，这些决策包括：进行什么样的展览，把哪些工作地点和展览区分配给每一个博物馆工作部门。在地区博物馆，地区艺术家需要展示他们作品的机会，而博物馆的管理人员则希望能够展览更著名的艺术家的作品，导致两者无法达成一致。

博物馆展览藏品，使更多观众接触到伟大的艺术品，观众从观看艺术品中获得审美体验、增加了艺术知识、提升了文化资本，艺术品的文化价值得以充分利用。

（三）教育功能

艺术家通常通过考察博物馆展览的艺术大师的杰作，获取对经典雕塑、石膏像的描绘等的艺术培训，博物馆在培训艺术家的过程中发挥了教育功能。尽管博物馆展示的藏品和同时代艺术品对当今艺术家的艺术创作仍然有很大的影响，但是艺术博物馆培训艺术家的功能已经渐渐减弱了。然而，博物馆仍然存在教育大众的任务，尤其在提高大众的设计能力和技能方面更是如此。

博物馆利用其馆藏艺术品的优势，对观众进行艺术教育和文化教育，教育形式灵活，教育效果比学校教育更好，博物馆教育是国民教育的重要一环，特别对提升国民的文化资本有重要作用。

（四）研究功能

博物馆是艺术研究的重要场所，博物馆中既有专业的艺术研究专家，又具有接触众多艺术品的得天独厚的条件，博物馆的艺术研究功能越来越重要。

（五）其他功能

第一，博物馆具有艺术品保养和修复功能。大型博物馆一般有专门的艺术品保养修复部门和人员。小型博物馆可能没有专门负责艺术品保养和修复的人员，而是聘请大博物馆负责艺术品的保养和修复。博物馆不仅对自己收藏的艺术品进行保养和修复，还向社会提供艺术品保养和修复服务。

第二，博物馆具有经济功能。博物馆自己的餐饮和书店能产生经济收入，越来越多的博物馆开展了艺术品仿制和开发活动，艺术衍生品的销售为博物馆带来不菲的收入。博物馆还促进了当地的交通、餐饮、工艺品等行业的发展。

博物馆的作用尽管很多，但是必须明确其功能定位，保证主要功能的发挥。保存和展览功能是多数博物馆的主要功能，但这并不意味着维修、教育、研究等的支出减少，事实上，随着博物馆规模扩大，收入增加，博物馆的教育、研究、维护费用也是增加的。

三、博物馆的分类

可以按照多种标准对博物馆进行分类，为了方便本书的叙述，我们介绍四种博物馆的分类。

(一) 按照所有者分类

根据博物馆的所有者分类,可以将博物馆分为国有博物馆和非国有博物馆。国有博物馆由国家各级政府出资成立,并由政府组织管理或者由社会机构分包管理,国有博物馆运营的主要资金来源是政府财政支出。随着经济的发展,越来越多的人具有雄厚的财力收藏艺术品,他们也建立了博物馆来保管和展览他们的藏品。2018年,上海市有国有博物馆99座,占全上海市博物馆总量的76%;有非国有博物馆32座,占全上海市博物馆总量的24%。虽然上海市非国有博物馆仍然是少数,但是其数量增长较快,已构成博物馆行业的重要组成部分。

(二) 按照主题类型分类

按照博物馆藏品的主题分类,可以分为综合博物馆和专业博物馆。综合博物馆的藏品涉及艺术品的各个门类,美术、雕塑、碑刻、文物等都是综合性博物馆的藏品内容,综合性博物馆也对其藏品分门别类地进行管理和展览。综合性博物馆需要有坚实的财务基础支撑巨额的藏品支出,因此一般都是大型博物馆。专业博物馆的藏品往往只涉及艺术品的某一类型,而不涉及或很少涉及其他类型的艺术品。

(三) 按照经营目的分类

按照是否以营利为目的,博物馆可以分为营利性博物馆和非营利博物馆。

非营利博物馆是由捐赠支持运作的非营利性组织,它购买艺术作品或接受别人的捐赠,但是很少出售文化产品。绝大多数的博物馆所采取的组织形式都是由捐赠支持运作的非营利性组织(NPO),其中的一些非营利博物馆得到了政府的支持。博物馆保存以及展示珍贵文化产品的职能刚好符合非营利性组织的定义。

多数博物馆以非营利机构形式存在的原因如下:第一,相对于平均成本,安排一个参观者的边际成本是非常小的(人流量非常大的时候除外),因此如果根据利润最大化的原则来制定价格的话,有可能把很多想要支付博物馆边际成本价格的参观者排除在外。相应地,博物馆广泛使用年度会员制，从而能够实行分部定价，这就形成了一种所谓的非线性价格歧视的有效定价形式，让参观者将自己分到两大类的其中一类里：普通的参观者只需要支付入场费，而重要会员则可以通过支付会员费来享受优惠。博物馆能够享受到规模经济，这也是博物馆采取非营利性组织形式的第二个原因，因为建造博物馆的固定成本以及平时的运作成本的增长看起来没有它们所拥有或者是展出的文化产品数目增长的速度快。博物馆的参观者也能够享受到规模经济，因为他们能够享受到大量的相关文化产品。

国有博物馆多数是非营利博物馆，而私人博物馆可能是营利博物馆。但是，即使以营利为目的的私人博物馆，其运营也可能是亏损的，也需要政府基金的支持和社会捐赠以帮助其经营下去。

（四）按照影响力分类

按照影响力的大小，可以将博物馆分为明星博物馆和普通博物馆。

弗雷认为超级明星博物馆具备五个特点。①

第一，游客必访。超级明星博物馆必然出现在游客指南上，旅游经销商通过提供游览超级明星博物馆满足游客需求，艺术出版商会利用人们对超级明星博物馆的兴趣宣传博物院。很少有人去北京旅游而不去故宫博物院，去巴黎而不去卢浮宫。

第二，访客众多。超级明星博物馆成为大众旅游不可分割的一部分，超级明星博物馆的访客数量急剧增长，而造访其他博物馆的人则越来越少。由于人满为患，2015年开始，故宫博物院设定了每天接待游客8万人的上限，2018年故宫博物院游客突破1700万人次。

第三，世界闻名的艺术品。超级博物馆拥有几乎人所共知的艺术品。卢浮宫拥有《蒙娜丽莎》《米洛斯的维纳斯》，故宫博物院拥有《清明上河图》，大英博物馆拥有《亚尼的死者之书》，美国大都会艺术博物馆拥有《舞蹈教室》。游客造访超级明星博物馆是为了欣赏世界著名的伟大艺术品。超级博物馆为了吸引游客，不得不将超级明星艺术品置于显著位置，甚至专门为其设置展厅。

---

① ［瑞士］布鲁诺·S. 弗雷著，易晔、郝青青译：《艺术与经济学》，商务印书馆2017年版，第50~54页。

第四,建筑艺术。超级明星博物馆本身就是世界闻名的艺术品,纽约的古根海姆博物馆、故宫的明清皇家建筑本身就是建筑艺术中的精品。卢浮宫的建筑以贝聿铭设计的、位于特别庭院中的金字塔最为出名。

第五,商业化。超级明星博物馆的商业收入很大一部分来自餐馆和书店,除此之外,超级明星博物馆对周边地区的经济发展具有重大影响。

第二节 艺术博物馆的门票价格

一、门票价格

博物馆建筑物虽然没有市场价格,但相同地段类似建筑物的市场价格可以作为参考。馆藏品的购买和销售可以反映出馆藏品的使用价值。一位艺术家创作的文化产品,可以是一本小说、一首诗、一件音乐作品、一幅画、一个雕塑品、一个装饰文化产品、一个影像创作或者表演艺术作品。作品完整地存在于一个具体的艺术形式里(如一件画作)或者以财产权的方式出现(如一件音乐作品)。作品本身或其财产权是可以交易的,作品的具体形式可以在市场上交易,交易价格是它的使用价值的货币体现。以财产权方式存在的作品受到版权法保护,并且以版权费的方式展现它的价格。

博物馆门票价格反映的不是博物馆本身的价格和馆藏品的价格,艺术博物馆的门票价格包括馆藏品展览产生的服务流的价格,也应包括博物馆服务流的价格。

根据商品的排他性和竞争性,可以将文化产品分为私人产品和公共产品。私人产品既具有排他性又具有竞争性,因而能形成私人产品的交易市场,在市场中能确定私人产品的市场价格。公共产品既没有排他性,又没有竞争性,消费者会选择"搭便车"策略,因而形成不了公共产品的交易市场,公共产品没有市场价格。

大多数文化产品既具有私人产品性质,又具有公共产品性质。如梵高的现收藏在美国加州保罗盖兹美术馆的名画《鸢尾花》,美术馆有权处理《鸢尾花》，所有者可以把这幅画作为文化产品进行买卖，可以排斥其他人拥有和欣赏这幅画。同时，这幅画也是世界艺术大家庭中的一员，它对艺术发展的影响、对艺术家创作灵感的启迪为整个人类共同拥有，在这个意义上，它给艺术史家、艺术爱好者以及一般大众带来公共产品收益。

（一）垄断定价模型

把博物馆作为私人产品，不考虑参观博物馆的外部性，利用垄断定价模型分析博物馆门票定价。

1. 私人产品的市场需求

私人产品具有需求函数，消费者为参观博物馆所愿意放弃的其他物品就是消费者对参观博物馆的支付意愿，或叫保留价格，它反映了参观博物馆带给消费者的效用，每个人参观博物馆的效用不同，这就可以为博物馆门票建立市场需求函数。假定每人在一段时间内只参观一次博物馆，博物馆的需求曲线上一点的价格代表最后一名参观者的支付意愿，根据边际效用递减规律，博物馆门票的需求函数也是从左上方向右下方倾斜的曲线，说明当其他条件不变时，对参观博物馆的需求（参观博物馆的人数）随门票价格的上升而下降。

2. 博物馆门票的市场供给

对于大多数博物馆来说，博物馆拥有了区域性的垄断地位，而对于超级明星博物馆，就其对世界伟大艺术品的垄断来说，它对整个世界都具有垄断地位，垄断厂商没有供给函数。

博物馆的支出中最重要的是展览的花费，观众愿意去艺术博物馆也是为了参观展览，因此集中讨论展览的成本。我们要研究的是博物馆展览的成本如何随着公众参观博物馆的次数而变化。一旦博物馆建成，并购买了藏品，建造博物馆和购买藏品的支出就成了固定成本，这些成本并不因参观者数量的改变而改变，也不随博物馆是否开馆而改变，如果仅考虑博物馆是否收取门票，是否开馆，不考虑博物馆倒闭清算，这些支出是决策的沉没成本，对门票价格决策不产生影响。

门票数量作为展览功能产出的测量，在短期内，假设博物馆展厅容纳访客的能力不变。因此我们考虑展览的成本如何随着参展人数的变化而变化，即短期成本曲线的形状。

对于大多数工业品来说，短期成本曲线是U形的，但是展览的短期成本是递减的。博物馆展览的成本包括半固定成本和可变成本。半固定成本是博物馆展厅的基本运作成本，包括供暖、供电、维修、保险、办公室文员工资及基本的安全设施费，这些费用是美术馆每天一旦开馆就必定会产生的最低费用，其总额是固定不变的，不会随着参观人数的变化而变化，因此，随着参观者人数的增加，平均半固定成本下降。可变成本是指每增加一个人参观博物馆产生的边际成本，即作为额外支出的信息、安全及清洁员工资等费用。

为了便于分析，假定每位参观者的边际成本固定不变，因此它在图9-1中表现为一条水平线。在展览场次不增加的情况下，可以假定增加一位参观者的边际成本为0。从而，博物馆的展览功能的总平均成本递减，因为随着参观人数的增加，美术馆运作的半固定成本被更多的人分摊。

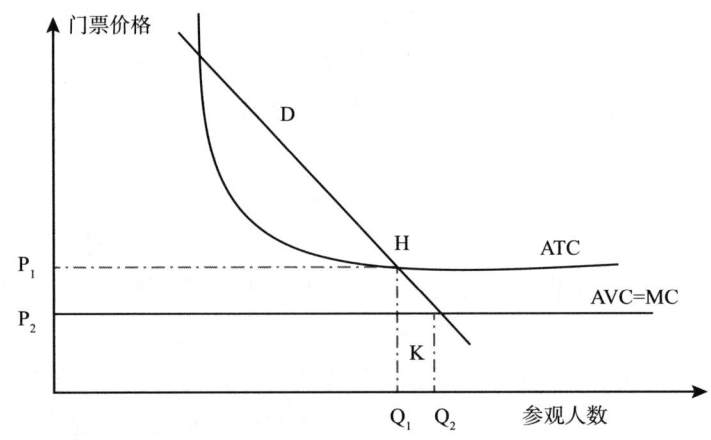

图9-1 博物馆展览的成本

3. 市场均衡价格

假定博物馆追求利润最大化，如果博物馆一天能接待的最大访客数量为 a，开馆一天的成本为 c，访客的门票需求函数为 $P = Q_0 - kQ$，则博物馆的门票价格取决于使以下方程取得最大值的 P：

$$y = Q(Q_0 - kQ) - c$$

当 $Q = Q_0/(2k)$，$P = Q_0/2$ 时，博物馆的利润最大。

此时，博物馆的利润为 $Q_0^2/(4k) - c$。

图9-2 为门票收入最大化求解过程的几何图形。垄断利润最大化的条件为边际收益等于边际成本，即 MR = MC，由于 MC = 0，所以 MR 线与 Q 轴的交点为满足利润最大化条件的点，该点是利润最大化时的访客人数 $Q^* = Q_0/(2k)$，对应需求曲线上的点为 $(Q_0/2, Q_0/(2k))$，即门票价格为 $P^* = Q_0/2$。最大化利润为上方的矩形 B 的面积。

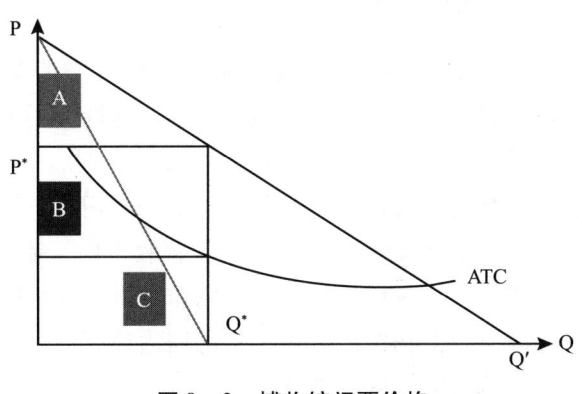

图9-2 博物馆门票价格

(二) 垄断定价的局限性

博物馆游客的支付意愿实际上是指游客对参观博物馆的效用评价，是参观博物馆的消费者剩余以及门票价格之和，从图9-2 上看，就是需求曲线与坐标轴围成的区域的面积（A + B + C）。因此，参观博物馆的效用由三部分组成：A 是消费者剩余，代表游客参观博物馆获得的超过门票价格部分的效用；B 是生产者剩余，代表博物馆获得的经济利润；C 是生产成本。B + C 是博物馆门票的总收益。

需求曲线的位置影响文化产品的支付意愿，需求曲线越高，反映消费者对文化产品的效用评价越高。需求曲线的位置受收入、博物馆的替代品和互补品的价格、对博物馆的偏好和博物馆展览的文化价值的影响。

只有需求曲线是水平的，文化产品的价格才等于支付意愿，但是，游客的支付意愿是不同的，因而，博物馆门票的需求曲线是向右下方倾斜的，门票价格只反映博物馆的边际收益，大于部分没有购票的潜在消费者的支付意愿。从经济学的效率角度来看，这个定价结果是无效的，只有在边际成本与需求曲线的交点 Q'，才是有效率的。

二、博物馆的经营目标

上述描述博物馆门票价格的模型是假定博物馆经营的目标是利润最大化。但是上述模型至少存在以下问题：

（一）参观博物馆的外部性

博物馆追求的是经济利润的最大化，游客追求的是消费者剩余的最大化，市场均衡价格可以使企业利润达到最大化。但是社会要考虑的是参观博物馆的社会价值的最大化，当参观博物馆存在外部性时，这二者并不一样，游客参观博物馆带给社会的收益远超过游客自身的效用。

博物馆展览具有外部性。博物馆在考虑运营收入时，除了门票收入外，还要考虑博物馆商店和自助餐厅等收入，博物馆提供的这些服务在一定程度上是展览的互补性商品。博物馆展览过程带动周边地区的经济发展，宣传了博物馆所在的城市，具有明显的正外部性。

游客的消费也具有外部性。游客参观博物馆不仅获得了消费体验，也增加了自身的文化资本，这种文化资本可能传递给周边的人，也会在以后的生产生活中提高游客的创造性，这些都会给社会带来正外部性。

（二）门票价格不能完全反映文化价值

博物馆展览的效用主要受消费者评价的影响，间接地受到博物馆展览的文化价值的影响。

无论是博物馆还是博物馆的藏品的历史价值、唯一性价值、象征价值、精神价值、留给后代的期权价值，都是门票价格不能充分反映的，因此，考虑到博物馆展览的文化价值，利润最大化决定的博物馆访客量不是社会价值最大化的访客量，对整个社会来说，访客量太少了。

（三）社会公平问题

上面的分析只考虑了效率问题，但是入场费也引起公平和再分配问题。博物馆门票阻止了穷人参观博物馆，使他们失去了接触优秀艺术品的机会；

国家资金补助了博物馆的运营，但是只有博物馆的访客获得了这种补助的好处。这使得公共资金的支出对穷人更加不公平。

多数的博物馆不收入场费，并不是因为管理人员清楚效率原则，而是因为他们相信将伟大的艺术展现给公众是他们的职责，他们担心太高的门票价格会阻碍贫穷的人欣赏伟大的艺术。

鉴于以上原因，世界上的博物馆大多数不以利润最大化为经营目标。特别是国有的博物馆，一般情况下，政府都把国有博物馆定位为非营利单位。但是，非国有博物馆没有最大化社会价值的动机，可能是以利润最大化为目的的。

至少从本质上讲，一个以营利为目标的企业能够设计出一系列措施最大限度地实现自己的利润最大化目标。作为非营利性组织的艺术团体通常没有什么明确单一的目标，它们往往在浩如烟海的经营决策中进行选择，在决策制定过程中考虑各种利益的权衡。博物馆的经营者们不仅考虑展览的收益、展览数量、访客人数，也考虑展览的质量。但是质量对于一个博物馆来说是一个捉摸不定的概念。

作为非营利组织的博物馆的一个选择是以访客最大化为目标，这时最好的门票选择是免收门票。博物馆访客量将达到最大值 Q^*（见图 9-3）。

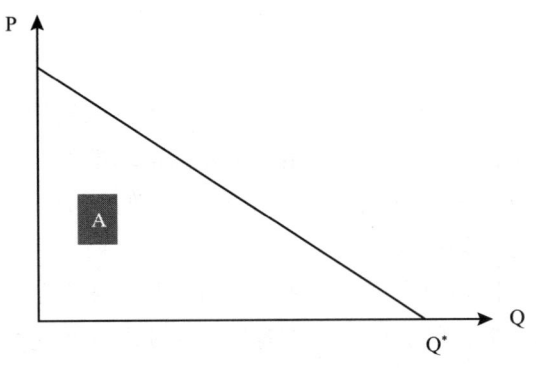

图 9-3 免门票的访客量

此时博物馆对游客没有排他性，如果博物馆的访客量 Q^* 远小于博物馆的接待能力，则博物馆的参观也没有竞争性，参观博物馆实际上成为公共物品。公共物品是私人不愿意提供，而愿意搭便车以享受其外部性的产品，因而不存在公共文化产品的私人交易市场，没有市场价格。

公共物品的收益由条件评价法获得。向可能享受到公共物品的潜在消费者询问他们为得到公共物品的服务而愿意支付的价格，将这些愿付价格加在一起就得到公共文化产品的收益。

消费者支付意愿不一定严格反映消费者的真实评价。因为消费者的真实评价是主观的，如果没有让消费者反映他的真实评价的激励，那么得到的消费者支付意愿就极有可能是虚假的。

尽管将愿付价格视为公共物品的经济价值存在很多缺陷，经济学家仍继续进行公共物品收益的评价，他们别无选择，只能使用这种评估方法，接受评估结果，把消费者的支付意愿看作公共物品收益的最好估计值。

三、博物馆的收入来源

对于以利润最大化为经营目标的博物馆，其营业利润也仍然有可能不足以弥补营业成本。按照上面的垄断模型计算的最大化利润为 $Q_0^2/(4k) - c$。对于多数博物馆来说，开馆经营的成本 c 可能较小，但是如果把博物馆和藏品的成本折旧计算进去，则总利润为 $Q_0^2/(4k) - c - C/n$，其中，C 为博物馆的建设成本以及藏品的购买价格，n 为折旧年限。如果访客量 Q_0 比较小，或者访客对价格比较敏感，k 比较大，则总利润 $Q_0^2/(4k) - c - C/n$ 仍然可能是负的。因此，很多普通博物馆即使收取门票也是无法依靠自己的经营收入维持经营的。

为了避免亏损，博物馆可以实行全成本定价。假定博物馆通过门票收入获得支付展览的全部成本，门票价格就会定在需求曲线与平均成本曲线的交点处。全成本定价损失了社会福利，博物馆展览的边际成本低于价格，因此，社会福利没有达到最大化。

对大多数国有博物馆来说，全成本定价阻挡了太多的访客，博物馆及其藏品的利用效率太低，因此，几乎没有博物馆实行这种定价方法。

多数博物馆的定位是非营利组织，很多艺术博物馆免费开放，展览的收入接近于0。博物馆必须探寻其他的收入途径以维持其运营。经营收入不足以弥补经营成本，经营资金主要依靠政府资金补充，非国有博物馆也从政府获取了大量的资金支持或社会捐款资助。

除了门票收入和政府补助外，衍生品也是博物馆的一项重要收入来源。

故宫博物院前院长单霁翔在谈到故宫财务时称，故宫是差额拨款单位，国家只给54%经费，剩下的自己挣，2018年给的专项预算是11.2亿元。而随着故宫IP增大，故宫的文创产品销售额从2013年的6亿元增长到2016年的近10亿元。2017年，故宫文创部线下收入近1亿元，线上淘宝网店收入近5000万元，此外，故宫也有其他部门贡献文创产品收入，所有的文创产品全年总收入达15亿元。

美国119所博物馆的收入情况也表明，政府补助和社会捐赠是其经营成本的重要来源（见表9-1）。

表9-1　　　　　　　　　　美国博物馆的收入来源

年份	收入（百万美元）	政府划拨（%）	捐赠（%）	基金（%）	劳动收入（%）
1993	1037.7	26.1	23.5	19.5	16.1
1997	2037.8	13.9	8.9	15.4	25.9

资料来源：[美]詹姆斯·海尔布伦、查尔斯·M.格雷著，詹正茂等译，《艺术文化经济学》，中国人民大学出版社2007年第1版。

四、免费博物馆存在的问题

如果政府资金补助和社会捐赠资金有保证，而且博物馆展厅能容纳所有的访客，免收门票费可以使博物馆的展览功能充分利用。但是对于免费博物馆来说，可能面临政府减少补助和访客过多的难题。

（一）政府资金不稳定

对全球公立博物馆而言，公共资金支持的短缺时常带来困扰。寻找更加稳定、多元化的资金支持渠道，是公立博物馆必须认真考虑的议题。在极端特殊情况下，政府完全停止提供资金支持，对博物馆而言则意味着一场大考。2018年12月，美国政府处于部分停摆状态，这使得华盛顿特区大量直接受美国政府资助的博物馆和公共文化机构面临资金"断供"。[①]

在这场资金断供中，华盛顿各家公立博物馆和公共机构勉力坚持，但最

[①] 许望：《经费欠缺　美国多家博物馆开年即停业》，载《21世纪经济报道》2019年1月7日。

终不得不选择关门停业。而与之相反,采取收费策略的博物馆在假日期间则正常开放,并吸引了更多被公立博物馆"拒之门外"的游客。

对依赖政府支持的公立博物馆而言,政府停摆带来的直接影响是无法支付工资和日常运营所需的费用,部分机构只好直接宣布关门大吉,包括陈列了《1787年宪法》和《独立宣言》原件以及大量珍贵历史照片的美国国家档案馆。

作为华盛顿最为知名的博物馆体系,在华盛顿和纽约共有19家博物馆的史密森尼学会则选择在政府停摆后维持运营。这一博物馆体系中最知名的有美国自然历史博物馆、航天航空博物馆和美国国家动物园等,其中十座主要博物馆位于国家广场两侧,在华盛顿纪念碑和国会大厦之间。

史密森尼学会发言人托马斯(Linda St. Thomas)在接受DCist采访时表示:"我们知道,对于假期里计划来华盛顿旅行的游客和家庭而言,史密森尼学会旗下的博物馆是他们旅途中不可或缺的一部分。因此我们决定利用此前学会运营的盈余金额,在假期内继续博物馆的运营。"

运营情况较少受到影响的文化机构是一些公立剧院。由于演出本身不依赖政府基金支持,肯尼迪中心和福特剧院等场馆仍然能够按计划开放。但与此同时,场所的部分基本服务则相应地有所妥协。肯尼迪中心缩短了开放时间以减少管理费用支出,而福特剧院则关闭了其内部运营的一间博物馆。

史密森尼学会在2018年12月27日发表声明称,由于博物馆体系目前所剩资金不足,旗下19家博物馆将从2019年1月2日起全部关门,关闭期限不定。随后,美国国家美术馆也宣布将从2019年1月3日起正式关门。

收费博物馆由于门票收入可以支撑部分运营成本,所以受到政府资金断供的影响相对较小。

2018年3月,纽约大都会艺术博物馆宣布执行新的收费政策。所有非纽约市居民将必须支付25美元门票费用。这一费用此前一直采用"建议自愿捐赠"的方式存在,而大都会博物馆发现大部分参观者不会捐赠这笔费用。当时,这一强制收费政策遭到了各界的反对。

大都会博物馆首席执行官韦斯(Daniel Weiss)在接受《纽约时报》采访时表示:"相比卢浮宫、纽约现代艺术博物馆和古根海姆美术馆而言,大都会博物馆过度依赖公共资金和私人捐款来维系运营,而新的门票政策能够提供更加稳定可预测的收入来源。"在本次华盛顿博物馆关门潮中,收费博

第九章　艺术博物馆经济学

物馆均得以幸免，这在某种程度上印证了大都会博物馆的担忧和策略。

美国建筑博物馆、国家地理博物馆、林肯总统小屋，以及在华盛顿地区收费最高、票价 20 美元的美国新闻博物馆等，均在假日期间正常开放。其中，美国新闻博物馆和建筑博物馆还表示，将在政府停摆期间为公务员家庭提供免费参观，并对门票进行打折以吸引更多无法游览公立博物馆的游客前来参观。

（二）对资源的配置无效率

对于少数明星博物馆，由于访客数量超过了展厅的容纳量，往往使用非市场手段分配参观资格，比如排队领票。相对于收取门票价格，排队领票的资源配置是无效率的。因为收取门票价格时，支付意愿大于门票价格的访客参观博物馆，排队领票则是时间机会成本低者参观博物馆。门票收费时把参观博物馆的机会配置给了对博物馆展览评价高的人，而排队则不是这样，因此排队领票是一种无效率的资源配置方式。

陕西历史博物馆规模宏大，展品丰富，中外驰名，去西安旅游如果不到陕西历史博物馆看看，将是一种遗憾，陕西历史博物馆符合明星博物馆的特征。

陕西历史博物馆有三个基本展馆是免费的。这三个展馆展示了陕西从 100 多万年前到唐朝的辉煌历史。另有两个展馆——大唐遗宝馆和唐代壁画真品馆是收费的，票价分别是 30 元和 300 元。

因为名气很大，也因为主展馆免费的原因，来陕西历史博物馆参观的人很多。但是展厅的容纳能力是有限的，每天限量限时发放免费参观券 4000 张（每日 14 时前限 2500 张，下午限 1500 张），发完为止。景区发票口前，游客经常排着长龙等候领票进入，节假日更是人满为患，要等好长时间才能领到票，有时甚至根本就领不到票。景区开通了网上预约领票，因为每天有名额限制，在网上也经常抢不到票，更别提在景区门口排队换票了。

但是两个收费展馆的票比较容易购买，游客可以买收费展馆的票，连带免费展馆一起参观，只是要等到游览的头一天才能在网上预约当天和第二天的收费门票。

对于陕西历史博物馆的三个免费展馆来说，访客虽然可以免费领票，但是要花时间排队领票，只有时间成本比较低的游客才会去排队领票。但是对于另外两个收费展馆就不一样了，只要游客认为值得花钱买票参观，就能买票参观，访客都是支付意愿大于票价的人。

（三）明星博物馆的定价

对于卢浮宫、故宫这样的明星博物馆，免费并不是好的配置门票方式，因而它们都采取了收费的方式。我们来看看明星博物馆的定价策略。它们的定价策略不是门票收入最大化，而是将有限的门票分配给支付意愿最高的人。

假定博物馆每天能容纳的量是 a，访客的需求曲线是一条向右下方倾斜的曲线 $P=Q_0-kQ$，博物馆要通过收取门票费将这 a 张门票分配出去。如图 9-4 所示，分配过程就是在需求曲线上找到需求量 a 对应的价格。该价格为 $P^*=Q_0-ka$。

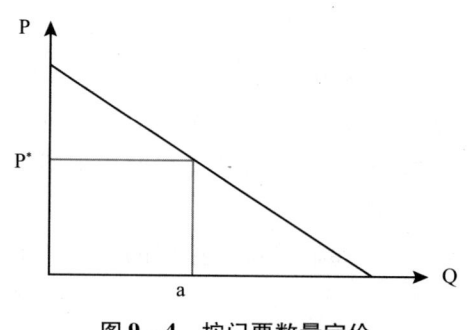

图 9-4 按门票数量定价

此时，a 张门票由支付意愿大于 $P^*=Q_0-ka$ 的访客购得，展览由对其评价最高的访客参观，博物馆展览的效率最高。

上面的例子假设博物馆对访客规定一个统一的价格，这时访客的消费者剩余最大，但是博物馆是垄断者，它完全可以实行差别定价，以最大限度地获得门票收入。博物馆差别定价是分别对时间和人群差别定价。

卢浮宫博物馆票价 17 欧元，可走快速通道。巴黎博物馆通票的售价是：2 天 48 欧元，4 天 62 欧元，6 天 74 欧元。通票可在预订网站购买。

卢浮宫博物馆每年 10 月至次年 3 月每个月的第一个周日可免票参观，并针对不同的人群和时间制定了差别价格。

故宫的门票也实行差别定价政策。针对时间的差别定价如下：每年 4 月 1 日至 10 月 31 日为旺季，大门票 60 元/人，每年 11 月 1 日至次年 3 月 31

日为淡季，大门票40元/人。针对地点的差别定价如下：珍宝馆（即进入宁寿宫区，还包括戏曲馆、石鼓馆）参观门票为10元/人，钟表馆（即进入奉先殿区）参观门票为10元/人。针对人群的差别定价如下：6周岁（不含6周岁）至18周岁（含18周岁）未成年人，可凭身份证、户口本或护照购买学生票，20元/人。

第三节 博物馆藏品的管理

博物馆一旦选定经营目标，就要确定与其他博物馆的关系、藏品的种类和数量、如何处理拥有的收藏品，以及怎样充分利用现有的收藏品。[①]

一、博物馆之间的竞争与合作

（一）博物馆之间的竞争

通常博物馆很少面对来自类似组织对访客的直接竞争，但是在其他领域它们也会激烈竞争，如博物馆寻求资金或者藏品捐赠，或者在艺术品市场购买收藏品，都可能面对其他博物馆的竞争。

大收藏家出售藏品时通常从几个互相竞争的博物馆里选择买家，还能够自由选择藏品的出售方式；捐赠者要确定把自己的收藏品托付给哪家博物馆。博物馆希望能够在最少的限制条件下获得收藏品，而捐赠者则希望自己的收藏品能够在博物馆特定的位置存放，不许出售，不许对外租借等。博物馆之间通过协作来拒绝收藏家或者捐赠者要求的做法通常是行不通的。博物馆之间的竞争使相应的捐赠者拥有了讨价还价的优势，而拥有宽敞的艺术品储藏室的博物馆通常能够把不好的艺术品放在黑暗的角落里，更容易接受捐赠者的条件。

博物馆还要为了政府资金以及社会捐赠展开竞争，为了说服政府和社会机构向博物馆提供资金，博物馆必须证明自己的价值。为此，很多博物馆用

---

① ［美］詹姆斯·海尔布伦、查尔斯·M. 格雷著，詹正茂等译：《艺术文化经济学》，中国人民大学出版社2007年版，第199～202页。

专门的发展资金来证明自己的价值。

(二) 博物馆之间的合作

任何博物馆都收藏有自己独有的藏品,博物馆之间经常互相租借藏品进行展览,以丰富自己的展览内容。

这些展览品通常需要从多种渠道租借,在这种合作交易中,一个博物馆的永久收藏品就是一项重要的交易筹码。那些拥有优秀艺术作品可以出借的博物馆通常会举行巡回展览,但是它们在展览期间可以要求互惠租借来丰富自己的收藏品。

二、博物馆藏品的购买和出售

(一) 博物馆藏品的购买和接受捐赠

1997年,美国艺术博物馆用于购买艺术藏品的花费为1.656亿美元,其接受捐赠的艺术收藏品价值1.527亿美元。捐赠文化产品的价值也许不准确,因为有些博物馆不能估计出其受赠文化产品的价值。

我国的博物馆购买藏品的数量和支出都没有公开的数据。每家博物馆每年都有一笔专门经费用于收购藏品,费用的多寡按照博物馆级别由数百万元至数千万元不等。大博物馆经常不够用,购买重器的时候需要再申请专项资金。

接受捐赠则是博物馆藏品的另一重要来源。故宫博物院每年都接受个人或社会组织的一些捐赠。

博物馆对文化产品的购买是一个敏感话题,在美国博物馆的年度报告中,它们给出用于购买的总现金支出,也愿意列出它们所购买的文化产品名单,但是不必报告每件文化产品的购买价格,或是对捐赠品的估价。

博物馆的资本包括文化产品,以及展览或者储存这些文化产品的建筑物。很少有博物馆的美术展厅大到能足够同时展览其全部的收藏品,有些作品就被保存在储存室里。储存室里的文化产品有的是已经过时的,有的是在其所属的类别中已经有更好的代表可供展出。这种储存在地下室的文化产品被称为艺术储备,多数情况下,艺术储备品的数量比实际展览的作品要多好几倍。

博物馆并不追求利润最大化,但是在提供一定质量服务的前提下,也要做到成本最小化,以实现资源的有效配置,这就要求博物馆处理好展厅和藏品的比例问题。拥有大量高质量艺术储备的博物馆更应该修建美术展厅,而不是投资购买更多的艺术品储藏起来。博物馆把资金用在购买文化产品和修建展厅上的数量,应该使得修建展厅的边际效益等于购买文化产品的边际效益。

(二) 藏品的出售

如果美术馆拥有较多梵高的作品,但没有达芬奇的作品,那么它出售一幅梵高的作品,用获得的收益购买一幅达芬奇的作品是否合理?经济学家可能认为这样做可以优化资源组合,但是当美术馆出售永久馆藏品之外的主要藏品时,却总是引来强烈的批评。

经济学家可能会指责博物馆馆长们,说他们不愿意把目光放在自己所拥有的文化产品的市场价值上,也不会积极地从事各种交易活动来最大化自己资产组合的价值。这种观点有弊也有利。博物馆储存的文化产品不仅有保存成本,也产生持有成本,一件文化产品占有了一定的空间以后,另外一个文化产品就不能占用此空间了。只要博物馆的目标是在一定的历史背景下展出文化产品,就存在要不要出售(交换)博物馆收藏品以填补某些收藏缺口的争论。另外,博物馆作为一个非营利性组织,其目标就是保存、维护人类文化遗产,而这是一个持续的过程,这一过程中某些特殊的文化产品(反映在它们的市场价值上)可能会随着时间的推移而产生巨大的改变。博物馆的储存职能表明,那些目前不是很受追捧的文化产品可能有一个正的期权价值,也就说它们可能在将来升值,这些文化产品应该在某处被储存起来,而这和博物馆迫于财务压力而出售某些文化产品是不矛盾的,因为它可以选择收藏其他更有价值的文化产品。私人收藏家会进行部分艺术品的收藏活动,因为他们相信自己的藏品的价值不会因为贴现率以及暂时文化偏好的改变而发生贬值。那些与私人藏家有相同审美观点的博物馆就会成为此类文化产品的最终归宿。这种情况下,不能草率地把文化产品卖出或者用于交换,而要做到把有价值的艺术品收藏下去,需要博物馆在运营预算和获得基金支持之间取得均衡,正是由于博物馆的非营利性组织性质,这些基金才给博物馆提供资金补充预算缺口,一旦博物馆进行藏品的买卖获利,这些基金有可能因为博物馆背离了非营利组织的宗旨而不再提供资金补助。

美国公立美术馆数量巨大的藏品成为博物馆正常运营的负担，但博物馆出售藏品会引发争议。① 近年来，越来越多的美国公立美术馆宣布出售馆藏艺术品。印第安纳波利斯美术馆自2011年起对馆藏艺术品进行评级，并出售或捐赠了评级较低的4000多件藏品。此前，旧金山当代美术馆公布拍卖了一幅艺术家罗斯科（Mark Rothko）于1960年创作的色域绘画代表作，目的是扩充新艺术品的购置基金。而巴尔的摩美术馆则宣布出售7幅白人艺术家的作品，用以丰富少数族裔艺术家藏品。

公立美术馆是否有权出售其藏品一直是个有争议的话题。然而随着近年来美术馆面临的诸多现实挑战，出售藏品这一充满诱惑力的做法正被越来越多地讨论与实践。一直以来，人们认为公立美术馆的馆藏艺术品应是"只增不减"，只有当确认馆藏艺术品是仿作或伪作时，美术馆才有可能对其进行"注销"。

对于历史悠久的美术馆而言，处理数量过于庞大的馆藏品成了一大难题。成立于1883年的印第安纳波利斯美术馆就面临这一困境。由于高额的遗产税等多重因素，不少私人艺术藏家选择将整个收藏系列捐赠给美术馆。虽然其中部分艺术品很有价值，但其他大部分质量一般，不适于展出，只能长期保存在艺术仓库中。2011年，印第安纳波利斯美术馆打算斥资1400万美元扩建仓库，但馆长在最后时刻否决了这个计划。他认为："新建仓库意味着吸引更多藏品，随后则又要建立更大的仓库，最终美术馆大部分的资金都要用在藏品仓储上，我不认为这是可持续的做法。"馆藏艺术品不仅需要更多占用空间，维持其恒温恒湿的环境所需设备的管理和维护也将不断消耗美术馆本就不充足的运营资金。而事实上，这些艺术品中真正值得向公众展示的作品只占8%~10%。2011年后的7年里，印第安纳波利斯美术馆邀请专家组对所有馆藏艺术品按A~D四个等级进行评级，并对评级为C或D的藏品进行出售或赠出。七年来，美术馆削减了多年来积累的54000件藏品中的4615件，大幅缓解了藏品过多的压力。

印第安纳波利斯美术馆的评级策略并不单单考量艺术品本身的质量。如

---

① 许望：《美国公立美术馆藏品成负担，出售引争议》，载《21世纪经济报道》2019年3月18日。

果美术馆拥有同一位艺术家的多幅作品,其中一些次要藏品就会获得较低的评级。被美术馆评级为 D 的作品,对私人藏家或其他艺术机构而言或许评级就是 A,而且它能够获得更多的展示机会。因此这一举措对交易双方和公众而言都是有益的。

由于处理的艺术品并非关键性藏品,印第安纳波利斯美术馆的做法并未遇到过多阻碍。但不少美术馆为缓解经济压力开始出售重要的艺术品,这些举动则面临质疑的声音。

2014 年,负债 1980 万美元的特拉华州美术馆决定以拍卖藏品的方式还债。这一举动引发了轩然大波,美国美术馆馆长协会(AAMD)要求全国其他美术馆停止与特拉华州美术馆的合作,并谴责这一行为。而特拉华州美术馆理事会 2014 年接受采访时辩解称,理事会花了 5 年时间尝试扭转亏损,均以失败告终,为了维持美术馆的正常运营,出售艺术品是不得已的办法。

2017 年,马萨诸塞州伯克希尔郡美术馆决定通过拍卖的方式出售估价为 5000 万美元的 40 件艺术品,为美术馆的翻新工程和日常运营提供资金支持。对此,AAMD 重申了美术馆出售作品的一项原则:"艺术品不得被视为可支配资产。"同时 AAMD 也在声明中表示:"允许美术馆将出售所得用于其他艺术品的购买,或用于对已有藏品的维护,但不能用于支付美术馆工作人员工资等其他类运营成本。"

2018 年,马里兰州巴尔的摩美术馆决定出售安迪·沃霍尔等七位艺术家的作品,以筹集资金购买更多少数族裔艺术家的作品。巴尔的摩非裔族群占比超过 60%,美术馆有必要通过这种方式相应地调整藏品结构,其做法得到了较广泛的认可。

2019 年 2 月,旧金山当代美术馆表示将委托苏富比拍卖一幅罗斯科(Mark Rothko)的作品,以"更好地拓展馆藏的多样性"。作为色域绘画的代表作品,这幅名为的《无题》的作品在苏富比的拍卖估价高达 3500 万~5000 万美元。出售如此重量级的作品,使旧金山当代美术馆很快成为众矢之的,其"拓展多样性"的说辞也遭到质疑。艺术评论家格林(Tyler Green)在社交媒体评论称:"旧金山当代美术馆对展示一段完整的艺术史好像没什么兴趣。"《洛杉矶时报》艺术评论家耐特(Christopher Knight)表示:"对罗斯科这样的艺术家,美术馆应该做更深度的收藏,而不是抛售他的作品。"长居旧金山的艺术家马里奥尼(Tom Marioni)则表示:"交易掉一件罗斯科的作品意味着应该换来一件波洛克（Pollock）的作品，而不是多样性。"

事实上，正是担心博物馆会对藏品随意处置，不少私人艺术藏家在捐赠时附带有一定条件。而一些美术馆为了能够得到捐赠，当时也同意接受这些条件。

1985年，达拉斯美术馆接受了慈善家里夫斯（Wendy Reves）女士捐赠的1400件艺术品，同意将五间展室完全按照里夫斯女士在法国南部的别墅原样布置。2015年，艾德里斯（Stefan Edlis）为芝加哥艺术学院提供了一系列总价4亿美元的艺术捐赠，但要求芝加哥艺术学院保证这些艺术品在未来50年内不得出售，且必须一直展出。即使捐赠者并未提出此类要求，当美术馆出售艺术品时，除了违反行业规范和引发舆论危机外，也面临着潜在的法律和道德风险。圣克鲁斯艺术历史博物馆馆长西蒙（Nina Simon）在2018年接受采访时表示："美术馆在税收政策上享受的优惠以及艺术品的公共资产属性，使得此类交易很可能会损害公共利益。"

另外，不少业内人士认为更有意义的探讨在于对此类交易设立更完善的规则。例如AEA咨询创始人埃利斯（Adrian Ellis）提出了著名的"埃利斯规则"：要求美术馆在出售藏品时，对买家的所有权做出限定，保证藏品得到恰当的保护和公共展示机会。不过与此同时，美术馆在如何分配资金方面也应获得更高的自由裁量权。

博物馆出售馆藏品的理由是文化产品多样化可以使观众获得更多的艺术体验。规模较大的博物馆希望涉足更广泛的艺术领域，并且它也有能力做到。这样看来，出售梵高的作品购买达芬奇的作品是合理的。

认为博物馆应该提供专业性服务的观点也可能引起藏品的变化。中小型博物馆应该专门收藏某一时期或某一个国家的艺术品，因此应该卖出不属于收藏领域之内的艺术品，并将获得的收益用于购买属于收藏领域之内的作品。

无论为了何种目的出售藏品都可能招致批评。博物馆专家反对出售的原因之一是，对文化产品的评判是随着时间而发生变化的，今天出售的艺术品明天也许会被认为是有特殊审美价值的。保险的做法是，将现有的无人关注的作品储存起来。

反对出售藏品的另一个原因是博物馆出售藏品也许会动摇捐赠者的信心。捐赠者不想看到自己忍痛割爱的艺术品被博物馆拿到市场上出售。但是按照博物馆运行的现状来看，出售藏品对捐赠者的影响是不大的，因为捐赠者经常在捐赠条款中规定捐赠品是不能被出售的。只有很久以前捐赠给博物馆的捐赠品，博物馆才可能改变捐赠条款，将捐赠品出售。

再一个反对出售藏品的原因是博物馆卖掉藏品违背了公众信任。公众相信博物馆专家的管理能力才支持博物馆的运作，博物馆卖掉藏品可能会失掉公众的信任。这种观点限制了博物馆出售自有藏品，而它本可以通过出售自有藏品以更好地运作。

三、博物馆的藏品管理

大的博物馆有丰富的藏品，其中有很多藏品几乎不怎么展览，但是却比小博物馆目前正展览的文化产品价值更高。捐赠人更愿意把文化产品捐赠给规模大的博物馆，这加剧了文化产品在博物馆之间分配不均匀的状况，结果是文化产品经常流动到不需要它们的地方。

如果有恰当的方法纠正文化产品在博物馆之间配置不当的状况，那么所有人都能获得好处。一种可能的安排是藏品不足的博物馆从库存过剩的博物馆处租借，或通过联合购买、资源共享、特许经营、特殊展览、巡回展览等方式获得未被充分利用的文化产品。

（一）租借

博物馆之间进行分工合作可以为公众提供更好的服务。一种观点认为，大型博物馆应该主要作为储藏室、遗产的管理者和文化产品借贷的来源，而小型博物馆专注于进行特殊展览，以及其他利用大型博物馆馆藏资源的项目，并满足地方相关团体的审美、历史、政治及科学问题需求。因此小型博物馆应该放弃那些它们不可能出色完成的事情，比如艺术收藏，而去集中精力完成它们能够做得好的事情，比如展览。中型博物馆兼具大型和小型博物馆的功能，既收藏又展览，但是它们也应突出特色。

对特殊艺术展品的积极的租借交流是一个比较好的交换艺术作品使用权的做法。博物馆目前正在想方设法充分利用自己所持有的藏品。古根海姆博物馆允许自己的收藏品在广泛分布的分馆里巡回展出，而波士顿美术博物馆则同名古屋博物馆建立了长期伙伴关系，从而彼此向对方提供各种帮助和租借服务。

如果双方主动进行馆藏品的租借，那么双方都将获益。但是有些博物馆宁愿购买差一点的文化产品，也不愿去租借，因为它们认为与购买的文化产品相比，租借的似乎都是二流水准。

租借的方式包括市场租借和以物易物租借。市场租借是出借方提出藏品的租借价格、承租方确定租借时间的方式，以物易物租借是交易双方均以自己的藏品交换对方藏品的租借方式。与以物易物租借方式相比，市场租借方式更灵活，租借范围不必限制在博物馆之间，也不必寻找能够提供合意藏品作为对价的交易方。但是博物馆大量使用以物易物的租借方式，原因是博物馆藏品的展览价格难以确定，同时博物馆之间了解比较多，信息优势使得寻找交易方的成本较低。

（二）联合购买

博物馆的联合购买是应对文化产品价格高涨的一种方法。华盛顿州的几家博物馆组成华盛顿艺术联盟，来购买绘画及纸上文化产品，每家博物馆都享有在任意两年制的期限内将全部收藏品展览四个月的权利。

（三）艺术共享和特许经营

国际范围内的艺术共享是一种对观众提供服务并增加自身收入的方式。博物馆之间达成协议，定期或不定期地交换展览各自收藏的文化产品并提供各种专业咨询。如果两个博物馆的资源是不对称的，资源贫乏的博物馆可以通过补偿资源丰富的博物馆获得这种文化产品共享。

特许经营是一种分工更精细的资源共享计划。古根海姆博物馆专门收藏20世纪欧洲绘画，其藏品数量达6000多件，但是其展厅只能同时展出几百件作品。古根海姆在全世界选定的地点建立特许经营系统，成为附属的古根海姆。这些附属系统的建设成本由当地政府承担，古根海姆分支机构为当地带来声望和旅游业的发展。分支机构展览的文化产品是从古根海姆借来的，古根海姆同时向这些分支机构提供保管服务，并从中获得适当的回报。古根海姆通过特许经营充分利用了其馆藏品，同时为收藏计划筹集了资金。

但是特许经营也存在一些风险。首先，特许经营造成古根海姆经营上的扩张，这可能引起对现有收藏品失去控制。其次，特许经营过分强调古根海姆的控制权，这可能削弱博物馆之间合作的意愿。最后，文化产品在各国间的往返转运存在风险。

(四) 各种展览会

专项展览会是博物馆针对某些艺术家、流派或时期的作品来举办的展览会。专项展览会应该展示该领域中的核心艺术作品或更多的主要作品，展览的文化产品可能是从其他博物馆或私人收藏家那里租借的作品。为了减轻专项展览的巨大成本负担，通常是几家博物馆联合举办专项展览，这就是巡回展览，巡回展览会在若干不同的博物馆进行展览，甚至在不具备收藏文化产品条件的艺术中心展览，通常所到之处都具有特殊的吸引力，所以巡回展览对观众的总体影响更巨大。

专项展览和巡回展览从两个方面有助于提升观众的艺术体验。第一，集中效应。这种展览将符合同一主题的作品集中在一起，其数量远远超过参观者在其他任何地方能同时欣赏到的数量，这种情况下，观众能获得更多更持久的美感。第二，分配效应。专项展览和巡回展览将作品集中起来，送到远离收藏地的地方，同时给观众送去了美感。

专项展览的另一种形式是巨型展览，巨型展览是对一流画家作品或大众轻易看不到的作品的展览。博物馆会收取参观费，因此巨型展览的收入通常超过一般展览。当组织巨型巡回展览时，组织机构有权向受访博物馆收取参观费用。

对专项展览的反对意见也很多。一种反对意见认为，巨型展览通常会吸引企业的大力赞助，为了获得公司支持，博物馆将变得商业化，从而影响艺术展览的观赏性。另一种批评是，公众过度重视专项展览，削弱了参观普通展览的愿望。第三种反对意见是，专项展览加重了专业人员的负担，因为拥有大量高质量收藏品的博物馆必须处理大量的租借请求。第四种反对意见认为，不测事件可能给艺术带来灾难性损失，比如运输事故、展览中的破坏和盗窃行为等。

思考题：

1. 艺术博物馆有哪些作用？
2. 博物馆的成本有哪些？收入来源有哪些？
3. 怎样有效利用博物馆的藏品？

第十章

艺术表演市场

本章首先介绍我国艺术表演业的现状,然后介绍艺术表演的生产成本、艺术表演的财务困境以及应对艺术表演财务赤字的实证研究。

第一节 我国表演艺术业现状

一、表演市场收入状况

1. 艺术表演团体的收入呈逐年增长趋势

2018年,我国表演团体总收入为230.77亿元,较上年同比增长7.20%(见表10-1)。①

表10-1　　　　2014~2018年我国艺术表演团体总收入　　　　单位:亿元

项目	2014年	2015年	2016年	2017年	2018年
收入	193.87	196.11	207.05	215.28	230.77

2. 部分剧团过度依赖政府补贴和基金支持

2018年文艺表演团体收入中政府和基金补贴收入占总收入的29.6%

---

① 前瞻产业研究院:《2018年演出行业市场现状及发展趋势　演出经纪机构积极转型》,2019年8月31日。

(见表10-2),较上年增加6.03亿元。2018年国家艺术基金立项资助舞台艺术创作项目300余个,资助资金逾4亿元。但是,近几年也出现了一些文艺院团为了申请政府资金支持,不考虑现实市场情况,甚至还出现免费送票、租赁观众等形式主义,造成艺术创作与市场需求之间的断层。

表10-2　　　　　　　　2018年艺术表演团体收入结构

项目	商业演出	政府补贴	惠民演出	企业赞助
比例（％）	67.3	29.6	2.1	1

二、各种表演市场状况

（一）话剧、戏曲

品牌效应带动话剧规模增长,目前我国消费者群体比较看重话剧的品牌效应,对于创作理念优秀、演出质量较高的话剧演出,观众接受程度较高,如2018北京人艺话剧《茶馆》《窝头会馆》,场均只开票半天就销售一空,不少人前一天深夜就开始排队买票,最长达19个小时。但是除品牌效应之外,我国话剧市场还存在着优质文化产品供给不充分,在区域、结构上不平衡的现象。除优秀话剧作品之外,不少话剧演出处于"鲜少问津"的状态。2018年,我国话剧演出票房收入达到26.20亿元,较上年同比上涨3.11%。

戏曲市场收入有所下降。戏曲是我国传统文化精髓之一,京剧更是被誉为"国粹",但观众接受程度较低;戏曲院团过于依赖政府扶持资金,商业演出市场拓展力度不足,营销模式传统,难以获得新的受众群体,我国戏曲演出市场呈下降状态。2018年我国戏曲类演出票房收入为8.06亿元（见表10-3）,较上年下降10.54%。

表10-3　　　　　　2014~2018年我国戏曲演出总收入　　　　　单位:亿元

项目	2014年	2015年	2016年	2017年	2018年
收入	9.47	8.94	8.64	9.01	8.06

(二) 音乐会

音乐会热度不减，平均票价涨幅较大。经过多年的市场培育，音乐会市场逐渐形成"新年档""暑期档"。2018年"新年音乐会"众多，如人民大会堂的维也纳之声北京新年音乐会、上海大剧院的奥地利施特劳斯家族爱乐乐团2018新年音乐会、深圳音乐厅的2018伦敦爱乐乐团新年音乐会、西安音乐厅的意大利爱乐乐团2018新年音乐会等，观看新年音乐会成为许多人心仪的过节方式。另外，随着中国消费者观念的不断转变，中国也已经成为海外音乐团世界巡回演出的重要场所，2018年，除了圣彼得堡爱乐乐团、柏林爱乐乐团、纽约爱乐乐团、维也纳约翰·施特劳斯乐团、英国皇家利物浦交响乐团等多次来华的世界名团造访外，北美近半世纪最大最知名乐团之一美国太平洋交响乐团、维也纳莫扎特交响乐团等国际名团均实现了首次访华巡演。2018年，我国音乐会票房收入达到14.34亿元（见表10-4），较上年增长7.50%。

表10-4　　　　2014~2018年我国音乐会演出总收入　　　　单位：亿元

项目	2014年	2015年	2016年	2017年	2018年
收入	10.9	11.92	12.79	13.34	14.34

由于音乐会质量不断提高，音乐会表演形式也不断被观众所接受，高品质音乐会层出不穷，音乐会已经成长为市场上较为主流的演出形式。随着消费群体对音乐会接受程度的不断深入，音乐会的观众数量和平均票价也不断增高。2018年，我国音乐会观众数量达到772.8万人，较上年同比增长8.30%；平均票价也由2017年的180元/人上涨至2018年的200元/人，较上年增长11.11%。

(三) 演唱会

2018年，演唱会市场持续升温，不仅周杰伦、张学友、林俊杰、五月天、陈奕迅、张杰、汪峰等老牌知名艺人扎堆，Nine Percent、乐华七子、坤音四子等新生代流量偶像也表现出强劲的吸金能力，还有杨宗纬、莫文蔚、张韶涵、James Blunt、John Legend、放浪新世代等一批港台地区、日本、欧美艺人陆续登场。各类型艺人都获得一定发展空间，其中巡演达10场以上的有张学友、五月天、林俊杰、王力宏等，并出现一票难求的局面，演唱会市场号召力依旧强劲。

2018年，全国音乐节及演唱会演出场次达到0.26万场，较上年增长8.33%；消费用户以年轻人为主，随着90后及95后收入逐渐稳定，90后成为演唱会、音乐节的最大客户群体，在音乐节和演唱会的观众中，95后占比达到65%以上，比上年增长10%。

第二节 艺术表演的成本与财务[①]

艺术剧团往往是当地艺术供给的垄断者。作为垄断者，艺术剧团的演出数量和门票价格取决于市场需求和艺术表演的成本状况。我们首先介绍艺术表演数量的衡量，然后介绍艺术表演的成本状况。

一、艺术表演产出的衡量

对包括艺术在内的服务行业的产出的衡量是困难的。困难之处在于：第一，很难定义一个令人满意的衡量单位。第二，在艺术中，质量是一个非常重要的尺度，而质量更难以确定。

业余乐团的交响乐表演与中央交响乐团的演奏质量是不同的，但是如何衡量二者之间的差别呢？我们只能采用代理法来衡量，例如，通过门票价格的差别来衡量。

思罗斯比和威瑟斯提出了四种测量表演艺术公司产量的方法。

一是表演的场次。从成本或供给的角度来看，表演场次是一个测量表演公司产量的有效方法。因为生产成本的很大一部分是每场演出的成本，如工资、租金、电费等。

二是剧目的数量。从艺术的角度来看，表演公司上演的节目数量也是对

---

① 除了有关克莱德曼音乐会的例子外，本节内容改写自：[美]詹姆斯·海尔布伦、查尔斯·M. 格雷著，詹正茂等译：《艺术文化经济学》，中国人民大学出版社2007年版，第106~114页。

产出的重要测量方法。毕竟，上演《哈姆雷特》《三姐妹》《欲望号街车》各30场，可以比上演90场《哈姆雷特》提供更多的艺术体验。而且，表演公司的成本不仅与表演的场次有关，也与上演的剧目数量有关。

表演场次和剧目数量是衡量表演成本非常有用的工具，但是它们存在两个不足。第一，当考虑消费者需求时，它们不是很好的衡量指标，因为顾客只需要一个座位，而很少包下全场。第二，它们无法衡量观众从表演中得到的艺术体验的数量，因为艺术体验的多少还取决于观众的实际数量。为此，又给出了另外两种衡量艺术表演数量的方法。

三是可出售的门票数量。可出售的门票数量是剧院的座位数与表演场次的乘积。这种方法以座位数衡量艺术表演的供给，所以我们可以结合需求进行分析，因此克服了前两种衡量方法不能用于供求分析的弊病。由于可出售的门票不一定都售完，所以可出售的门票数并不能反映艺术表演提供的艺术体验的多少。

四是已售出门票数量。也可以称为已支付的门票数量，它等于可出售的门票数量与就座率的乘积。已售出门票数量能有效测量艺术表演提供的艺术体验，但是当我们衡量艺术表演的成本时，又会遇到其他困难。比如艺术表演的成本与表演场次和剧目数量有关，但是与就座率无关。因此，我们对表演艺术进行供求分析时，通常采用可出售的门票数量而不是已出售门票数量来衡量艺术表演的供给和需求。

二、艺术表演的各种成本

为了理解艺术表演的价格和数量的决定，就必须理解艺术表演的生产，清楚艺术表演的成本。我们首先介绍艺术表演的几种成本概念。

（一）艺术表演的机会成本

艺术表演的成本是艺术表演所耗费的资源的价值，这些资源的价值是因为将这些资源用在艺术表演上而放弃的其他用途中所能带来的产品的最大价值。艺术表演的成本是以所放弃的机会的价值为基础，所以被称为机会成本。

很多地区有社区乐队，其成员全部由志愿者组成，社区乐队经常为群众提供免费音乐会。但是经济学家并不认为这些音乐会是免费的。虽然音乐家、管理者和其他工作人员免费贡献出自己的时间，但是他们的时间和创造力都是稀缺资源，它们一旦被用于社区表演，就不能用来创造其他价值，这种因为社区表演而放弃的价值就是社区音乐会的机会成本。

（二）固定成本

假设一家剧院是艺术表演的生产者。这家剧院可以是营利性的，也可以是非营利性的。在剧院的成本中，区分固定成本和可变成本是非常重要的。

固定成本是艺术表演的封装费用，思罗斯比和威瑟斯将固定成本称为装配成本，这种成本产生于戏剧开演之前，并且不受演出场次的影响。固定成本包括的项目有布景成本、服装和道具成本、演员的排练工资、导演的基本报酬、舞台管理员的工资、首演之前的广告和发布会费用、剧院租金、办公法律审计费用等。

（三）可变成本

剧院的可变成本是演出的营业费用，它从演出的首映开始支出，并以基本相同的数量存在于每场演出当中。可变成本包括演员以及管理者的薪水、后台工作人员的工资、广告和宣传成本等，在百老汇，剧院租金和作家版税是票房收入的提成，也被看作是可变成本。

剧院的固定成本和可变成本的和是演出季的总成本。

（四）平均成本

总成本除以演出场次得到年均总成本，类似地，可以得到平均固定成本、平均可变成本的概念。由于固定成本不随着演出场次的增加而提高，所以平均固定成本随着演出场次增加而下降。平均可变成本则不随演出场次的变化而变化。平均总成本随着演出场次的变化下降，开始下降的速度比较快，当演出场次比较多时，下降速度比较慢。

平均总成本（ATC）是平均可变成本（AVC）和平均固定成本（AFC）之和，所以在图形上（见图10-1），平均成本曲线位于平均固定成本曲线和平均可变成本曲线之上，是二者在垂直方向上的加总。平均成本开始时下降得快，是因为它主要受平均固定成本曲线的影响。当演出场次较多时，平均总成本趋于平缓，主要是受平均可变成本曲线的影响。

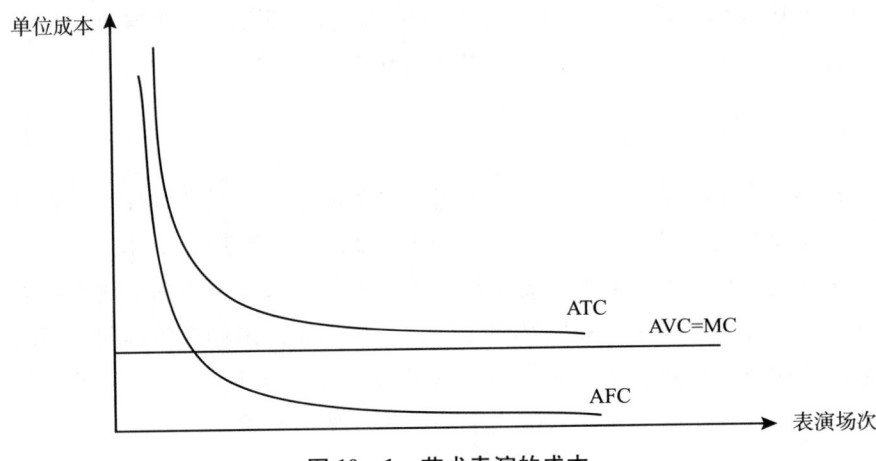

图 10-1　艺术表演的成本

艺术表演市场是经济学家所说的成本递减产业的一个例子。当演出场次不断扩大时,每个座位的成本是不断下降的,因为作品上演的固定成本会被数量越来越多的表演场次分摊。

(五) 边际成本

边际成本是增加一场演出所需要的可变成本的增加量。如果平均可变成本不随产出的增加而变化,那么多演出一场所带来的额外成本就始终等于平均可变成本,这样边际成本和平均可变成本相等,所以图 10-1 中的平均可变成本 AVC 曲线也就是 MC 曲线。

在经济学中,通常假定边际成本是递增的,为什么艺术表演的边际成本是不变的?在短期内,随着产量的增加,产量递减规律会在一般商品的生产过程中起作用。即每单位可变投入所产出的产品数量逐渐减少,那么每增加一单位产品耗费的可变成本就会增加,并且,如果边际成本是递增的,那么平均可变成本最终也会增加。但是,在表演艺术中,边际产量递减规律不发挥作用,每场演出都是先前演出的重复,投入总是和以前一样。

三、艺术表演市场的均衡

我们首先分析艺术表演的门票价格以及表演场次的决定,然后介绍关于每场艺术表演平均成本曲线的实证结果。

(一) 艺术表演的均衡模型

图 10-2 是一家表演艺术公司面临的需求和成本情况。纵坐标是每一张门票的价格。横坐标代表剧院的演出场次，演出场次乘以剧院容纳的座位数即是可以出售的座位数，因此，也可以用可售座位作为横坐标。由于演出的可变成本取决于演出场次，如果演出在一个固定的剧院进行，那么也可以说演出的可变成本取决于可以提供的座位数，因此也可以说横坐标衡量了剧院提供一张门票的成本。这样，艺术表演的供给和观众的需求在衡量单位上就一致了，都是用座位数来衡量。

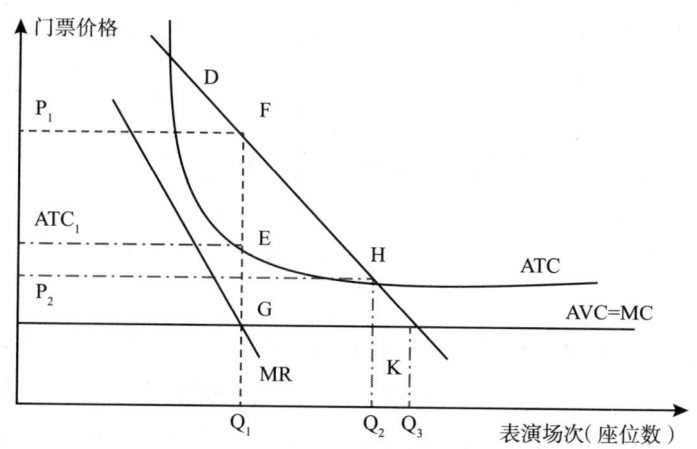

图 10-2 剧院演出的均衡价格和均衡数量

曲线 D 表示需求曲线，它说明了在任一价格下，消费者愿意购买的门票数量。MR 表示边际收益，表明多出售一张门票剧院可以增加的收益。

横坐标衡量的是剧院可出售的座位数，而需求曲线衡量的是消费者愿意购买的座位数，现实生活中，这二者一般情况下是不相等的，为了在同一条坐标轴上表示，必须让它们相等，为此，我们增加一条假定：剧院每场演出的门票都会全部售光。在这一假定下，演出场次、演出季的时间长短、观众人数都可以作为衡量艺术产量的指标出现在横坐标上。

每场演出的门票都销售完的假定是不符合现实的。思罗斯比用一种不同的衡量指标作为横坐标，他选用销售的实际座位数衡量艺术的数量。这样做

文化经济学

的优点是，不需要假设剧院的门票每场都销售完毕。思罗斯比假定，门票的销售数量在演出周期趋于结束时不断下降，这样，如果每场演出的成本是不变的，每个售出的座位的成本就是上升的，这样就得到已出售座位的向右上方倾斜的边际成本曲线。但是思罗斯比的向右上方倾斜的边际成本曲线并不是因为边际收益递减，而是因为需求的下降，这样边际成本曲线由需求和供给共同决定，这不符合经济分析中对供给和需求独立分析的习惯，因此，使用可出售的座位数做横坐标可以保持分析的明确性。

（二）表演场次和门票价格的决定

1. 营利性剧团的决策

假定剧院追求利润最大化。那么剧院应该选择的产量就是使得边际收益等于边际成本的产量水平，确定的价格是消费者消费这一数量时愿意支付的价格，即需求曲线上具有这一消费数量的点所对应的价格。图 10-2 中，MR 和 MC 曲线交于 G 点，该点的产出实现了利润最大化，这时可提供的座位数为 Q_1，剧院索取的价格为 P_1。当产量为 Q_1 时，每个座位的平均成本为 ATC_1，每个座位的利润为 $P_1 - ATC_1$，总利润为 $(P_1 - ATC_1)Q_1$，即为矩形 P_1FEATC_1 的面积。

这里描述的演出是成功的演出，消费者购买门票的欲望很强烈，以至于需求曲线的位置远高于平均成本曲线，从而剧院提供一定数量的演出时，不仅能够弥补成本，而且可以获得利润。如果公众对演出的兴趣不大，以至于需求曲线总是位于平均成本曲线之下，这时无论剧院演出几场，索取什么样的价格，都会亏损，这种演出就是失败的演出。

上述分析表明，剧院提供的最佳座位数为 Q_1，一旦演出场次高于 Q_1 代表的场次时，剧院就会停止上演该剧目。这一结论存在一个假设，即门票价格不变。事实上，剧院可以通过降价增加门票的出售，延长剧目的上演时间，这样就可以增加剧院的利润。这是根据观看演出的时间段进行的价格歧视，与根据数量进行的价格歧视，或者根据观众群体进行的价格歧视一样，都是利用观众不同的支付意愿索取不同的价格，从而增加利润的方法。

2. 非营利表演剧团

由于剧院在当地具有垄断性，它面对的需求曲线是向右下方倾斜的，剧院利润最大化的产量并不是社会福利最大的产量。边际成本曲线和需求曲线的交点决定的产量才是社会福利最大化的产量,即边际成本曲线和需求曲线的交点 K 对应的产量 Q_3。但是如果剧院提供并销售 Q_3 数量的座位,则销售价格为 MC,由于 MC < ATC,这样每张门票要亏损(ATC - MC),总亏损额为(ATC - MC)Q_3,这是追求利润最大化的剧院所不愿意做的,但是这个结果对全社会来说却是最好的。为此,就需求政府干预使剧院提供 Q_3 数量的产品。政府可以规定剧院的演出场次并提供财政补贴以弥补亏损,也可以将剧院国有化,由政府支付演出的成本,这时剧院的演出不以利润最大化为目标,而可以定为其他目标。

但是,以社会福利最大化为目标的产量带来的亏损会给政府财政带来负担。政府为了减少负担,也可能规定剧院的目标为在收支相抵基础上,上演具有适当质量的作品,追求观众规模的最大化。剧院生产的产量仅能弥补其平均成本,生产需求曲线 D 和平均成本曲线 ATC 的交点所决定的产量,价格为 P_2。

与追求利润最大化的剧院的产量和价格相比,追求预算平衡基础上观众规模最大化的剧院产量更大,价格更低,社会福利更大。

上述分析假定剧院上演一个剧目,实际情况是,在一个演出季中,剧院会上演几个剧团的几个节目。比如一个剧团的四个剧目、一家歌剧公司的三部歌剧、一家舞蹈公司的六场短舞共同组成几个夜晚的表演。只要用图 10 - 2 中的成本代表这些节目组合的成本,用同样的方法可以分析演出季的门票价格和演出场次。

如果需求曲线向右移动,比如观众对节目的偏好加强,那么售出的门票就会增加,这意味着剧院的演出季将会延长,这是剧院成功的标志。更长的演出季对公司实力的加强有重大作用,这不仅增加了表演者的收入,而且给表演者提供了更多的机会去提高技艺。因此,时间较长的演出季更容易聘请到高水平的演员、导演和剧作者。

四、音乐会财务状况的例子

我们以世界著名钢琴演奏家理查德·克莱德曼(Richard Clayderman)的音乐会为例,分析艺术表演的成本和收入情况。

（一）音乐会的成本

克莱德曼举办一场音乐会的成本预算如表10-5所示。

表10-5　　　　　　　　理查德·克莱德曼音乐会预算

序号	类型	项目	内容	金额（元）
1	合同	演出费	理查德·克莱德曼的演出费用	880000.00
2		机票	约一行20人的机票费用	20000.00
3		运输费		
4		审批费	文化、公安、消防的批文费用	5000.00
5	接待	艺人酒店	每晚15个房间	15000.00
6		工程酒店		
7		接待用车		5000.00
8		餐费	剧组一行25人	10000.00
9	安保	公安		20000.00
10		特卫	含内场座椅搭建费用	
11		消防		
12		保安	以实际发生为准	
13	场地	场地租赁费		60000.00
14		空调费用		5000.00
15	保险	意外伤害险		2000.00
16		意外医疗保险		
17		观众险		
18	票务	票纸		
19		防伪贴		
20		检票员		
21	工程	工程制作		60000.00
22		民工	80人	
23	后台	后台物料采购	杂费采购	2000.00
24		租赁	座椅	

续表

序号	类型	项目	内容	金额（元）
25	宣传	电视		150000.00
26		报纸	多轮软文及硬广告的报道	
27		杂志		
28		电台	每天一定频率的滚动宣传	
29		网络		
30		新媒体	微信大号5家多轮宣传	
31		户外		
32		地活动面	百名琴童大赛组织费用 共计10场演出	
33		其他		
34	钢琴	钢琴租赁费用	九尺钢琴一架，含运费及调律	15000.00
35	制作	海报	包含海报、DM单等广宣品	5000.00
36		票套		
37		工作证	含剧组、主办方及媒体证件	
38	会议	新闻发布会	含主创交通费、酒店住宿费、现场物料费及媒体酬劳	
39		开票仪式		
40		庆功宴		5000.00
41	团队	执行杂费	运行团队异地操作费用及劳务补贴3人工作小组3个月的基本费用	30000.00
42	税收	营业税	按实际发生支付	
43		票提	按实际发生支付	
44		个人税	理查德·克莱德曼的个调税金	20000.00
45		版权税		
46	其他	乐器报关		
47		不可预计费用		30000.00
		合计		1339000.00

如果以演出场次衡量音乐会的产出，则只有工程、制作、宣传、庆功会成本为固定成本，其他成本随着演出场次的增加而增加，为可变成本。

从表10-6的固定成本表可以看出,以演出场次为单位衡量的固定成本仅为24.7万元。相应地,可变成本为109.20万元。

表10-6　　　　　　　　音乐会的固定成本　　　　　　　　单位:万元

项目	机票	审批费	工程制作	后台物料采购	宣传	制作	庆功宴	合计
金额	2	0.5	6	0.2	15	0.5	0.5	24.7

每场音乐会的可出售门票为2400张,如果以可出售门票为音乐会的产出,则工程、制作、宣传、庆功会成本为固定成本,其他成本在出售门票数不超过2400张时是固定的,当出售门票数量超过2400张不足4800张时会增加1倍,以此类推,因此为半固定成本。

(二) 收入

钢琴演奏会只能在室内,座位是有限的。观众的支付意愿是不同的,实行差别定价,让支付意愿高的观众支付较高价格,可以增加音乐会的收入。在可供出售门票为2400张的情形下,举办方将座位分为6个等次,不同等次的座位按照不同的价格出售,这是按照位置实行的差别定价。如果门票全部出售,则收入预算如表10-7所示。

表10-7　　　　　　　　音乐会收入预算

序号	范围	票价(元)	数量(张)	销售额(元)
1	A	1280	750	960000
2	B	980	500	490000
3	C	780	200	156000
4	D	580	400	232000
5	E	380	500	190000
6	F	180	50	9000
合计			2400	2037000.00
平均票价				849

（三）演出场次的确定

音乐会演出的可变成本为 109.20 万元，第一场演出的收入为 203.7 万元，可变成本与收入的比例为 53.61%。如果增加一场演出，在票价不变的情况下，可以出售 53.61% 以上的门票，即 1287 张以上，则增加一场演出是值得的。但是，一个城市在相同的时间内，音乐会的观众群体基本固定，愿意欣赏音乐会的观众基本上都去参加第一场音乐会了。因此，极少在一个城市同一时间举办同一人的多场音乐会。

第三节　增加表演利润的措施

2018 年，我国文艺表演团体收入中政府和基金补贴收入占总收入的 29.59%。如果政府减少补贴，或者私人减少捐赠，艺术团体就没有办法弥补财务赤字从而被动地倒闭吗？面对成本攀升的压力，艺术表演公司可能会逐步改变保留剧目或制作过程来寻求节约成本的方式，剧团会调整生产要素的使用，减少相对昂贵的生产要素的使用量，以降低生产成本。例如戏剧制作商上演需要演员少的剧目，或者上演只用单一布景无需分场的剧目，或者放弃票房收入不理想的艺术创新表演而上演传统艺术节目，以避免创新表演的高成本。出于对票房收入的考虑，交响乐团和歌剧公司可能被迫放弃那些具有创新性或较难处理的演出，或减少排练时间、减少外聘演员或嘉宾艺人。芭蕾舞团可能减少对需要授权的音乐或舞蹈的运用，并避免制作需要精美舞台布景或服装的新作品。但是当艺术团体因为使用的人员太多而不再上演《哈姆雷特》，因为著名演奏家的费用太高而不再上演钢琴协奏曲时，观众可以选择的艺术范围减少了，这使得专业人士和普通观众都感到失望。

一、应对财务赤字的措施

（一）选择成本低的剧目

作为营利性组织，百老汇主要通过降低成本来降低财务赤字。希尔达·鲍莫尔（Hilda Baumol）和威廉·鲍莫尔（William Baumol）的报告提到在

1946年到20世纪80年代间,百老汇戏剧的平均演职员规模下降了50%,研究表明,百老汇制作的非音乐剧中的平均演员数量由1946~1947年的15.8人下降到1977~1978年的8.1人。他们还推断:无须舞台管理和更换背景的单幕剧数量有所上升。① 然而,制作成本受到控制的作品往往会变成拥有低额固定成本的综艺演出,影响了收益,因此,小制作的剧目未必能解决财务赤字问题。

(二) 增加演出场次

《茶馆》是北京人艺看家级别的演出,从1958年登上人艺舞台,经过60余年的打磨,今天已经是人艺人气最高、艺术级别最高的剧目之一。2018年,《茶馆》也经历了累计700场演出的里程碑。

2018年,北京人艺全年累计上演剧目30部,其中大剧场剧目17部,小剧场剧目13部,包含巡演在内全年共演出408场,票房4000余万元。

增加演出场次,可以摊薄剧本、作曲、排练等固定成本。事实上,以后增加的演出场次,基本上只需要增加演员工资和剧院租金、水电、保安等费用,这样可以大幅度降低演出成本。因此,成功的剧院总会有一些保留剧目,并不断重复这些剧目的演出。观众已经知道成功剧目的文化价值,剧目的文化价值不存在不确定性,经典剧目与其他戏剧的差异明显,观众不认为其他剧目可以替代经典剧目,因此,经典剧目具有垄断性,可以按照垄断产品定价。而新剧目的文化价值可能高,也可能低,观众在观看前不能确定新剧目的文化价值,判定剧目的文化价值需要较高的文化资本,并不是每个观众都具备判断文化价值高低的能力。在一个不确定的世界里,观众会把所有新剧目看作类似产品,因而新剧目垄断性较差,类似于完全竞争产品或者垄断竞争产品。经典剧目的盈利能力大于新剧目,所以艺术剧团会选择多上演保留剧目。而剧团也会不断推出新剧目,因为观众也有审美疲劳,剧团需要在新创剧目中打磨出新的经典保留剧目,才能保持剧团演出的永续性。

(三) 集约化发展

集约化发展有利于充分调动各种资源,创造更多经济价值。以音乐剧产

---

① 百老汇舞台剧的内容参见:[美]詹姆斯·海尔布伦、查尔斯·M. 格雷著,詹正茂等译:《艺术文化经济学》,中国人民大学出版社2007年版,第161页。

业为例,该产业已经形成了由制作人、经纪人、主创人员、表导演人员、舞美操作人员、舞台特效人员以及从事商业策划宣传、票务营销、衍生品设计制作销售人员等组成的规模庞大、组织严密、操作规范的从业者队伍。现今的音乐剧已经发展到"巨型音乐剧"时代。被誉为史上最成功的音乐剧《猫》,截至 2009 年中,在百老汇直接票房收入 3.29 亿美元,全球直接票房收益高达 22 亿美元,[①] 这个数字还在不断增长。当下戏剧产业要获取票房的高回报,得到更丰厚的衍生收益,走集约化发展之路,充分发挥高科技与商业运作人才的优势是必不可少的。

(四) 戏剧产业的全球化战略[②]

百老汇制作人选择优秀剧目不局限于国内,20 世纪八九十年代,英国西区剧场音乐剧兴起,英美在文化上有着相似性,至此百老汇与伦敦西区相互借鉴,长期合作,构成了音乐剧"英美综合文化景观"。《歌剧魅影》《猫》的音乐主创是英国人安德鲁·劳德·韦伯(Andrew Lioyd Webber),《猫》在 1981 年英国的新伦敦剧院引起轰动后,立即被商业嗅觉敏锐的百老汇制片人相中,翌年移师百老汇,经过包装成为百老汇剧院常演不衰的经典剧目,之后通过世界巡演扩大声誉,获得了全球性经济收益。

二、交响乐团的成本缩减[③]

美国的交响乐团长期以来都以 NPO 的形式存在,大乐团有稳定的捐赠者资助,大多以业余演员合作形式组成的地方社区性乐团也能获得捐赠。

财务赤字带来成本缩减的压力,成本缩减对交响乐团造成很多影响。乐团的乐手绝非容易知足的艺术家,为争得更好的雇佣条件,他们多次举行罢工,提出各种很高的要求。这些要求包括增长底薪(许多乐手通过谈判得到了更高的底薪),以及向他们支付每年 52 周而非短短一个演出季节的报酬。后边的要求增加了乐团的整体预算和固定支出的比例。分布于全年的额外演出边际成本较低,因此四下寻找进账的管理层想方设法增加额外的季节

---

① [美] 理查德·E. 凯夫斯著,康蓉、张兆慧、冯晨、王栋译:《创意产业经济学:艺术的商品性》,商务印书馆 2017 年版,第 430 页。
② 范煜辉:《美国百老汇戏剧产业启示录》,载《艺术评论》2010 年第 11 期,第 53~55 页。
③ [美] 理查德·E. 凯夫斯著,康蓉、张兆慧、冯晨、王栋译:《创意产业经济学:艺术的商品性》,商务印书馆 2017 年第 1 版,第 436 页。

演出、夏季节日、巡演、到邻城的"走穴",以及为商业捐赠者演出的私人音乐会。其他乐团则通过向地方学校、教会和其他团体的项目派送演员的方式,利用增加演员的服务来对公众进行感情投资。

唱片录音合同一度是美国交响乐团收入的重要来源,但随着古典音乐唱片需求的减少和以往高质量 CD 数量的积累,这一来源正在减缩。美国乐团比欧洲竞争者的录音价格要贵 40%~50%,尽管多年来这些差距有所减小,但美国音乐家协会并未允许降价,这使得乐团和唱片公司的合作越来越困难。费城交响乐团 1996 年与百代唱片公司签约失败,令演员们丧失了每人每年 6000 美元的保证金收入,这引起了一场不满的罢工。另一家企业性公司路易维尔交响乐团只录制全新或以前未曾录过的现代曲目,这一做法在演出已经吸引到了足够的资金资助之后也延续了好几年,然而,这对于交响乐团的本地观众也有负面影响,即他们必须让自己的耳朵忍受现代的、有时质量也不那么高的作品。

思考题:
1. 怎样衡量艺术表演的产出?
2. 艺术表演的成本有哪些?
3. 怎样应对艺术表演的财务赤字状况?

第十一章

电影的生产

电影的制作、融资和发行过程涉及多方利益,是一个复杂的项目运作过程。其中既有纯粹的市场行为,又有项目组内部类似企业管理的行为。这一过程用各种不同的契约组织起来,契约的不完全性容易产生要挟行为。电影剧组的运行是团队生产过程,团队中每个成员的工作难以计量,因而容易滋生机会主义行为。不完全契约和团队生产中存在的问题不能有效解决,电影就会失败。由于电影收益的不确定性,电影投资的风险较大,要求较高的回报率,分散化的投资可以降低具体电影项目的个别风险,电影导演和演员名气可以成为融资的无形保证,这提高了导演和演员在剧组中的地位。

第一节 电影制作的组织形式

我们首先看看电影的制作过程和组织形式。电影与戏剧制作的组织形式明显不同,产生差异的原因是什么?

一、电影价值链

电影的价值链是指从投入资本到收回资金的过程,包括制片、发行、放映和衍生品开发等环节。典型的电影价值链是制片—发行—放映过程。

一般商业电影的制作大致可分三个步骤:第一步是拍摄前的工作,包括提构想、写故事、分场大纲、签导演、列预算、编剧本、看外景、找演员,以及决定制作小组的成员。第二步是拍摄中的工作,即在导演的指挥下采用密集作业方式进行，并由执行制片监督经费开销、拍片进度和一切行政事宜。第三步是拍摄后的工作，包括剪接、配音、配乐、设计字幕、制作预告片，以及展开上片前宣传等。

在整个电影的制作过程中，制片人是核心运作者。制片人通常是指电影制作公司的负责人，制片人统筹整个电影的制作过程，从融资到电影的拍摄和制作，还有后期的电影发行和票房分成。制片人是投资方的代理人，要尽力确保投资人的利益。

电影制作完成以后，发行人负责电影的宣传和发行。电影发行是指影片的出售、出租活动，是发行人的业务，发行人相当于一般制造业公司的市场营销部门。

电影放映，就是把影片上记录的形象和声音，通过技术手段还原表现出来。电影放映是一种具有垄断性的行业，经营者为发展和保护其经营利益，在某些城市或地区掌握相当数量的电影院，建立放映网络。2002年，中国电影实行院线制。电影院线是指以影院为依托，以资本和供片为纽带，由一个电影发行主体和若干电影院组合形成的一种电影发行放映经营机制。院线对旗下影院实行统一品牌、统一排片、统一经营、统一管理。

制片人和发行人、放映方三方之间的分成，则要看各方的竞争实力，竞争实力强的一方分成高。

二、电影制作的组织形式

电影制片过程的第一步是电影剧本的准备。组织形式是制片人或者经纪人与剧作家之间签订合同，如果故事源于以前的文学作品（小说、故事或舞台剧），制片人就会采用优先购买权合同形式，保证在电影剧本开发阶段有机会得到该故事的版权。如果是导演或制片人首先提出想法，就会请一位编剧将其写成剧本。

如何将主要创作人员聚集到一起？制片人通常是首先聘请导演，其他演员的聘用由导演来决定。导演聘用演员的标准是该演员是否适合所需的角色，对于水平相当的演员来说，导演的选择主要取决于演员的个人素质。导演挑选演员时也要考虑演员的水平：花大价钱聘请明星是否值得？这取决于电影商业运作成功的主要影响因素是什么，有的电影票房依靠明星在观众心目中的地位，有的则是依靠原作的故事情节。大导演喜欢用青涩的演员，不

第十一章 电影的生产

仅仅是青涩演员的可塑性强,更重要的是著名导演本身就是票房的保证,电影票房不依赖演员阵容。

通常电影发行合同在电影尚未制作完成之前就已经签订,拍摄完成的作品随后转入发行公司,发行公司制定宣传推广和放映计划。发行商通常不止一家,在国内放映完毕后,电影随后可以转入其他放映渠道,如国外放映、制成录像带销售、在收费电视节目中放映,然后再到有线电视或电视网络中放映。[①]

电影制作的组织形式介于企业与市场交易之间,我们可以把它称为项目形式。项目形式是为了完成某一目标而把投入要素组织在一起,所需投入要素采取一次性合同组织起来。电影项目组由制片人根据电影制作要求和时间要求做出选择。电影剧组人员可能经常合作,但是合作形式没有约束性,一个电影剧组解散后,剧组人员是否再进行下一个项目合作完全取决于以后的合同。

而剧团则往往有固定的导演、编剧、演员和舞美设计,他们长期合作完成不同剧目编导、排练和表演,因此,剧团往往采取企业形式。

为什么电影制作和戏剧制作的组织形式不同呢?原因有三个:一是剧组人员的数量不同。电影剧组人员数量巨大,即使不考虑群众演员,各种专业人员的数量也很庞大;戏剧表演剧组的人员数量相对较少。二是产品的异质性不同。电影之间的差异较大,不同电影剧组需要的人才类型和演员风格迥异,两部电影往往需要不同的人员组成项目组;戏剧剧组需要的人员差异较小,相同的人员组合可以满足不同剧目的需要。三是合作的频率不同。一个剧目通常要演出多场,戏剧表演更强调演员之间的默契,这需要剧组成员多次合作;电影的拍摄是一次性行为,制作完成后,不需要剧组再重复制作,因此,一旦电影制作完成,电影剧组就没有必要继续存在。

要理解上述三个原因导致电影剧组和戏剧剧组的组织方式不同,需要用到新制度经济学中的交易费用理论。

交易费用是使用市场的费用和企业内部发号施令的费用,使用市场的费用称为市场交易费用,企业内部发号施令的费用称为管理交易费用。市场交

---

① 电影制作的组织过程以及电影组织中的问题参考:[美]理查德·E. 凯夫斯著,康蓉等译:《创意产业经济学:艺术的商品性》,商务印书馆2017年版,第134~135页。

易费用主要包括搜寻信息的费用、讨价还价和决策的费用、监督和执行的费用；管理交易费用包括建立、维持或改变一个组织设计的费用，组织运行的费用（企业内部决策、监督命令的执行、度量绩效的费用，代理费用，信息管理费用）。[①]

一般来讲，为了完成某一任务，无论是采取企业组织形式还是采取市场组织形式，都会发生市场交易费用和管理交易费用，究竟采取什么样的组织方式，取决于哪种组织方式交易费用之和最小。

对于戏剧来说，剧组成员人数少，管理交易费用小；而戏剧是现场表演，演员演出时不能出现差错，这就要求演员之间配合默契；一个剧目需要多次演出，固定的剧组不需要重复排练，采用市场交易方式临时搭配剧组很难满足配合默契的要求，新剧组要达到熟练配合就需要排练，而排练费时费钱。因此，固定剧组的管理交易费用和市场交易费用较小。

对于电影来讲，两部电影完全是不同的，拍摄一部电影的合作经验对下一部电影合作没有太大的帮助，这种电影的异质性使得电影演员长期搭档的必要性下降。导演、演员、编剧的高收入使得他们的个人所得税率达到了最高等级的45%，如果以企业形式组织电影制作，他们将缴纳高额的个人所得税；导演、演员成立自己的工作室或企业，再以企业形式签订合同完成电影制作，只需要缴纳25%的企业所得税，可以节约大量的税。

由于电影剧组的人员数量庞大，电影摄制耗费时间长，像电影《阿修罗》的拍摄就前后用了六年的时间，与主要演职员签订一个短期合同以保证电影拍摄过程中的顺利合作，可以减少签约数量，降低市场交易费用，因此，电影摄制一般采用项目组的形式。

三、电影盈利情况

（一）美国电影的盈利情况

在1983年，美国发行商的总收入中，电影院的总租金收入占39.2%，录像收入占13.4%，电视占47.4%。到了1993年，这些数字分别为18.6%、

[①] 关于交易费用的内容，可参见：[美] 埃里克·弗鲁博顿、[德] 鲁道夫·芮切特著，姜建强、罗长远译：《新制度经济学》，上海三联书店2006年版，第59~63页。

47.7%和33.7%。

根据29部成本超1亿美元的好莱坞影片的相关数据,电影研究学者费洛斯(Stephen Fellows)分析了这些巨作的收入情况。①

票房是这29部电影的最大收入源,但并非最大利润源。平均来看,在扣除销售税和影院分成后,片方可以收到北美票房的53%和国际票房的41%,票房收入约为1.69亿美元,再扣除用于影院发行的平均9800万美元的营销费用,只剩下约7000万美元。因此,尽管这些电影取得了平均3.732亿美元的总票房,包括1.299亿美元的北美票房和2.433亿美元的国际票房,但片方的毛利润只有不到一半。

在家庭音像发行方面,这29部电影平均每部取得了1.343亿美元的收入。除掉平均2190万美元的营销费用和3050万美元的制作成本后,平均净收益为8190万美元,居收入首位,利润率相较影院发行要高很多。

电视发行为这些电影创造了平均每部8690万美元的收入,而且电视发行的直接成本很低,通常只涉及少量发行费和律师费等,不涉及像影院发行和家庭音像发行那样高昂的制作费和营销费。付费电视频道创造的收入略高于免费频道,前者平均为1460万美元,后者平均为1330万美元。

视频点播不构成这些影片的主要收入来源。29部电影中,有约一半的视频点播收入占总收入的比例低于1%,即便是2011年之后发行的电影,该收入占比也只有4.1%。

衍生品开发方面,29部电影通过授权衍生品开发而创造的收入平均为1150万美元。但几乎2/3的衍生品开发收入来自两部超级影片,并且只有1/3的电影在这方面取得的收入超过100万美元。

除了上述来源外,这些好莱坞影片还有来自飞机播映、音乐等的零星收入,平均每部不超过270万美元。但取得这些收入几乎不需要直接成本。

根据费洛斯统计,这29部好莱坞影片的平均利润为1480万美元,利润率仅为3.7%。考虑到漫长的收入回收过程,这个利润率还要扣除通货膨胀率,实际利润率可能几乎是0。

---

① 彭侃:《票房不是收入的TOP1?好莱坞大片的成本、收入与利润分析》,载《凡影周刊》2016年8月11日。

具体到单部电影,有14部电影盈利,剩下的15部电影亏损。成本处于最低区间(1亿~1.25亿美元)的电影盈利表现最差,只有1/3盈利。而成本处于最高区间(超过2亿美元)的电影有3/4盈利。

(二) 我国电影的盈利情况

2018年,中国电影票房达到609.76亿元(约合89亿美元),中国共生产故事片902部,银幕总数达到60079块,城市院线观影人数达到17.16亿人次,国产电影票房达到378.97亿元。数据显示,无论是票房产出,还是电影生产,中国电影依然保持了较好的发展态势,稳居世界第二大电影市场的位置。

在2018年中国电影票房排名前10位的影片中,国产电影有6部,进口片4部。而在年度票房前五的电影中,国产电影则占了4席。票房排名前三的《红海行动》《唐人街探案2》《我不是药神》,单片票房均超30亿元,其中《红海行动》和《唐人街探案2》均跻身2018年全球电影票房榜前15名行列。但是,2018年电影市场两极化现象更加明显。年度票房排名前6的影片,即票房超过20亿元的影片几乎贡献了全年电影票房的三成。与此同时,单片票房成绩低于1000万元的影片有331部,而这些影片的总票房仅占全年票房的0.9%。

2018年,由于"天价片酬""阴阳合同""税收风波"和"资本撤离"等众多问题,加速了影视资本市场的清源和调整。万达电影股份有限公司、光线传媒有限公司等影视公司的市值均呈下滑趋势。作为传统五大民营公司巨头之一的华谊兄弟传媒股份有限公司因《江湖儿女》《狄仁杰之四大天王》等片均未取得预期市场效果,这一年的市值跌幅也达到了46.92%。北京京西文化旅游股份有限公司虽因参与出品《我不是药神》和《无名之辈》等票房黑马影片,显示了其较高的电影项目把控能力,但这一年该公司依然有23.99%的市场跌幅。华人文化控股集团是汽车制造业跨界影视的公司,2018年其市场跌幅达到79.97%[1]。也就是说,电影投资是一个高风险的行业。

---

[1] 陆佳佳、刘汉之:《2018年中国电影产业发展分析报告》,载《当代电影》2019年第3期,第13~20页。

四、收入分配和成本

(一) 制片方和院线的分账模式

我国电影最初参考美国的分账模式（即片方和院线分账，美国由于片方强势，可分得65%~70%，这里的片方可理解为"投资人+制片人+发行人"），不过在比例上相差巨大，1995年《红粉》《红樱桃》等几部国产电影的制片方仅分成35%，电影公司和影院分成65%。2002~2006年，新画面电影公司利用《英雄》《十面埋伏》等拥有大量票房和口碑效应好的电影，将片方的分账比例提升至42%。根据国内的票房分账原则，扣除3.3%的营业税、5%的电影事业专项资金，剩余的91.7%为电影的"可分账票房"。在可分账票房中，电影院和院线提留57%，中影数字提留1%~3%的发行代理费，剩余的40%~42%才归制片方和发行方。

2008年，广电总局发出《关于调整国产片分账比例的指导性意见》，由当年票房冠军《赤壁》进一步奠定了片方原则不低于43%的格局。

2012年，中影北京发行分公司、华谊兄弟、天津博纳、星美影业、光线传媒等五家公司"逼宫"院线，要求2012年贺岁档上映的《1942》《王的盛宴》《大上海》《一代宗师》《十二生肖》《血滴子》等影片分账比例不低于45%∶55%，比之前提高了2个百分点。最终在国家电影主管部门的调解下，实行阶梯式分账。如《一九四二》票房在3亿元之内比例为43%∶57%，3亿~8亿元分账比例为45%∶55%，超过8亿元分账比例为47%∶53%。

在中国，院线方在签约中相当强势。2017年吴京为了拍摄《战狼2》抵押房产进行融资，然而受益依旧有限；王思聪只出了院线，反而整个投资收益不菲。

院线和影院分到的57%（假设3亿元之内）里面，院线和影院还要分账，院线能分得净票房收入的2%~7%，同时提取净票房收入的1%~2%，这部分称为"影院管理费"。影院分到的票房约为48%~54%。

影院不降低票房分账比例的原因是影院的强势市场地位。影院在当地处于电影放映市场的垄断地位，可以索取较高的垄断价格。当然，影院也要面对各种成本，其中主要的是房租成本，一般来说，影院的租金成本占其总成本的20%以上，相比而言，美国影院的租金成本仅为总成本的7%左右。我国影院的其余成本主要为运营成本、人员成本、税收等。影院利用其垄断地位将高房租和高运营成本转嫁给片方,这是院线和影院分成率高的经济逻辑。

从美国院线的营收来看,在美国真正能赚钱的部分也并非票房,而是食品饮料、衍生品等的收入,衍生品收入大概占总营业收入的30%。中国影院的衍生品收入只占总收入的10%,影院不能从副业中获利,提高了其要求的分成额。因此,影院坚决不降低自己分成,而且影院低报票房收入几乎是行业公开的潜规则,这无疑又减少了投资方的收入。

(二) 片方的分配

片方得到的分成收入要在投资方、发行方和剧组之间分配。投资方和发行方有可能是同一家电影公司,也有可能是不同的主体。

片方的分成收入首先弥补制作和宣传发行的成本,剩余的电影利润在投资方和制片人之间分成,具体分成比例则要看投资方和制片人在电影制作中的作用和市场地位。根据发行方的身份,发行方可能参与利润分成,也可能不参与利润分成。

如果电影成本和宣传发行成本过高,而票房分成收入低于电影成本和宣传发行成本,则电影将亏损,投资方的成本有可能得不到弥补,而参与利润分成的各方也就没有利润分成。

由于担心投资方在会计上造假,剧组成员可能会要求收入提成,而不是利润提成。

(三) 电影的成本

根据29部成本超1亿美元的好莱坞影片的相关数据,美国电影研究学者费洛斯(Stephen Fellows)分析了这些影片的成本情况。①

好莱坞影片的制作成本每年都在攀升,增幅远超过通货膨胀率。1995~2004年,制作成本超过1亿美元的好莱坞电影共60部。然而到了接下来的2005~2015年,这一数量激增至197部。高制作成本电影数量的猛增意味着电影平均制作成本的攀升。好莱坞似乎也注意到了这个问题,近几年的电

---

① 彭侃:《票房不是收入的TOP1?好莱坞大片的成本、收入与利润分析》,载《凡影周刊》2016年8月11日。

影成本出现了下降趋势，2014年和2015年制作成本超过1亿美元的电影都是21部，远低于2011年高峰时的34部。

电影制作成本中，制作和营销成本最多，费洛斯对这部分数据进行了详细的分析。这29部影片的平均总成本达到了4.17亿美元，其中平均制作成本为1.5亿美元左右，而平均营销成本高达1.21亿美元，说明营销在当代好莱坞电影的运作中占据重要地位，其余的则为管理费用和财务费用。这29部影片中，营销成本占总成本比例最高的是40%，最低的也有24%。

物理拷贝、音像产品的制作及其运输成本每部平均为6780万美元。正确估计所需拷贝和音像产品的数量很重要，尤其是在采取了"可退货"销售政策的DVD市场。2005年时，梦工厂制作了500万套《怪物史莱克2》的DVD，但销售惨淡，直接导致其当季收入目标未能达成。

这29部电影中，平均每部有3660万美元用于收入分成支出，收入分成基本上都由导演、制片人、编剧、主演等关键主创人员获得。对好莱坞大制片厂来说，收入分成的机制可以帮助其降低前期财务压力；而对主创人员来说，也是一种创作激励。这29部电影中，盈利的影片平均有9%的收入用于分成，最高的一部达到了18%，即使是亏损的影片也有平均5%左右的收入用于分成。

主创人员会要求参与"收入分成"，而非"利润分成"。这是由于在会计系统的运作下，一些原本大赚的电影也可能变为亏损。

好莱坞还需要向由各类工作人员组成的工会支付一定的红利，这29部电影平均每部支付了1176万美元工会费。此外，好莱坞电影公司的运营成本也会分摊到各部电影中，分摊到这29部电影的是平均每部1483万美元。

第二节 不确定性与融资

一、票房收入的不确定性

电影投资的不确定性表现为：电影能不能顺利制作完成不确定，制作完成的电影能不能顺利通过审核在院线上映不确定，上映的电影票房是多少不确定。

2018年的国产电影市场,从《红海行动》《唐人街探案2》到《我不是药神》,单片报收30亿元已不再罕见。然而,就在票房神话不断上演的同时,赔钱的电影也频频出现。截至2018年12月,国内已上映的477部电影中,178部电影票房未过百万,占全年上映电影总数的近四成,甚至有影片仅获得1000元的票房。

猫眼专业版数据显示,2018年国内电影市场票房未过百万的178部电影票房相加仅为3877.8万元(见图11-1)。

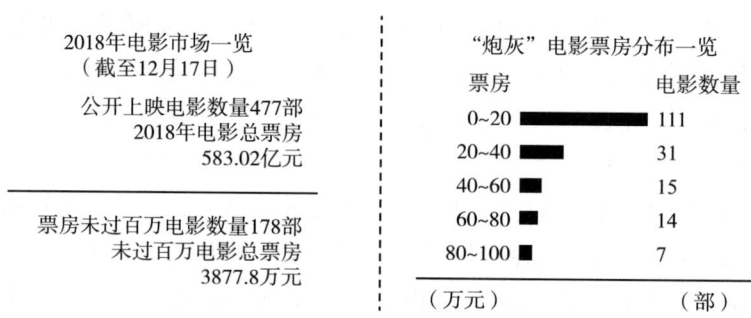

图11-1 2018年电影票房分布

近四成电影票房相加约为总票房的千分之一,单部电影的票房就少之又少了。其中,《笑神穷不怕》《无法触碰的爱》《青春正蓝》《铁笼》《轻轻握住你的手》《正好的我们》《心灵救赎》等15部电影票房未过万元,最低的《亭城之恋》仅获得1000元票房。

二、风险厌恶和分散化投资

投资电影的风险在于回报的不确定性,未来的票房分成收入有多种可能,为了便于分析问题,我们假定电影投资的回报率有两种可能 x、y,每种结果出现的概率为 β、1-β,则期望回报率为 βx+(1-β)y,如果投资商融资的成本是 a,那么是不是只要 βx+(1-β)y>a,投资商就会投资呢?经济学理论告诉我们,如果投资商是风险厌恶的,也就是说在不确定情况下的期望回报率 βx+(1-β)y 并不如确定情况下的回报率 βx+(1-β)y 带给投资商的效用大,那么要想让投资商投资电影,电影的投资回报率就应该高于 a,这个高于 a 的部分叫作风险溢价。根据资本资产定价理论,风险溢价的大小取决于电影行业风险水平和资本市场的风险溢价水平。

投资方毕竟是投资于具体的电影项目,投资的风险是由具体项目带来的,为什么电影投资的风险溢价取决于行业风险水平呢?这是因为具体项目的个别风险可以通过投资组合抵消掉。作为融资平台,制片公司投资于很多高风险项目,这样总的现金收入就比较稳定。

我们假定投资一部电影可能有两种回报率:如果盈利,投资者得到150%的回报率;如果亏损,投资者得到 -20%的回报率;盈利的概率是20%,亏损的概率是80%。则投资这部电影的期望回报率就是:

$$20\% \times 150\% + 80\% \times (-20\%) = 14\%$$

我国的无风险融资成本是3.5%左右,从同花顺可查得,影视制作行业从2010年1月到2019年9月的市场风险为0.8327,我国的资本市场风险溢价大约是7%,资本市场要求的电影行业风险溢价是 $0.8327 \times 7\% = 5.83\%$,那么投资回报率必须达到9.33%,投资电影才是合算的。

我国上市公司影视节目制作行业2010~2018年的加权净资产收益率如表11-1所示。

表11-1　　　　　　　加权净资产收益率　　　　　　　单位:%

公司名称	2010年	2011年	2012年	2013年	2014年	2015年	2016年	2017年	2018年
当代明诚	9.87	9.38	3.97	0.89	0.71	7.32	5.54	5.21	6.66
中国电影	—	23.83	21.23	13.29	13.44	20.10	13.87	9.55	13.83
中广天择	—	—	3.03	10.11	14.72	13.92	12.80	15.45	5.11
当代东方	—	—	72.95	4.08	33.32	61.71	0.55	0.57	4.22
北京文化	1.73	1.41	3.33	3.88	8.97	2.27	16.19	6.71	6.61
欢瑞世纪	—	—	25.69	-10.89	-57.34	35.87	24.89	14.51	9.89
长城影视	5.69	4.29	-16.63	2.08	26.70	22.28	31.94	18.70	-92.99
*ST印纪	-4.97	13.65	2.04	-5.00	51.37	43.25	37.72	29.51	-88.51
慈文传媒	8.99	7.12	6.21	4.43	4.57	23.10	24.17	25.31	-53.21
ST中南	17.03	7.86	3.87	5.28	6.55	6.96	8.15	7.12	-64.05
鼎龙文化	20.18	5.80	4.99	3.60	3.80	6.50	9.28	10.90	-45.32
华谊兄弟	9.89	12.61	12.73	20.77	20.40	13.67	8.45	8.79	-12.03

续表

公司名称	2010年	2011年	2012年	2013年	2014年	2015年	2016年	2017年	2018年
华策影视	25.23	12.45	15.64	15.87	12.65	11.92	7.79	9.55	3.06
捷成股份	43.20	12.48	13.84	16.83	15.49	18.90	12.59	11.32	0.95
光线传媒	49.61	19.64	16.59	15.70	13.08	7.04	10.67	10.98	16.25
华录百纳	32.12	49.23	14.81	12.46	9.88	7.11	8.26	1.73	-73.04
新文化	29.00	32.91	18.52	13.01	12.68	10.24	9.73	8.47	1.06
唐德影视	—	32.46	33.47	27.90	28.27	14.98	18.85	17.20	-126.66
幸福蓝海	—	33.95	11.11	11.00	7.21	8.69	7.54	5.96	-32.51
平均	19.04	17.44	14.07	8.27	8.41	11.18	14.16	11.45	-27.40

资料来源：当代东方的数据来自巨潮资讯网，其他数据来自同花顺资讯。

从表11-1可以看出，除了2018年，影视制作行业上市公司的平均净资产回报率都高于8%。

当然，表11-1中的净资产回报率只包含了上市公司的财务数据，由于上市公司的专业性强和规模经济、范围经济等原因，上市公司可以通过多样化投资分散风险，其净资产回报率相对较高，可能高于整个电影行业的平均投资回报率。

三、融资方式

现在的大型制片公司保持了两项最基本的功能：电影项目融资和电影发行。独立制片人可以与制片公司签订融资、发行合同，或是单纯签订融资合同。只要能够筹集到资金，发行合同也可以等到电影开拍或是拍摄完成之后再签订。延后签订发行合同可以向发行商提供更为确定的作品，这样可以取得更为优惠的条款。

制片人（或许）需要选择用何种渠道进行融资——制片公司融资还是独立融资。我们首先讨论制作—融资—发行合同。① 这种合同是指制片公司同意出资资助电影的制作，并负责向某些或是所有放映渠道推广电影的发行

---

① [美]理查德·E.凯夫斯著，康蓉等译：《创意产业经济学：艺术的商品性》，商务印书馆2017年版，第164~169页。

工作，最终与制片人或是其他参与者共同分享所得纯利润。制片公司通常可以得到利润的50%，制片人和其他参与者可以得到余下50%的纯利，这一条款还要视制片人与剧组主要创作人员所签订的协议方式而定。

这种制作—融资—发行合同与购买权合同的结构相同。电影项目发展到任何阶段都需要成本的投入，即使出现了前景不看好的情况，也可能会做出继续投资的决定。如果制片公司在任何阶段决定放弃，项目就会进入"停滞期"。如果希望继续电影的拍摄工作，制片人可以优先买下电影的一切产权，并支付制片公司的成本费用、管理成本。同样，发行商对于采取何种方式或是投入多少资金推广电影通常采取十分保守的态度，他们甚至不对一部成品电影的发行工作做任何承诺。

因此很多制片人放弃制片公司的融资手段，他们主要通过向国外放映商、电视网络或是其他途径出卖放映权的手段来获得资金。电影导演认为这种分散融资的办法具有很大的优势，过去在制作—融资—发行模式下，导演的艺术选择必须服从于电影的商业价值，因而限制了他的个性发挥，现在则没有任何一方能够左右导演的艺术选择了。制片人能否为电影融到资金最终取决于他是否能够让出资人相信电影的利润回报能力。独立制片人在融资时，也可以采用向国外电影系列展销会、录像带发行商等预售电影发行权的方式。得到最低的资金保证之后，独立制片人可以转向银行贷款。

四、融资的风险规避

电影融资中的风险担保机制包括第三方担保和融资方担保。电影融资合同中一项颇为显著的办法是设立拍摄完成保证金，它是由第三方为独立融资电影提供的一种业务，是制片公司以此来担保其自筹资金的电影项目。电影投资人通常要求设立这笔保证金，如果制片人或导演拍摄电影超过了预算费用或是逾期没有将电影拍摄完毕，余下的电影可以由第三方接管，完成电影的拍摄工作。担保人可能会占有本属于制片人和导演的收益（有时甚至包括他们的现金收入）。他收取电影摄制预算的6%作为担保费，如果拍摄结束后没有启动担保程序，担保人还要将其中的3%返回给制片人。担保人很少涉足电影的拍摄，但是他的存在可以保证制片人和导演在追求艺术的过程中必须要考虑成本控制问题。他们不这样做，就会丧失对电影的控制权。

当电影导演成为融资主体时，导演的文化资本可以为融资提供担保，导演的文化资本从以下三个方面提供融资担保。[①] 第一，电影的获利能力是电影获得投资的必要担保条件，在现行的电影收益分配体系下，导演需要向投资者表明，特定电影的获利潜力可以弥补电影制作和发行的成本，即电影的增值倍数可以超过 3~4 倍。投资者所占有的电影股份与电影获利能力呈现反向相关性，即电影获利可能性越大，投资者可能占有的收益比例越小。当投资者相信电影的获利能力后，最重要的因素就不是电影可能的获利潜力，而是导演的组织能力。第二，导演组织管理剧组的能力是投资者最为关注的因素，成为融资担保的重要组成部分，成名导演由于组织能力已经得到证实，因此获得的融资机会远远超过新晋导演。为获得投资者信任，导演需要证明自己拥有导演资本。导演履历是导演资本的重要证明，同时还需要证明实现当下电影创意的可行性。如果导演能够找到已经成名的制片人与自己组成团队去共同融资，将可以大大增强投资者的信任，实际上成名导演的履历就是对于电影投资可信的担保。如果导演资本被资本市场认同程度提高，导演让渡给投资者的单位投资收益要求权也将下降，导演自有投资就可以忽略不计。第三，导演想要拍摄电影处女作，往往需要投入自有资本来为外部投资者担保，从而弥补自己的电影创意和导演能力显示不足的弱点，这正是导演自有投资的基本功能。导演倾向于将电影拷贝和版权的要求权授予投资者，以便用自有投资为外部投资者提供担保服务，实际上，如果电影票房不好，电影的产值可以忽略不计。导演自有资本投入会增强外部投资者对于电影的信心。如果导演投入的自有资本比例提高，导演让渡给外部投资者的单位投资收益权就会下降。如果电影全由导演投资，虽然没有问题，但是实际案例表明，导演自有投资存在一个最优比例，超过这个比例，导演自己的风险就大大增加了。实际上，职业导演并不需要自有投资。

第三节 机会主义与电影的失败

电影制作的机会主义行为得不到有效控制，会导致电影质量下降、成本

[①] 导演的三方面融资担保功能参见：林天强：《从制片人中心制、电影作者论到完全导演论——对好莱坞、新浪潮和中国电影新生代的一个模型推演》，载《当代电影》2011 年第 2 期，第 110~116 页。

上升,这是电影失败的根本原因。

一、不完全契约和优先购买权合同

(一) 不完全契约

电影剧组是通过一系列契约联系在一起的。完全地、毫无成本地执行契约是不可能的,签订的契约条款不能充分考虑到签约双方以后的种种情形,因此,即使是明文规定的条款,也往往存在含糊不清的地方,这就是契约的不完全性。

产生不完全契约的原因如下:首先是不确定性的存在。将来可能出现大量偶然的、不期而遇的事件,这些事件是难以事先估计到的。其次,签订完全契约的成本是高昂的,即使能事先估计到未来的所有情况并在契约中拟定相应的条款,其成本也是高昂的,而且这些成本往往是不必要的,因为,从事后来看,许多可能性与契约并没有多大的关系。最后,契约条款的执行存在许多困难,要清楚地进行考核,必须花费大量的费用。因此,追求利益最大化的交易者签订不明确的即不完全契约就符合理性愿望。在很多情况下,默契契约比明示契约具有成本上的比较优势。

不完全契约使得交易者在事后可以利用种种手段对交易伙伴进行要挟,这是一种机会主义行为。对于这种行为,契约各方显然是可以事先部分意识到的,这种事件一旦发生,另一方将遭受到很大的突如其来的损失,在签订契约之前,交易者在事先就会想办法使事后的要挟行为发生的可能性最小。

要挟行为并不是长期均衡现象。要挟行为发生的可能性取决于要挟的收益和成本以及要挟的机会。交易一方投入的专用性资产越大,则专用性资产产生的可供要挟的租金越多,要挟行为的收益越大;如果第三方监督可行、信誉对未来的交易影响较大,要挟的成本就较高;一体化和契约的自我执行则降低了要挟的机会。

受欺诈的一方可以通过中止商业关系等手段防止机会主义行为,如果一个交易者从一种交易中所得到的收益大于要挟的获利,他就不会进行要挟。这种利用未来的商业机会把要挟的损失加于欺诈者身上,以促使他履行契约条款的机制，就是自我履行契约机制。[①]

（二）电影的分步制作

电影制作中的优先购买权合同和利润分成就是一种自我履行契约机制。

电影制作和发行过程的各个阶段，通常通过优先购买权合同联系在一起。优先购买权又称先买权，是指特定人依照法律规定或合同约定，在出卖人出卖标的物于第三人时，享有的在同等条件下优先于第三人购买的权利。优先购买权合同一般规定最初需要支付商定购买价格的10%。最终产品是通过几个阶段的投入产生的，每一步所需要的努力和费用一旦投入便不可挽回，对于理性的项目投资人来说，项目最初预算的收入价值必须超过它的预计成本投入。

假设在最初预算中，项目值得做但没有多少利润，制片人的第一步就是投入10%的项目总体预算成本，完成电影项目的一些基本要件，如剧本、场景设置、工作样片（摄制完毕但未经剪辑的电影底片），然后重新对项目进行审核。如果这些工作能产生预期效果，或是超出预期的效果，那么决策人很容易决定进入第二步投入。如果第二步投入项目的预期效益下降，但是前期的投入已经成为沉没成本，只要第二期投入后的预期收入金额仍然超出第二期及以后的投入成本，那么购买权的持有者就会选择继续投入。

成本依次投入，产品质量的信息也逐步获悉，如果根据过去的进展来看项目可能会亏损（不考虑沉没成本），理性的决策者是不太可能在这种情况下将项目完成的，这也说明了为什么有的项目在投入巨额资金后还要最终放弃。在电影拍摄完毕之后，电影发行以及推广费用还没有投入，这两项费用大约占影片总费用的30%。如果预计未来的收入额低于余下的电影推广和发行费用，那么这部电影就不会上线。电影发行人也可能会改变经营策略，降低发行成本，甚至是所谓的"裸发行"，这样预期收入可能会大于最后所投入的发行成本。

---

① 关于不完全契约和团队生产理论的总结，参见：程恩富、伍山林：《企业学说与企业变革》，上海财经大学出版社2001年版。

（三）剧本的优先购买权

根据凯夫斯的研究，[①] 文学作品或是制片人的想法要改编成电影剧本必然由剧作家来完成，这一过程存在着严重的要挟问题。改编电影剧本的灵感并不是每天都有，计时工资会导致编剧出工不出力或过分修饰剧本的现象，甚至两种情况同时存在。剧作家的报酬也不能以剧本质量水平为标准来衡量，因为不存在"优秀"剧本的客观标准。没有对电影制作的其他投入和过程的全面了解，剧作家无法确定合乎要求的作品。如果由制片人来决定电影剧本的质量，那么制片人就可能滥用评价权力，要求编剧不断修改剧本。通常的解决办法是把编剧过程分为几步签订合同，并且在合同中大致确定每一步应该达到的标准，在每一阶段，购买方都有权决定是否继续下一阶段的合作。制片人可以购买剧作家对剧情的描述，或是带有对白样本的剧情摘要。如果这一步得到认可，那么下一步剧作家就可以得到一笔经费将故事情节改编成一部完整的初稿。之后需要对不连贯的部分进行反复修改，每一步的修改价钱都是不一样的。制片人可以结束与一个剧作家的合同，雇佣其他剧作家对剧本进行"修改"或"润色"，或聘请某些方面的专家负责专项修改，如对玩笑或对白部分进行修改。

将一个电影主题改编成剧本，需要首先确定作品中应该赋予的思想感情，制片人在挑选剧本以及考虑发行商是否对此项目感兴趣时，电影主题很可能会被泄露给其他人，这一过程中就会出现机会主义行为。将主要剧情在作家联盟中登记，这是剧作家保护自身合法权利的有效途径；剧作家的另一种自我保护办法就是由剧作家的经纪人负责监督，尤其是该经纪人公司代理的其他人才中还有与同一制片人合作的可能时，这种监督更是必不可少。这是使用第三方监督机制降低发生机会主义行为的风险。

在 20 世纪 80 年代，剧作家为了得到最大利润，出现了拍卖构思阶段剧本的现象，拍卖构思阶段剧本需要多次对剧本进行重新修改，但是剧作家和他的经纪人可以得到众多竞争者中的最高竞价。曾经有一段时期，剧作家的经纪人们改进了拍卖条款，将制片公司审查构思阶段剧本的时间缩短到一天

[①] ［美］理查德·E. 凯夫斯著，康蓉、张兆慧、冯晨、王栋译：《创意产业经济学：艺术的商品性》，商务印书馆 2017 年版，第 153～155 页。

左右，这样，制片公司缺少仔细斟酌剧本的时间，在众多竞争对手的相互竞争下，它们就更容易以高价钱购买剧本。

但优先购买权合同不适用于畅销小说或其他很有可能被拍制成电影的文学作品，这种作品的版权通常采取直接对外拍卖的方式。这是因为畅销小说的主题已经得到市场的认可，不存在创作方面的机会主义行为，也就不必实行优先购买权合同。

（四）演员的机会主义行为

称职的演员可以引起观众对电影各个方面的好感，但是演员是否适合一个角色并不完全取决于他在观众心目中的形象，制片人必须保证电影创作团队内部成员之间关系的融洽，即剧组成员的相互配合，这种相互配合因素赋予了最后一个签约进入剧组的人员更大的讨价余地，最后一项工作没有做到位，那么前面的所有工作必然功亏一篑，为了保证最佳的团队组合，前面做出投入的人员就会做出让步，后进入人员可以使用"机会主义行为"为自己争取更大的利益。剧组主要创作人员的数量增加，拍摄电影过程中出现的问题也会增加，这些主要剧组人员通常要把自己的理解和欣赏角度带到电影创作中，他们对电影的不同理解必然会影响到电影的创作质量，这不利于电影的制作。

最后一个进入剧组的人员所具有的优势可能导致合同缺乏可靠性，任何电影项目都必须制定时间计划，主要剧组成员的如期到位是项目按时完成的保证。时间安排是硬性的，否则一些迟疑不决的成员就会离开去拍摄其他电影，这给一些演职员提供了利用机会主义行为牟利的可能，但是个人信誉可以避免严重的欺诈行为。由于担心自己的时间被别人的机会主义行为挤占，剧组人员会要求签订应约即付款合同，即如果演员同意接受电影中的角色，不管演员是被替换了还是电影被取消了，制片人都必须付给演员一笔酬金。制片人一旦与演员签订了应约即付款合同，他就面临着更大的误工风险，尽管这种应约即付款契约可以重新安排，比如可以转移到其他项目或是卖给其他制片人。

与导演签订的应约即付款契约出现的问题更多。一旦聘请了导演，导演就要成为电影剧组的协调者，承担起剧组工作人员的选拔工作，如果其他剧组成员的组建工作尚未完成之前就与导演签订应约即付款合同，制片人就会面临工期延误等风险。所以在项目启动阶段，制片人可以与导演签订项目开发合同，导演有偿协助剧组成员的组建，但是如果电影开始拍摄的日期没有最终确定下来，导演有权利接受其他邀约。导演合同中的另外一个比较敏感的问题是在拍摄工作完毕之后，导演对电影进行"剪辑"或编辑的权限。导演很重视电影剪辑的控制权，因为这能够巩固导演对电影的创作观点。然而，导演可能不具备专业剪辑人员所特有的技能和客观性，导演如果希望得到对电影编辑的控制权，他必须要首先掌握职业编辑所具有的核心技能。剪辑工作对电影商业运作的成功性和预期利润回报至关重要，这是艺术追求和商业利益之间最容易产生冲突的环节。通常的解决办法是授予导演"初次剪辑"的权利，但同时也允许制片人不采纳导演的意见。

二、团队生产和剧组管理

一旦电影剧组开始工作，剧组成员就要合作摄制电影，这就构成了团队生产。团队生产是指：使用了几种类型的资源；产品不是每一个参与合作的资源分别生产的简单加总；团队生产使用的资源不属于同一个所有者。

团队生产必然存在计量问题，即如何使每种资源的报酬和其生产率一致。我们对于按劳分配原则很熟悉，但是如何衡量一个团队中成员的劳动贡献，并不是一个容易解决的问题。

在监督存在成本的情况下，剧组成员存在偷懒的积极性；由于个人的收入和闲暇都为他带来效用，个人会在两者之间做出选择，调整工作时间与报酬，使闲暇与收入的边际效用相等；在团队中，对个人行为的观察、检测、监督、衡量和计量存在费用，享受更多的闲暇对剧组成员有吸引力；剧组成员偷懒的成本，有一部分将由其他成员来承担，机会主义的私人成本将低于该行为的全部成本。

并非大成本、大导演、名演员堆积的电影就是好电影，华谊兄弟拍出的一些大制作影片收益并不好，反而一些没有名气的剧本、导演及演员团队最近两年频频爆火，比如《战狼2》及《我不是药神》都是小成本制作的电影，因此关键还是团队生产的效果和成本。电影剧组中的问题是如何向剧组成员支付报酬以诱使他们有效地工作。由剧组中的某一个人作为监督者来检查团队成员投入的绩效是减少偷懒的一种方式。监督者的监督包括以下内容：衡量产出绩效，按比例分配报酬，观察成员的投入，做出剧组成员做什么和怎么做的指令。监督者是获得剩余报酬的专家,他通过监督来减少机会主义行为以增加他的剩余报酬。监督者除了获得剩余报酬外,应具有一些必不可少的权利,如修改契约,给予个别成员激励,必要时单方面终止任何剧组成员的契约。在剧组中,制片人代表投资方的利益,获取剩余索取权,制片人是承担监督者责任的最好人选。

在好莱坞,制片人的地位是最崇高的,他对电影的理解比导演还要深,他的素养完全可以胜任一个好导演的工作,在电影的创作上,制片人是决策者。制片人的工作横跨电影创作与经营管理两大领域:从找故事、定剧本、找投资,确定导演、演员,到电影拍摄完毕后负责电影剪辑、音乐等后期工作,最后则是电影进入市场的宣传和发行。因此,奥斯卡的最佳影片奖向来都是授予制片人而非导演,奥斯卡也从来都是制片人的游戏,每一部被提名的影片,每一个被提名的电影人背后,总有一个运筹全局的制片人。

正是基于制片人的专业能力,好莱坞才能如此高效地拍出一部部经典影片,电影投资也更容易成功。中国的电影剧组非常缺乏制片人负责制,更多是导演导向制或者演员导向制,这与我国的制片人水平低有关。不懂电影的制片人来操作电影制作,不仅难以搭建合适的团队,也难以管控拍摄中的费用支出,常常让很多钱浪费在不该花的地方。

三、失败的电影制作

因为电影市场具有很大的不确定性,人们无法根据过去的绩效确定应该投入的金额。电影的失败是源于管理中的问题吗?为什么有的超级巨片得不到观众的认可?我们通过几个案例研究电影失败的原因。

(一) 失败电影的案例

1. 《天堂之门》[①]

联美公司是这部电影的主办单位,在经历这部电影的惨败之后,联美最终被拆分拍卖。导演迈克尔·西米诺(Michael Cimino)接手这部电影之前成功地拍摄了电影《猎鹿人》,该片除获得五项奥斯卡奖外,还获得了其他

[①] 《天堂之门》案例改写自:[美]理查德·E. 凯夫斯著,康蓉、张兆慧、冯晨、王栋译:《创意产业经济学:艺术的商品性》,商务印书馆2017年版,第218~220页。

奖项。西米诺向联美提出电影《天堂之门》的一揽子合作意向书（此外还向 20 世纪福克斯、华纳兄弟提出合作意向书），意向书中确定了电影剧本（25 万美元）、西米诺的导演费（50 万美元）、与他合作的制片人乔安尼·卡洛里（Joanne Carelli）（19 万美元）、主要演员克里斯·克里斯托佛森（Kris Kristoffreson）（85 万美元，外加 10% 的纯利润提成）。克里斯托佛森是双方讨论的焦点，谈判过程中，西米诺常常以与华纳兄弟合作相要挟，因此他最终取得胜利。联美确定电影要在 1979 年圣诞节期间放映，完成这项要求必须要保证电影一切进展顺利且拍摄时间安排紧凑，西米诺因此趁机要求联美负责一切超额支出的费用，同时要求给予最优惠的条件（如个人花费、要求控制电影推广方面的工作等），联美因此失去了电影拍摄工作的财务控制权。电影开拍之初，电影预计投入就已经在原来的 750 万美元的基础上增长了 1 倍。当圣诞节推出电影的计划彻底破产后，花费总额已经达到了 3500 万~4000 万美元。联美开始掌控电影的财务控制权，西米诺不理睬这种监督机制。联美随后（在 1979 年 8 月）提出最多只能再投入 2500 万美元完成电影的拍摄工作，电影的播放时间应该限制在 3 小时以内，如果第一次编辑后的时间超过了 3 小时，联美就会剥夺西米诺对电影剪辑的权利，不然就要放弃电影的拍摄工作。电影拍摄工作在 1979 年 11 月完成，1980 年 6 月末，联美第一次看到了西米诺的成品，电影共 5 小时 25 分钟，他们这时无法解雇西米诺，因为除了他没有人能够完全了解这部电影，联美继续要求缩短电影放映时间，而西米诺以忠实于艺术为名，拒绝电影要经过观众的测评检验。最后联美再花费 6 个月时间投入 100 万美元对电影重新剪辑，重新剪辑后的电影放映时间为两个半小时，但是当电影在全国 810 家电影院放映时，票房收入仅为 130 万美元。联美的所有者因此解雇了这部电影的所有负责人员，联美也被米高梅收购。

2. 《阿修罗》

《阿修罗》的出品方为宁夏电影集团和真鉴影业，同时还有 20 家联合出品公司。杨真鉴是《阿修罗》的实际控制者，也是该片的监制、制片人，参与了影片的艺术规划、剧本创作、组建剧组以及影片的制片管理、融资和营销规划的全过程。此前他主导制作了《画皮》系列，两部《画皮》均创下票房佳绩。《阿修罗》拍摄了六年，片方没有接受国外投资。《阿修罗》团队耗时一年半在世界范围内寻找能够制作这部电影的专业技术人员，《阿

《修罗》的摄制组由 35 个国家的 200 多名外方人员和 1600 名中方人员组成，前后期参与创作的中外工作人员接近 7000 名。《阿修罗》与好莱坞团队合作的方式是由好莱坞团队提供技术、中方出题材和艺术理念及标准，并承担全程制片管理工作。国外世界级的主创人员在剧组核心岗位担任部门领导，中国人都是部门的副职。猫眼专业版数据显示，《阿修罗》自 2019 年 7 月 13 日上映到 7 月 15 日撤档，这部耗资 7.5 亿元的巨制三天时间累计票房仅为 4847.5 万元。豆瓣电影数据显示，《阿修罗》的评分仅为 3.1 分。

（二）电影失败的原因

电影失败主要有两个原因。一是财务失去控制。即使电影质量提高，但是市场票房未必同步提高，电影制作成本的巨幅上涨超过了票房的增加。二是剧组创作人员的协调问题。剧组合作失败导致项目制作发挥失常、项目的市场定位不准、风险控制措施不力，导致电影质量下降。

1. 财务失控

电影的财务问题是上述案例遭受失败的重要原因。财务预算的失控只会导致艺术水准的下降，导演想方设法增加成本以提高作品质量，而成本增加不一定能够刺激电影票房收入的增加。成本控制不是一个容易解决的问题，监控人员在电影超出预算之后可以插手控制电影的成本，但他们不是从艺术审美角度出发，无法用财务强制的办法决定电影的取舍。根据以上案例，我们可以推断：电影的成本要控制在合理限度内，超过这一限度，电影就必然遭受挫折。电影情节越复杂，投入越巨大，财务监督工作就越难执行，因为财务控制需要很多人相互协调，所有影响项目投入的决定都牵涉到很多方面。项目投入越大，监督人员就越难以判断电影花费的适当性，因此，在电影成本增长时，管理人员就只能被动地接受利润的减少。控制能力的下降也会产生其他问题，影片的巨大耗资通常包括付给明星和其他主要演员的报酬，但很多资金都被一些特权人物和一些铺张的项目消耗掉了。特权成员的铺张生活方式促使普通工作人员要求改善自己的待遇，因此财务控制力的下降会导致铺张的风气愈演愈烈。

制片公司在电影管理和财务控制过程中面临这样的问题：对问题电影项目做出是否放弃的选择。发行商在电影制作早期就要决定电影的取舍，而制片公司的负责人却不愿意轻易放弃已投入了大笔资金的项目。取消该项目就等于承认自己决策上的失误,如果电影的拍摄工作已经接近尾声,但最终还是失败了,那么责任就应该完全由电影制片商承担;如果项目进行下去,电影还是有成功的可能性,因为影片的结果如何是很难预料的。

2. 机会主义行为

管理影片拍摄是一项成本和质量都难以控制的高风险工作。人们很难对电影应该选用哪些剧组人员达成一致意见。演员的声誉是选择剧组成员的一项参考指标,一些男明星在电影行业中的地位是很少有人能够取而代之的,而水平相当的女明星在业界却比比皆是,所以男明星的声誉不会像女明星那样跌幅很大。工作认真负责、富有合作精神的演员同样会比那些不易合作的演员更容易保持良好声誉,那些不易合作的演员最终必然丧失以后与人合作的机会。但是声誉不是选择剧组人员的唯一标准,过去反响良好的演员不见得比一个艺术新人引起更大的轰动。

另外一个影响电影质量的因素是参与电影项目创作人员的机会主义行为。随着项目的推进,电影项目成员做出的各种决策主要取决于不完全契约所采用的各种激励机制以及电影剧组的监督管理方式。项目创作人员可能会先于项目管理人员得知项目会面临破产的风险,他们对此的反应主要取决于雇用他们的合同条款的规定,尽管现实情况显示把项目停下来是对投资方的最好选择,但是项目继续下去可能会更有利于个人利益。这一问题实际上影响着很多高风险的电影项目,对艺术的追求使这一问题更加恶化。出于对艺术的追求,尽管投资方的经济利益受到影响,艺术创作人员也不愿意放弃项目,即使项目进展情况已经明确显示应该停止对项目的继续投入,艺术工作者也会期望项目能够持续下去。除了合同规定的激励机制之外,电影项目的领导者也希望能够克服困难将项目进行到底,电影的经理人因此既要能够煽动起艺术团队的工作热情,还要考虑项目停止时如何给他们的工作热情浇上冷水,即使最有经验的经理人也很难同时做到这两点。如果艺术创作团队的工作热情对管理层和投资者的决策影响巨大,那么管理层就很难做出停止项目投入的决策。对于那些没有主见的艺术团队领导人来说,工作人员的热情以及结果的不可预测性会让他们迟疑不决;如果终止项目,那么肯定会有一定的损失;如果继续,结果可能会是巨大的成功,也可能是惨重的失败。

失败的电影通常发生投资方与制片人的委托代理关系处理不好、代理人的目标与委托人的目标不一致的现象,或者制片人失去对剧组控制的现象。

文化经济学

不完全契约和团队生产容易产生机会主义行为，一旦制片人不为投资人利益考虑，或者制片人不能控制剧组，就会导致电影质量下降、成本攀升。

思考题：

1. 电影制作过程有哪些环节？通常是哪些因素导致电影制作的失败？
2. 团队生产面临怎样的问题？有哪些解决方式？
3. 不完全契约的原因是什么？会产生怎样的后果？

第十二章

生产力滞后理论

1978~2018年,我国的国内生产总值每年增长在6%~12%范围内。但是这并不意味着每一个产业的增长率都一样,某些特定的服务行业,比如教育、理发、汽车维修、餐饮、表演艺术等行业的增长率总是低于平均水平。这些行业被称为生产力滞后的行业,它们有一个制约生产力增长的共同特点,即以机器代替劳动是相当困难的,甚至是办不到的,而平均每名工人拥有的机器数量是生产力提高的重要来源。各行业中生产力增长的差异导致产品平均成本变化的差异,生产力增长慢的行业,其产品的平均成本下降速度慢于其他行业,结果其产品的相对价格上涨。对于那些生产力几乎没有提高的部门,如教育和艺术表演,产品价格上涨最快。下面分别讨论生产力滞后理论以及生产力滞后的影响,哪些因素抵消了生产力滞后的影响,以及生产力滞后的实证分析。[①]

第一节 生产力滞后理论概述

本节中的一些表演艺术产业的成本问题很容易让人产生误解。问题不在于艺术团体需要承受固定成本,而在于相对公众的支付意愿来讲艺术表演投入成本的大小。捐赠资助型艺术团体会遇到"搭便车"问题,这不是因为乐团无法将非捐赠者排除在外,而是因为将非捐赠者排除在外阻碍了其他艺

---

① 本章内容主要参考:詹姆斯·海尔布伦、查尔斯·M. 格雷著,詹正茂等译:《艺术文化经济学》,中国人民大学出版社2007年版。本书对相关内容做了改写。

术目标的实现。本章中提及的"病态成本"（表演艺术无法提高工作效率的结果）也需要具体说明以防混淆。表演艺术团体中出现的运营赤字常被认为是相关成本上升的必然结果，这种观点是对捐赠资助型非营利机构的误解，非营利机构实际上通过一种双重收费系统来解决高额固定成本的问题。但是病态成本与固定成本问题确实有某种间接关系：假设一般表演艺术节目的成本大部分为固定成本，病态成本就会要求表演项目首先要承担固定成本。

一、生产力滞后理论

1966年，鲍莫尔和鲍温在《表演艺术：经济困局》中首先讨论了艺术表演业的生产力滞后问题，他们的理论可以概括如下：相对于整体经济的生产成本来说，表演艺术的生产成本之所以会上升，是因为即使现场表演行业的生产力没有提高，现场表演领域中的从业人员的工资也必须与社会平均工资水平保持同步增长。这是因为包括艺术在内的所有行业都需要在全国性的综合劳动力市场上通过竞争来雇用劳动力，所以艺术家的工资必须与其他行业的工资保持同步增长，如果艺术家的工资增长速度慢于其他行业，艺术行业将面临劳动者缺乏的局面。这并不意味着艺术领域的工资和其他行业的工资一样多，因为不同的行业中工作条件不同，工作的复杂程度不同，获得的非工资收益不同，对工资水平的要求也就不同。

（一）生产力滞后

任何行业里，劳动生产率的增长受五种因素的影响：一是平均每名工人占有的资本数量，如果工人有更多的设备可供使用，每名工人的产量就会增加；二是技术进步，技术进步是生产方法的先进情况，电力代替蒸汽机大大提高了生产力；三是劳动技能的提高，技能是对生产方法的掌握情况，如果工人的技能更娴熟，它们的生产力就更高，技能可以通过教育和培训获得；四是管理水平的提高，管理者建立更有效的生产途径，建立有效的劳动者积极性激励制度，劳动生产力就会更高；五是规模经济，在一些生产过程中，当生产规模扩大时，劳动生产力水平提高。

根据上述提高劳动生产力的因素可以推测，那些使用大量生产设备的行业生产力提高较快。表演艺术则完全是另一种情况，机器、设备和技术在提高现场表演的数量方面发挥的作用很小，因而表演艺术的生产力提高得很慢，甚至没有提高。

不可否认，技术进步在提高现场表演艺术质量方面具有巨大的作用，电子技术使舞台控制发生了革命性变化，空调提高了观众的舒适程度，技术进步为演出季的延长和演出日程的灵活安排提供了便利。但是这些改进对于降低艺术表演供给的成本来说几乎毫无作用，现场表演的生产性质本身阻止了生产力的实质性提高，因为表演者的工作就是最后的结果，而不是生产的手段。既然表演者的劳动本身就是产品，歌手唱歌、舞蹈演员跳舞、钢琴家演奏钢琴既是劳动过程又是产品，那么就没有方法可以提高艺术家的生产力。今天四名音乐家演奏贝多芬的弦乐四重奏所需要的时间与该作品1800年首次发表时所需要的时间完全相同。

影响生产力的五种因素中，只有规模经济通过延长演出季能发挥提高劳动生产力的作用。对于仅仅依靠规模经济提高生产力的艺术表演行业来说，不能指望其生产力的提高速度能赶得上整个经济的生产力提高速度。结果就是，相对于整个经济的生产成本来说，表演艺术的平均成本必定不断上升，这是表演艺术生产力滞后的不可避免的结果。

（二）生产力滞后的理论模型

首先做一下假定：不存在一般性的通货膨胀，当谈及表演艺术的成本增长时，是在一般价格水平稳定的基础上的成本增长，或者说是剔除价格变化因素后的真实成本的增长。由单位时间的实物产出衡量的生产力在整体经济中的年增长比例为$k\%$。表演艺术的生产力没有任何增长，因此，艺术部门的生产力每年滞后于整体经济的生产力$k\%$。整体经济中的工资与生产力同比例增长，也就是说，整体经济的工资水平每年增长$k\%$。艺术部门的工资也以每年$k\%$的比例增长，以使艺术部门能够在劳动力市场上同其他行业竞争。

在以上假定的条件下，可以得到如下结论：在整体经济中，单位产品的劳动力成本保持不变，从而即使工资上升，价格仍保持不变。艺术部门的单位产品劳动力成本以生产力滞后的速度上升。相对于一般经济中的成本，艺术部门的成本是上升的，其上升速度等于艺术部门的生产力滞后的速度。

证明如下：假定在第0年的整体经济中，我们有$ulc_0 = \dfrac{w_0}{opw_0}$，其中 ulc

表示单位产品的劳动力成本，w 表示单位时间的劳动力工资，opw 表示单位时间的实际劳动产出。

在年份 1 中，$ulc_1 = \dfrac{w_1}{opw_1} = \dfrac{(1+k)w_0}{(1+k)opw_0} = ulc_0$，因此整体经济中的工资与生产力以相同的速度上升并不会引起单位产品劳动力成本的增加。

但是对于艺术部门来说，工资以 k% 的速度增加，生产力并不增加，因此：

$$ulc_1 = \dfrac{w_1}{opw_1} = \dfrac{(1+k)w_0}{opw_0} = (1+k)ulc_0$$

艺术部门单位产品的成本以 k% 的速度增加。

二、表演艺术的成本和演出数量

测量文化产品的成本时，不能仅仅考虑实际增长的平均演出成本，因为制作者有可能选择场景和演员少的剧目进行演出来避免病态成本的压力。如果乐团一直减少演员排练的时间并且增加演出的时间，那么每场交响音乐会平均成本的变化就很难确定。虽然这种暂时的方法受到了院团的欢迎，但是病态成本的测量问题却因此变得越发复杂。

回顾一下记录了病态成本的一些数据。① 1974～1983 年，美国区域性戏剧团体每场演出的年度实际成本上升了 1%，每个观众的实际成本上升了 2.2%。在同一时期，美国交响乐团每场演出的实际成本上升了 0.9%，观众的成本上升了 2.2%。两种成本膨胀的差别反映了这样一个事实：两种团体都增加了演出的数量，试图分散固定成本，结果却降低了每场演出的上座率。那时的主要交响乐团在演出不断增加的情况下，都承诺为演员提供全年雇佣合同，1974～1979 年间每场演出的实际成本确实也有所下降。这些团体采取了捐赠资助型非营利组织的形式，在这种形式中，成本的一部分由捐款负担（除去短期内意外的动荡情况）并建立在理智的决策之上，我们因此不能期望这些组织的成本会显示出某种变化趋势。一项针对 25 个主要交响乐团的分析（1972～1992 财年间）表明：实际平均票价整体上升了 143.4%，系列音乐会的预订票价则上升了 95.8%。由于统计反映提高票价

---

① 本部分的实证分析转引自：[美] 詹姆斯·海尔布伦、查尔斯·M. 格雷著，詹正茂等译：《艺术文化经济学》，中国人民大学出版社 2007 年版，第 143～144 页。

会影响上座率,人们愿意花在买票上的钱只比收入的增长稍微快一点,因此这些数据表明典型的艺术团体负担其固定成本的经济空间在不断下降。

经济学家对文化产业病态成本的分析非常简单。潜在顾客会在任何可能的价格水平上购买某一数量的文化产品,每个企业(实际的或者潜在的)会产生一定结构的成本(固定的与变化的)。根据市场竞争方式,市场会产生一种均衡价格和均衡数量。如果又增加一个竞争者,它(及其他企业)将无法负担自己的成本。病态成本问题意味着企业数量随着时间的推移而减少。这个观点对于完全竞争中的企业及既定的市场规模是成立的,但是由于文化产品市场的多样性,这种方法无法适用于非完全竞争的文化市场。印刷出来的书籍是否包括了作者自己掏钱印来送给朋友和邻居的数量?最小规模的公众音乐会是否包括了两个业余演员表演的钢琴二重奏?在任何时间里,对文化产品进行精确定义都是很可笑的事情。对这种任意定义的文化产品数字做出上升或下降的结论是不可能的。对于生产力滞后问题的认知,是从文化活动在面对成本增加的压力时如何进行调整这种间接研究中得来的。

三、生产力滞后的影响

艺术表演部门的生产力滞后导致平均成本的增长速度快于一般物价水平,与此对应,艺术表演的门票价格不断上涨,但是艺术表演机构却处在持续的财务困境中。

生产力滞后导致表演艺术的门票价格不断上升。艺术表演门票价格的上涨使得中低收入水平的观众远离现场表演,此外,由电视、电影、唱片、磁带以及激光唱盘等组成的大众传媒所提供的低价格的非现场娱乐活动的竞争,使得低收入水平的观众进一步远离现场表演艺术。美国艺术观众中中低收入水平观众所占的比例是相当低的,任何不支持将中低收入阶层排除在艺术观众之外的人都必须认真考虑门票价格的快速上涨引起的后果。

生产力滞后使提供现场艺术表演的非营利机构处于持续不断的财务困境之中。艺术表演的成本不断增长,表演机构面临门票价格比物价上涨速度更快的压力。但是大幅度提高门票价格是困难的,这一方面会导致观众的流失,另一方面也与大众应该接近表演艺术的理念矛盾。因此,非营利的艺术表演剧团会发现,它们平衡预算比技术进步快的行业困难得多。收入与支出之间的差额是衡量艺术表演剧团面临的经济困境的标准,这项差额通常是由私人捐赠和政府补贴来弥补。

第二节 缓解或加重生产力滞后的因素

　　病态成本是否会造成艺术创作规模的缩减？文化产品生产成本和价格上涨所带来的负面影响如果不能够被收入增加和需求缺乏弹性的积极影响所抵消，艺术创作规模就有可能缩减。如何在艺术创作领域中通过重组来应对持续的病态成本带来的压力？尽管经济体系中其他部门的平均劳动生产率促使艺术领域的病态成本一览无余，但文化产业的艺术家在规避这类问题时仍然发现了很多种调整适应方式。事实上，尽管艺术家的工资水平显著增加了，表演艺术的生产成本并没有显著增加，表演艺术至少通过如下途径弥补了生产率停滞对成本造成的压力：第一，场地设计和声光器材等领域的技术进步增加了现场参与的观众数量。第二，媒体以及复制技术进一步延拓了消费者的范围，消费者不仅可以现场消费，还可以通过媒体或声像制品间接消费，让表演艺术公司财源广进。第三，许多表演艺术公司节约生产要素的使用数量以减少艺术表演的成本。比如使用更简单的布景道具和更小规模的演出班底，尽管这种节约生产要素的办法有时可能会降低产品的质量。第四，文化产业的生产要素价格，特别是劳动力的工资上涨幅度并不像模型中指出的那样大，这和文化产业的特殊性有关，文化产业并不需要为了保持和吸引足够的劳动力而像其他行业那样以相同的幅度增加工资。很多艺术机构，像美术馆等展览场地，还大量使用义务工，这大大地降低了文化产品的成本。第五，消费者收入增加和偏好的培养使大众对表演艺术的需求不断增加，从而在一定程度上提高艺术表演的价格，弥补了部分艺术表演的成本，当然，对文化产品的需求增长带来的收益在不同的文化产品中分布并不均衡。第六，社会舆论不断呼吁各种公立、私立机构向文化产品机构捐款，以弥补艺术生产的亏空，比如艺术机构和企业之间各种合作模式不断出现和发展。以上降低文化产品成本的因素使得艺术表演的成本压力并没有明显增大，对病态成本的实证研究发现，表演艺术产业的价格与其他经济部门的产品价格的上涨幅度没有系统差异。这些研究表明，表演艺术公司面对日益恶化的成本压力，调整了生产要素的使用，加上需求的增长，意味着尽管病态成本仍然会

第十二章 生产力滞后理论

给文化产业公司带来难题,但这并非不可克服的问题。

一、经济发展

尽管生产力滞后给艺术表演剧团带来巨大的财务压力,但是也有一些能缓解财务压力的因素。

(一) 居民生活水平的提高

人均收入水平是影响文化需求的一个因素。不论文化需求的收入弹性的确切值是多少,它们肯定远大于0。因此,随着收入的增加,在其他因素不变的情况下,对艺术的需求会增长。

人均收入增加对现场演出成本上涨的抵消作用如图12-1所示。假定艺术表演市场均衡点为 E_1,观众数量为 Q_1。现场表演成本的上涨引起门票供给曲线由 S_1 向上(向左)平行移动至 S_2,门票市场的均衡点由 E_1 向左上方移动至 E_2,门票价格上涨,同时观众减少至 Q_2。但是由于居民的人均收入增加,在任何价格水平下居民人均收入的增加都会引起门票需求的增加,门票的需求曲线会由 D_1 向右移动至 D_2,均衡点由 E_2 向右上方移动至 E_3,门票价格进一步上涨,观众数量增加至 Q_3,这在一定程度上抵消了门票成本上涨引起的观众流失。

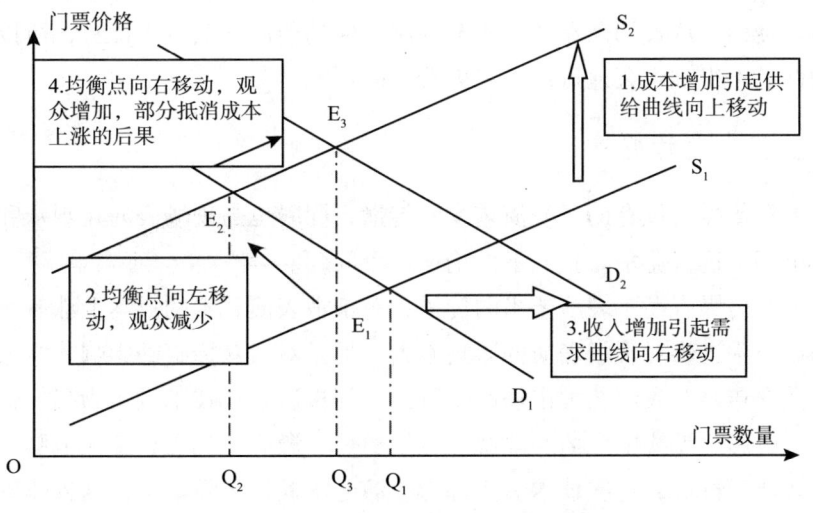

图12-1 人均收入增加对成本上涨的抵消作用

（二）规模经济的影响

当我们用演出季来衡量现场表演艺术的演出规模时，产出的平均成本随着产出的增加而降低。这是因为随着演出场次的增加，任何一个作品或任何既定保留剧目的固定成本会被更多的表演场次分摊，随着居民人均收入的增加，门票的需求曲线向右移动，售出的门票数量会增加，演出季延长，由此引起的演出平均成本的下降会部分抵消生产力滞后引起的后果。

（三）音乐节的影响

在欧洲，夏季音乐节明显增加，这是一种应对生产力滞后的措施。与歌剧公司或交响乐团在其传统演出地点制作的音乐相比，在各地夏季音乐节（如奥地利的萨尔茨堡、英国的格林德堡，或爱尔兰的威克斯福音乐节）期间制作的音乐具有更多的成本优势。这是由下述原因造成的：第一，音乐节雇用大量的临时性劳动力，临时劳动力的成本通常不包括正式雇工的经常开支，如退休金、医疗保险和带薪假期。第二，他们不用承担由工会和政府约束带来的生产负担的费用。需求因素也是音乐节增长的一个原因。音乐节是假期的补偿，随着收入的提高和休闲时间的增加，对音乐节的需求也不断增加。需求增加的另一个原因是运输成本的降低，它使音乐节的增长变得更加容易。然而，从长期来看，音乐节的巨大成功会破坏其成本优势，所以音乐节的低成本很难永久地抵消生产力滞后的影响。

二、大众传媒

大众传媒不仅有助于表演艺术的传播，同时也与现场表演在观众和生产要素市场上进行竞争。我们下面论述这个问题。

大众传媒有助于表演艺术的传播，对抵消表演艺术的成本上涨有一定的作用。技术进步对现场表演的影响不大，但是对大众传媒的影响非常大，并通过大众传媒对表演艺术市场产生巨大的间接影响。技术进步为我们带来了唱片、电影、无线电广播、电视、卫星通信、激光视唱盘、个人电脑、互联网、智能手机等，每次技术进步都为表演艺术提供了新市场，这种非现场的艺术表演能比现场表演带来更可观的收入，这笔收入可以弥补生产力滞后给艺术表演机构带来的负面影响。例如交响乐团可以从磁带和激光唱盘的销售中赚取版税，还可以从广播或者电视转播里获取收入，也可以通过互联网点播收取收视费。事实上，表演业的电视收益和网络收益远远超过了票房收入。

但是，大众传媒给表演艺术带来的巨大收入还只是理论上的，现实中艺术表演业从大众传媒中获得的收入是微不足道的。表演艺术的电视收益和网络收益绝大部分被传播平台获得，对于大多数的交响乐团来说，唱片的版税收入很低，而且还有下降的趋势。原因有两个：一个原因是欧洲古典唱片行业的成本很低，这使得欧洲以外的地区发展音乐唱片的前景黯淡。另一个原因是盗版，技术进步使盗版变得非常容易，这使得通过大众传媒弥补表演艺术的成本变得非常艰难。

艺术表演的电视收入同样非常惨淡。与表演艺术产业的总量相比，电视转播的艺术表演数量相当低，以至于艺术表演通过广播电视获取的收入微不足道。美国的交响乐团在1965～1966年从唱片、电影、广播电视等综合类别中获得的收入只占总经营收入的1.2%，1970～1971年度，该比例下降到0.8%。现在，商业电视实际上基本放弃了在电视上播出艺术表演类的节目。

另外一个妨碍艺术表演在大众传媒上播出的原因是电视节目的制作成本也受生产力滞后的影响。与现场表演的成本一样，将每小时现场表演制作成电视节目的成本在1964～1976年间增长了143%，而同期电视节目价格指标仅增长了81%。因此，生产力滞后影响了将现场表演制作成电视节目，这限制了艺术表演向大众传媒的销售。

大众传媒和现场表演对生产要素的竞争，加剧了艺术表演成本的上涨。大众传媒不仅没给表演艺术带来可观的收入，相反却哄抬了表演艺术的生产要素的价格，使表演艺术的成本进一步上涨。大众传媒的发展增加了对生产要素的需求，这导致大众传媒部门中劳动力工资的提高，由于大众传媒和艺术表演的很大一部分生产要素重合，大众传媒劳动力工资的提高传导至艺术表演部门，这种工资效应与艺术表演部门的生产力滞后一样，都导致艺术表演的成本上升。

现代传媒拥有庞大的观众群，明星出演的电影或电视剧能大大提高电影的票房收入或电视的收视率，因此，著名明星在出演电影和电视节目时得到巨额高薪，明星演员的工资飞涨推动了普通演员工资的上涨。这种演员工资的上涨不仅波及影视界，也波及艺术表演业。类似的效应同样作用在其他艺术工作者身上，比如舞台、音乐及舞蹈指导，他们的工作是影视和艺术表演都需要的。

托马斯·盖尔·莫尔（Thomas Gale Moore，1968）在对美国剧院的研究中发现，① 在20世纪30年代，由经济大萧条引起十年的通货紧缩，而百老汇的经营成本却上升了，原因是有声电影和好莱坞的出现。1927年，第一部有声电影《爵士歌手》上映，此后，好莱坞迫切需要歌唱家、舞蹈家、作曲家、作家、演员以及导演，这些人才长期活跃在百老汇舞台上，好莱坞的人才竞争抬高了百老汇的工资和成本。

大众传媒的工资效应当被视为生产力滞后的副产品，这是对艺术表演成本的最大冲击。

三、生产技术

技术进步对文化产业的生产和消费产生了深刻影响。在生产方面，电脑技术和声像复制技术的进步对当代的文化生产影响巨大。尽管现代技术出现较晚，但对文化的发展产生了深刻的影响，比如13世纪壁画的发展和18世纪钢琴的发明都对艺术生产过程和文化产品类型的改变产生了巨大的影响。在中世纪，通常是在干石膏（secco）上进行绘画，在大约1300年的意大利，重新引入了在湿抹灰上绘制壁画的技术，并使壁画的质量显著提高。钢琴首次出现于1709年，在当时是一种既复杂又昂贵的乐器，只有皇室和贵族才有机会接触到。一开始，约翰·塞巴斯蒂安·巴赫（Johann Sebastian Bach）等一些非常有声望的音乐家并不欣赏钢琴的音色。但仅仅过了半个世纪，钢琴就变得越来越受欢迎。当莫扎特（Mozart）、勃拉姆斯（Brahms）和李斯特（Liszt）这些极具创造力的音乐家投入钢琴演奏之后，人们对钢琴的热情便被引爆。在那个年代，这些新锐钢琴家就如同"摇滚巨星"一般，他们所带来的巨大影响力给音乐创作锦上添花，为钢琴的发展注入了强大的力量。钢琴诞生后经历多次改良，到18世纪后期已登上"乐器之王"的宝座。

---

① ［美］詹姆斯·海尔布伦、查尔斯·M. 格雷著，詹正茂等译：《艺术文化经济学》，中国人民大学出版社2007年版，第150页。

文化经济学中一直存在争议的话题是：技术在表演艺术中扮演了什么角色。生产效率的提高在文化产品生产过程中的作用无法与在其他产业中的作用相提并论，无论是现场表演等狭义的文化产品还是其他更广泛意义上的文化产品，生产率在文化产品的生产过程中的作用都比较小。在过去的二百年里，制造业中单位劳动力的实物产出增长了几十倍，而在这段时间里，海顿的弦乐四重奏现场演出的劳动力需求却没有丝毫改变。鲍默尔和鲍温在1966年提出了一种开创性的观点：通过分析制造业等生产性部门和艺术产业等非生产性部门可以看到，制造业中的整体工资增长对成本的压力可以被生产率的提高抵消，而艺术产业整体工资的提高对文化产品成本的压力无法通过生产率的提高化解，结果艺术产业中产品的成本不断提高，导致艺术产业的利润率下降，甚至亏损。这就是病态成本理论，这一理论为政府扶持文化产业的政策提供了理论基础。

技术进步也对文化产品的需求造成了影响。技术进步使一些文化产品的消费具有规模经济，增加一个消费者需要增加的边际成本几乎减少为零，也为消费者提供了更多的消费机会，这会进一步增加对文化产品的需求。这种技术进步的结果使一些没有才华的人一夜成名，成为超级巨星，时下流行的一些选秀节目就是如此。随着网络成为文化消费的平台，数字技术成为文化交流的主要方式，技术对文化产业的结构、营销等层面必将产生深刻影响。

第三节 生产力滞后的实证研究

纽约百老汇舞台剧为我们提供了一个研究选择，部分原因是百老汇"神话般的无用"的声誉，但更多原因是其在相当长的一段时间里对创作型产品的种类与质量进行了定义和测算。本节首先介绍百老汇戏剧的病态成本及其原因，然后介绍几个其他的关于病态成本的实证检验。[1]

一、百老汇与区域性剧院的病态成本

舞台剧有着相对简单的成本结构——演出或排练所需的固定成本，以及

---

[1] 本节内容改写自：[美]理查德·E.凯夫斯著，康蓉等译：《创意产业经济学：艺术的商品性》，商务印书馆2017年版，第419~438页。

每周稳定的支出。病态成本使得票价和剧院赤字都在上升，而大众购买戏票的意愿却没有同比例增长。只有很少的戏剧能够负担其固定成本，剧院能创作出的新作品也很少。剧院经理们的选择有限，剧院更多的是要演出水准一般但受大众欢迎的剧目以争取更多的票房收入，并且花更长的时间来回收某些戏剧的固定成本并争取盈利，这种压力直接体现在招聘演员的数量越来越少上。决定收入的因素是票房而非演出的数量，但是每个剧目在最初的几周内都很难有大量的票房收入来回收成本（考虑到周末与平时演出观众的差异）。从长远来看，整个回收期的延长是明显的，在美国内战时期，两至三周的演出最为成功。到20世纪20年代末，当百老汇每年的创作数量达到顶峰之时，每部剧目平均要上演70场（音乐剧为115场），在5.5周至8周的时间内便能完成成本的回收。到20世纪60年代，平均每部戏剧的上演场次增加到150场（音乐剧为300场），而作品的数量出现了下降。尽管在不同的历史时期回收成本的周期并无可比性，但成本回收周期在演出场次较多而作品数量较少的时期明显会有所缩短。假设成本回收的周期一定，那么通过较多场次的演出得到的利润应该会引起更多作品的诞生。这一变化表明，演出的平均固定成本的上升比每周经营毛利润增长得更为迅速，且这一点有直接的证据来证明。从20世纪20年代起，由于演员开始因排练和演出得到薪酬，固定成本出现了跳跃式上升，并将成本上升的财务风险转嫁给制作人和投资者。不过，在较多的演出场次中，固定成本的增加主要用于道具和布景，也就是说，制作的水平得到了提高。

对病态成本的调整原则上经历了两个逐步完善的过程。假设制作人（个人或团队）能够比较精确地将准备制作的戏剧按照商业成功的可能性进行排序，他们会选择更有可能成功的那些剧本进行制作。当成本缩减时，他们会拒绝那些成功可能性较小的机会，这样戏剧失败的概率也就随之下降。另一种选择是，假设他们只能将准备制作的剧本大概地划分为有可能成功和不可能成功的两种。被制作的剧本是从前一种类别中随意选择出来的，成本缩减会导致有可能成功的戏剧创作数量更少。

这些例子使我们得到了一项重要的经验判断。在成本不断缩减的过程中，要么失败的比率下降，而成功演出的平均场次上升（按比例而言比失败的演出场次更多），要么同时产生这两种变化。模式是明显的，1945～1990年，失败率在平均值上下波动（80%），并无可辨别的趋势。音乐剧的失败率在其平均值上下波动（76%），也无任何趋势，只是在20世纪80年代有过一次增长。这次增长与预测的变化是相矛盾的，实际上，这是很容易解释的：对音乐剧回报的期望值已经降到最低点。失败率的提高可以通过在20世纪20年代至60年代之间演出场次的增长得到间接证明，因此演出的平均场次在不断增长。1920～1990年，只有63部百老汇戏剧演出超出千场，其中6部作品是1940年后开演的。对于1945年至1990年间上演的音乐剧，我们可以用伯纳德·罗森伯格和欧内斯特·哈勃格收集的数据来划分成功与失败演出的场次。比较1945～1946年到1954～1955年十个演出季的平均数，以及1980～1981年到1989～1990年十个演出季的平均数。失败演出的平均数量在前期是102场，后期是120场。平均成功的数量则为633场和870场。因此失败演出的场次增加了18%，成功的则增加了37%。这种模式与制作人难以预测演出是否成功是一致的，而演出的失败一般在上演的早期就能清楚地看到。这一趋势同时也确认了总经理一职的重要性：总经理要负责管理演出的日常营运，以及随之而来的激励性补偿。

二、百老汇戏剧和其替代性产品

病态成本通常会引起各产业重新争夺经济资源，在经济资源的争夺上，受病态成本影响而无法获取利润的文化部门输给了能够保持生产力稳定增长的部门。当然，如果我们把文化部门的生产力定义为每个消费者从产品中获得的消费体验，那么这一部门的生产力早已经大大上升：电影娱乐比歌舞杂耍的价格更为低廉，电视和录像则消除了前往消费场所的旅行成本；CD和当代的声音复制设备不仅减少了聆听某一特定音乐表演的成本，而且可以让人们欣赏到早已远离人世的音乐家的表演；毕加索和马蒂斯作品的廉价复制品为许多宿舍小屋增添了色彩；即使是特定的演奏技术也有一定的创新，金属外壳的弦乐钢琴的响亮音色在19世纪晚期得到改善，使人们可以在更大的音乐厅中欣赏到键盘乐器表演。演奏者和在高雅文化偏好上投巨资的消费者可能会对这些间接体验的文化消费表示遗憾。但是技术变化引起的文化产品的垂直差异可以令一些人以更高的价格选择更好的体验，也能以更低的价格提供一种较低层次的体验，这些条件吸引了更多顾客。因此，实际生活中病态成本的存在很大程度上是因为出现了价格低廉且能赚取利润的文化产品。

文化经济学

研究为何艺术创作活动（舞台剧、古典音乐的现场音乐会）在与替代品的竞争中成为输家时，要考虑到两种产品成本和收益上的差别。替代性产品的成本大大缩减，传统艺术产品的成本可能会上升，一些（或很多）消费者都会乐意选择更便宜的替代性产品。当然，对替代品的消费可能会在一定程度上刺激传统文化产品的消费，廉价的替代品为人们消费创作性产品提供了文化资本，之后他们可能会选择到更昂贵的场地去消费文化产品。

技术创新使传统文化产品的消费萎缩的另外一个原因是创作人员的流失。艺术家如果使用现代技术提供现代化的文化产品，就会有更高的收入，这样他们不用参加现场演出就能获得很高的报酬。于是，艺术家转而去生产艺术表演的替代品，艺术创作活动在供给与需求方面都出现了缩减。

病态成本使得巡演公司替代了地方剧团。1870年前，美国主要的戏剧单位是居民持股的公司，由公司经理拥有或者租赁剧院，雇用演员并执导戏剧。铁路网络的扩张降低了运输成本，促使巡演"联合公司"产生，地方持股的公司开始衰败，从1871年的50家锐减到1880年的七八家，纽约成为组织联合公司的地点。

电影一出现就成为剧院戏剧的有力挑战者。电影这一创新艺术的票价只是舞台剧票价的1/5左右。综艺杂耍表演面临的挑战更大，因为它们的短剧和常规表演几乎全部被早期的电影胶片所代替。此外，剧院也很容易从舞台剧的表演场所改建成电影院，美国的剧院数量在1910年到1925年间减少了56%，巡演作品的平均数量在20世纪20年代初期也降到了每年70个剧目左右。尽管百老汇戏剧的客户和场所没有减少，但是它的确面临着与电影不断争夺演员和其他创作人才的局面。电影发展到故事片时代时，它付给舞台剧演员的周薪为1000~5000美元，而当时百老汇的周薪最多只能达到500~600美元。此外，好莱坞的支票能够定期汇到，而百老汇只能在演员演出的时候才能给付（舞台剧演员的排练尚无报酬）。另外，电影拍摄工作可以在夏季进行，因此拍电影也可以成为舞台剧表演的一个补充，但是艺术表演人才的跳槽和薪酬的上升是明显的。

1929年有声电影的出现标志着对百老汇人才的新一轮争夺的开始，因为许多默片明星在有声电影中的表现不尽如人意，电影制片方又从舞台演员中重新物色电影演员，百老汇与好莱坞薪酬的平均差距也促使表演人员向电影业流动，1934年演员工会负责人预测有70%的电影演员来自舞台演员。

除了表演人员外，导演和剧作家们也受到了电影的吸引。广播网络也拉走了一部分表演和创作人才。

舞台创作对电影来说是竞争对手也是合作伙伴。舞台作品为电影剧本提供了改编素材，提升了电影剧本的价值，舞台剧的声誉也推动了电影的宣传，看过舞台剧的人也有可能会去看同一故事的电影。有声电影需要优秀的剧本，约1/5的舞台剧新剧本卖给了电影公司做电影剧本。二战期间电影剧本需求再次上升，1941~1945年，有27%的百老汇剧本被卖给电影公司，这是因为明星演员由于战争而大量流失，好莱坞愿意花钱买到更好的故事素材。但是舞台作品长期保持其独特的特点和自身价值，成为向好莱坞销售的最大卖点。1965年，百老汇及外百老汇①戏剧得到的投资大约有1500万美元，舞台作品的损失为230万美元，但有1150万美元的电影版权收入。

百老汇戏剧对电影冲击做出的一个反应是提高自己作品的质量。20世纪20年代中期，百老汇有许多小资金制作的随意拼凑的作品在剧院改造之后的附属舞台上演出，有声电影出现之后这些作品被大量淘汰。一批注重作品质量的制作人的出现从根本上改变了百老汇戏剧的质量，后来好莱坞提升电影质量以应对电视娱乐的冲击时，这一机制同样发挥着作用。

三、艺术表演成本递增的实证检验

鲍莫尔和鲍温发现了许多支持艺术部门的生产力滞后的历史数据②。皇家莎士比亚剧院在1963~1964年演出季比伦敦特里鲁街剧院1771~1772年演出季、1775~1776年演出季的每场演出的成本增加了13.6倍，而在同一时期英国的总体物价水平仅仅增长了6.2倍。演出的成本平均每年增长1.4%，而一般物价水平的年增长率仅为0.9%。

1843~1964年，纽约爱乐管弦乐队的成本平均每年增长2.5%，而同期美国的零售价格指数平均每年增长1%。增长率间的微小差别在121年间导致了价格的巨大差异，管弦乐队每场音乐会的成本增加了20倍，而物价总水平仅仅增长了4倍。

---

① 20世纪50年代，百老汇的商业戏剧受到电视的冲击以及物价上涨的影响，剧目骤减。一批剧坛新人离开了租金昂贵的百老汇剧场，来到坐落在纽约不同地区（多数是在格林尼治村附近）的阁楼、地下室和荒废的仓库中上演新人新作，被称为"外百老汇"。

② [美]詹姆斯·海尔布伦、查尔斯·M. 格雷著，詹正茂等译：《艺术文化经济学（第2版）》，中国人民大学出版社2007年版，第143页。

鲍莫尔分析了二战以后美国的 23 个现场表演剧团的成本，这些剧团包括主要的管弦乐队、三家歌剧公司、一家舞蹈公司，以及一个由百老汇、地区剧院和旺季剧院组成的样本，每组数据都显示出，现场表演的平均成本比一般价格水平的增长速度快得多。英国皇家莎士比亚剧院和伦敦中心剧院在二战后的演出成本也比一般物价水平增长速度快得多。

以上数据都支持艺术表演的生产力滞后理论，艺术表演的成本比一般物价水平增长速度快得多。

思考题：
1. 生产力滞后的含义是什么？有哪些后果？
2. 有哪些因素缓解或加重了生产力滞后的影响？
3. 剧团通过哪些措施缓解生产力滞后的财务压力？

第十三章

补贴和捐赠

在存在外部性和公共产品的市场中,市场配置资源失灵,市场不能有效地配置资源以最大限度地满足人们的欲望。竞争市场也解决不了分配不公的问题。在市场失灵和分配不公的情况下,需要政府干预资源的配置。在政府干预资源配置的措施上,人们的观点是一致的,因此理论研究的重点是艺术以及文化市场是否存在市场失灵以及分配不公问题。解决市场失灵的另一条途径是社会公益事业,各种社会捐赠可以帮助解决艺术行业的病态成本,引导文化企业生产符合社会福利最大化目标的文化产品。本章内容分三部分,首先介绍关于支持和反对艺术补贴的观点,然后介绍社会捐赠的社会环境和动机,最后介绍音乐表演中社会捐赠的模式。

第一节 艺术补贴的争论

艺术市场失灵的原因包括垄断、外部效应、公共物品、成本下降、信息匮乏等,这使得文化市场不能有效运转。生产力滞后造成的病态成本使得补贴或者捐赠成为艺术生产的必要条件。艺术市场与社会分配的公平状况相互影响。所有这些原因,都要求国家干预艺术市场。但是,也存在反对补贴艺术生产的声音。

一、艺术市场的失灵

引起艺术市场失灵的原因是多方面的,包括垄断、信息不对称、外部性、公共艺术品等。①

(一) 垄断

如果某些企业大到足以影响市场价格，市场竞争就会趋于崩溃。最极端的情况是垄断，即一种产品只有一个出售者。而大多数文化产品恰恰都具有这种特点，文化遗产、绘画、歌星的演唱会等的文化价值都在于它的独一无二性，从这种意义上讲，这些文化艺术品的所有者都是垄断者，垄断者的价格高于商品的边际生产成本，消费者通过减少购买做出反应。

艺术机构经常在当地市场上垄断经营，在同一所城市的某一区域里，很少会有一个以上的艺术博物馆、职业交响乐团、歌剧院和芭蕾舞公司。垄断者将价格定于边际成本之上，结果是限制了产量并带来垄断利润，但是社会福利没有实现最大化。

(二) 信息不充分

竞争市场中，价格系统是一个非常重要的机制。市场中所有的市场参与者都将自己的决定建立在各自的信息和对市场价格的了解上，因此他们无须相互交流有关偏好和生产过程的详细信息。只有在参与者充分了解商品信息的情况下，市场才能完全有效地运行。如果消费者要做出最佳选择，就必须知道所有可能的结果。但是，消费者在文化消费选择以及生产者在做艺术品创作的决策时，都不能获得决策所需要的全部信息，消费者的信息不充分是市场失灵的一个原因。

价格系统的价值在于它利用并未广为人知的信息的能力，但是这种能力只有在两种信息广为人知的情况下才会发生。

首先，市场参与者平等地享有关于所交易商品质量的信息。但是关于文化产品的文化价值的信息不一定是市场参与者都平等地拥有，当一部分市场参与者拥有的关于产品质量的信息多于其他市场参与者时，就产生了信息不对称性。很多文化产品的文化价值需要专业人员才能鉴定，字画和古玩的鉴定、交响乐和舞蹈等的文化价值也只有业内人士才能窥知一二，在这种市场

---

① 关于艺术市场的失灵、社会捐赠的模式等内容参见：[美]詹姆斯·海尔布伦、查尔斯·M. 格雷著，詹正茂等译：《艺术文化经济学》，中国人民大学出版社2007年版，第224~238页。

上存在严重的信息不对称性。文化消费经常被提到具有消费和生产的同步性、独一无二性等特征（文化产品是体验品），这些特征带来了市场信息的不对称。消费者从生产者开始生产文化服务时就购买。消费者不能正确评价产品的质量特征，购买前确定文化活动的文化价值是不可能的，消费后也不可能评价文化服务的文化价值：评价这些文化服务的价值总是需要一定的文化资本，对文化价值的评价总是具有主观性。

其次，除了不对称信息外，不可能信息也可能成为特定市场失灵的主要原因，这种市场失灵称为合同无效。合同无效是指通过普通的合同方式不可能有效控制生产者，比如个人演唱会，消费者购买了门票，就等于在听众和歌星之间建立了歌唱服务的买卖合同，但是听众很难辨别歌星的假唱，更难于区别歌星是否全身心地投入到演唱中，这时就存在合同失效。合同失效的情况下，追求利润最大化的生产者将仅仅生产能维持最大化利润的产品单位，实际上，这些利润导向的企业会试图向市场供给少于消费者需求的产品数量，并在较低的质量水平上生产。歌星在个人演唱会上的假唱提供了较低质量的文化服务，但是这种现象却是难以控制的。企业将会瞄准市场的需要，这意味着企业会生产较能赚钱、潜在市场消费者评价较高的商品。但是消费者未必偏好文化价值较高的文化产品，由于这个原因，在文化部门建立非利润导向的组织机构被认为是在不完全信息市场中较有效的资源配置方法。非利润导向的文化机构能在文化产品的数量和质量的权衡上进行较好的取舍选择，看来这是对文化和艺术部门的特殊性质的较好处理方式。然而，非营利机构通常主要由政府扶持，它们可以被认为是政府的替代物。

艺术之所以被称作既得偏好，是因为消费者必须熟悉它们，然后才能从中享受到乐趣，并且一旦消费者对艺术有丰富的认识，他们的需求可能会显著增加。但是如果消费者对艺术缺乏信息，他们就不会获得这种文化偏好。

在艺术领域，信息不充分有两种不利影响。第一，很多消费者由于不懂艺术而不去参加艺术活动，因此不能获得艺术消费的潜在效用。由于艺术的既得偏好特性，这项损失可能是巨大的。第二，由于文化需求受到抑制，很多艺术不但得不到发展，无法实现规模经济，而且生存也成了问题。

工业部门解决信息不充分问题是利用推销和广告。但是推销和广告不适合艺术，因为大部分艺术形式的市场是分散的、专业化的而且规模太小，进行大规模的广告宣传是无利可图的。解决消费者对艺术的无知就是要培养消费者的艺术文化偏好，这只有通过政府补贴艺术供给，降低门票价格，使消费者获得第一手艺术体验来完成。

（三）外部性

当一个人的效用受到其他人的消费或厂商行为的影响时，就会产生外部性。并非所有的相互影响都会形成外部性，只有在没有适当补偿的情况下，才会产生外部性。恰当的补偿可以使外部性的产生者考虑其行为对别人的影响，促使他减少有害行为，增加有益行为。

科斯曾经强调在决策恰当补偿问题时明确界定产权的重要性。假使一个人的行为减少了缺乏产权的公共文化产品的使用价值，也不需要补偿任何人，这时就比较容易产生外部性。具有共同产权的文化资源是一种不归任何个人拥有的商品，也容易产生外部性。个人可以使用共同产权资源，追求私人效用最大化的个人有可能尽可能多、尽量快地使用公共资源。开放的公共文化设施是公共资源，很可能被过分使用。

艺术产生正外部性。艺术既给获得艺术的人带来私人收益，也给整个社会带来外部收益。私人收益包括娱乐、鼓励和启发、较高的赚钱能力和更高的参与并享受国家物质和非物质文化的能力。外部收益是指每一个社会成员所接受的艺术为其他人带来的好处。每一个人都受其他人履行义务情况的影响，如果每一个人都有较高的艺术文化偏好，那么其他人都能从中获益。外部性使得市场决定的产量和价格水平不是社会最优的选择。

图 13-1 显示了艺术的外部性。横轴表示获得艺术的数量，纵轴表示获得单位艺术的成本和收益。曲线 D_1 表示消费者每得到一单位的艺术体验所得到的边际个人收益，假设随着艺术体验的增加，消费者获得的边际收益递减。D_1 同时是消费者对艺术的需求曲线，因为该曲线衡量了消费者为多消费一单位艺术体验而愿意支付的门票价格。曲线 MC 表示艺术的边际成本，假定每增加一单位艺术供给的边际成本为常数。

第十三章 补贴和捐赠

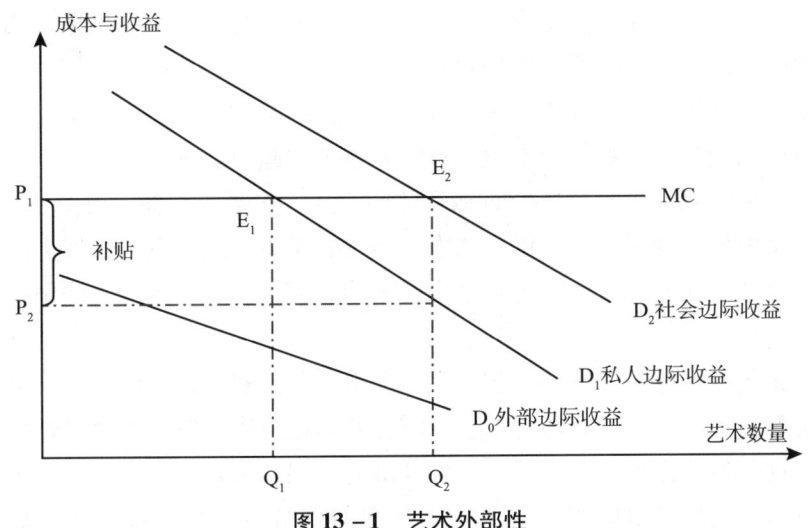

图 13-1 艺术外部性

在没有干预的市场上，艺术体验的价格是 P_1，艺术体验的消费量是 Q_1。这一数量对个人来说是最优的，但是对于社会来说并非最优，因为它没有考虑社会整体收益。消费者的艺术体验对社会产生外部性，外部性的价值用曲线 D_0 来衡量。因此整个社会愿意沿曲线 D_2 支付艺术体验的价格。从社会的角度来看，个人艺术体验的最佳数量是 Q_2，这时艺术体验的边际社会收益正好等于艺术生产的边际成本。但是市场运作的结果是艺术体验的数量为 Q_1，这远小于社会最佳的艺术体验数量，市场失灵出现了。

解决艺术市场失灵的办法是艺术补贴。当消费者消费 Q_2 数量的艺术体验时，消费者仅愿意支付 P_2 的价格，但是价格 P_2 低于边际成本，为了弥补艺术供给的财务赤字，政府需要提供艺术补贴，补贴的数量是 $(P_2-P_1)Q_2$。

艺术文化的外部性是分散的、难以察觉的。这些外部性包括以下几种：

一是留给后代的遗产。对艺术文化的保护能给无法表达自己艺术偏好的后代留下更大的选择权利，这会提高后代的福利水平。无论对艺术的理解能力如何，我们不愿意看到留给后代的文化遗产比我们继承的少。书籍、乐谱、具有纪念意义的建筑物、博物馆里的艺术作品、非物质文化遗产等都是我们留给后代的宝贵财富，会给后代送去巨大的福利。艺术文化是留给子孙的财富的论点影响力很大，但是这种论点也遭到了挑战。第一个挑战是，如果私人部门对艺术文化已经表现出强烈的兴趣，那么政府还有必要补贴吗？

第二个挑战是，受保护的艺术文化遗产的数量应该是多少？如果更多文化遗产的边际价值很低，还值得保护吗？

二是民族认同以及威望。有些人因为自己国家的艺术家或表演家得到国际认可而感到自豪。我们为本国拥有国际地位的画家、歌手、舞蹈家、舞台指导、指挥家或音乐家数量少而感到郁闷。这些民族自豪感是非常真实的，但是带来民族自豪感的不仅仅是艺术，体育、军事、经济等的发展都能带来民族自豪感，我们无法证实艺术带来的民族自豪感更大，也就无法坚持对艺术补贴。

三是艺术促进经济发展。艺术可以吸引外部消费者，这些人不仅会购买门票观看艺术表演或参观博物馆，同时会在当地商店、餐馆以及旅馆里进行消费，这些消费像出口一样促进地方经济的发展。另外，一个拥有强大艺术文化竞争力的城市对吸引外来人员工作更有优势。但是，对于地方政府来说，艺术也许不是刺激经济发展最有效的方式。对于国家来说，国内任何城市的经济发展都是国家经济发展的组成部分，因此没有理由让国家补助某一个特定城市的艺术发展。

四是艺术是文科教育的组成部分。教育的外部性得到广泛承认，艺术教育作为文科教育的一部分，对其他文科学习的帮助是巨大的。但是这一点并不经常强调，可能是认为艺术文化偏好的获得可以通过教育以外的途径获得。

五是艺术参与者的社会进步。参与艺术活动可以通过训练我们的鉴赏力，让我们接触同胞取得的最高最优秀的艺术成就，使我们自身得到更大的提高，使我们个人的行为得到改善，从而为他人带来满足，产生外部性。但是也存在对这种观点的严厉批评。优秀的艺术或许能提升个人的素质，但是拙劣的艺术很难起到这种作用。另外，无论艺术给个人带来多么开心的经历，实际上并没有证据表明艺术对个性和行为有良性影响。最后宣称艺术能够改进个人素质，提升人民的修养，给人一种很势利的感受，这样也不利于获得对艺术的公共补贴。

六是艺术创新的外部性。在艺术领域没有专利权。某件艺术作品可以受到版权保护，但是版权不会保护任何创新原则，例如绘画技巧或舞蹈风格不能受到版权的保护。这些绘画技巧或舞蹈风格的创新体现在作品中，可以为其他人的艺术生产提供帮助，从而产生外部性。艺术创新的外部性使艺术创新的努力受到削弱，艺术创新将低于社会最优水平。这也是一种市场失灵，因此需要对艺术创新活动进行补贴。但是，在实际操作上，很难保证鼓励艺术创新的补贴都用在艺术创新活动上。提供捐赠和补贴的机构为了规避风险，可能会避免对创新性的艺术项目给予支持。

（四）公共文化产品

文化艺术不仅是人类的共同财富，还是人类群体认同的核心，同时文化也体现了人类的创造性和对于自我实现的追求，文化事业的重要性得到了普遍的重视。对于享有这种文化成果和接受这种文化认同的不同范围的群体来说，文化成果具有典型的经济学所谓的公共品（public goods）的特性。[①]

公共物品是指消费的受益范围大于一个个人或者一个厂商的物品。公共物品具有非竞争性和非排他性。非竞争性是说当把公共物品提供给某人时，可以在不增加成本的情况下提供给任何其他人。遗产的文化价值就是一种公共物品，如果一个人能感知长城的文化价值，那么每一个其他人也能感受到。有些文化产品只具有部分非竞争性，也就是说随着该产品使用者数量的增加，提供给每一个人的收益量会递减。这些产品被认为具有拥挤性，并且它们比非竞争性产品更普遍。拥挤品的例子包括公园和娱乐设施、电影院、剧院等。公共物品的非排他性是指当把公共物品提供给某个人时，其他人也就自动地获得了这种公共物品。各种节庆活动是非排他性公共物品的典型例子。

纯公共物品既具有非竞争性，又具有非排他性，因此违背了完全竞争市场的假设条件。竞争性厂商无法提供充足的此类公共物品。非排他性意味着厂商无法对其所提供的公共物品收费，例如节庆活动的主办者无法对参加节庆活动的人收费，这就产生了免费搭便车问题。每一个人都面临以下选择：是对公共物品的提供做贡献并分享其利益，还是不做贡献而分享公共物品的利益。结果不足为奇，大多数人选择不放弃自己的货币。由于愿意提供货币购买公共物品的人比较少，提供的公共物品数量也比较少。如果强制每个人都多贡献一点，那么，人人都会受益。当政府通过税收为公共文化产品提供资金时，就是以强制的方式为公众多提供公共文化产品。

[①] 公共文化产品的讨论参见：[加] 约翰·利奇著，孔晏等译：《公共经济学教程》，上海财经大学出版社2005年版，第152页。

公共物品是相对于私人品而言的，纯公共品在现实生活中是比较罕见的。根据收益范围的不同，在纯私人品和纯公共品之间，现实中大量存在着准公共品或混合公共品。准公共品的供给也可能是不足的，例如，考虑一种非竞争性但是可排他性的准公共品，假定可以容纳250人的剧院坐落在仅有200人的小镇上，这个剧院上映的电影是非竞争性的产品，如果为一个人放映，那么不用增加成本就能为镇子里其他199人放映，然而，它是一种可以排他的产品，因为剧院的所有者可以站在门口让所有他同意的人进入。为了能够经营下去，他会制定合理的票价，但是私人影院的这种售票经营方式是无效率的。市场有效率是指使社会净收益最大的资源配置方式，有效率的电影供给是影院的所有者允许任何有兴趣看电影的人进入而不管他付了多少钱。不管一个人对看电影的兴趣多么小，允许一个人进入就可以增加社会总收益，而不增加社会总成本，从而增加社会净收益。然而，电影院的私人所有者必须收取入场费以弥补他的成本。任何给定的入场费，终将排斥那些虽然对电影有一些兴趣但是没有足够兴趣付费的人，即私人经营电影院导致了对某些人的排斥，这是无效率的。

人类的文化艺术成果显然属于一种比较特殊的准公共品，它的公共品属性主要取决于它的文化价值的非竞争性，享有它的文化价值的人类群体范围非常广泛，比如一个民族，一个国家，一个社区。当然，从全人类的角度来看，作为人类的记忆、人类智慧与人性的表征，文化艺术成果在这一意义上具有了超越种群与国家的普遍公共性。

参照对于一般公共物品的分析框架，体现人类文明的公共文化产品（比如国家博物馆、国家艺术馆的收藏品以及非物质文化遗产等）的公共性表现为：其一，此类文化产品具有显著的外部性，它的意义和价值远远大于它的物理价值和对于个人的乃至某个特定群体的意义。其二，这种文化产品具有受益的非排他性，一个社会成员享受这些物品或服务，并不排斥、妨碍其他社会成员同时享用。其三，这种文化产品还有消费的非竞争性，即社会成员享用公共文化一视同仁，享受的具体内容、范围、质量都不受市场条件变动的影响。

社会福利最大化需要的公共物品数量超过了消费者愿意按照市场价格进行购买的数量。社会不是按照消费者的偏好判断最优的消费量，而是按照立法者的意愿决定支付补贴以降低公共物品的价格，从而增加消费的数量。从各个国家执政者的公开言论中可以推断,艺术被看作一件特别好的公共物品,因此政府部门愿意支付补贴,让消费者消费超过他们自由选择的数量。艺术之所以成为公共物品,可能是因为艺术对人们的益处超过了人们认为的水平。对艺术的忽视令许多人远离了亲身参与艺术的经历,从而失去了由此能够获得的巨大享受。这也是在信息不充分的情况下对消费进行补贴的一项理由。

公共物品不会在市场出售,那么社会怎样保证公共物品的生产数量正好可以满足消费者的需求呢?从理论上讲,可以通过民意测验,了解潜在消费者愿意为公共物品支付多少,然后提供相应的数量,使公众愿意支付一单位公共物品的价格正好等于生产公共物品的边际成本。

我们可以查明,公众是否认为艺术文化能够带来外部收益,如果有外部收益,他们愿意为这种外部性收益支付多少?然后比较人们愿意支付的总和和政府目前的补贴水平,确定实际补贴水平是太少了,还是太多了。

对澳大利亚和加拿大的艺术补贴的公共调查结果显示,澳大利亚对艺术的补贴小于艺术的外部性收益,说明澳大利亚对艺术的公共补贴数量不足。而加拿大的补贴则刚好等于公众愿意为公共艺术支付的数量。

由经济学的基本理论可知,如果希望实现收入再分配,最好的方法是现金转移,而不是对穷人消费的具体商品或服务提供补贴。但是政府还是对公益品的价格进行了补贴,或是免费提供公益品。

二、成本递减和长期成本增加

多数艺术部门受生产力滞后的困扰,成本增长快于生产力增长速度,造成了财务困难,如果得不到补贴或者捐赠,将无法经营。[①]

(一) 成本递减

大部分艺术机构是非营利性的,它们经营的目的不是利润最大化,如果门票价格超过边际成本,那也是因为它们在成本递减的条件下运作,所以边际成本总是低于总平均成本。如果艺术部门按照边际成本定价,那么它们将会亏损,因而为了维持运营,艺术部门不得不将门票价格定得高于边际成本。

成本递减产业是指产业内平均每单位的生产成本随着市场对其产出需求

---

① Kimberly Mathie. "Arts Advocacy Arguments: Friend or Foe?", Working Paper, 2007, 4.

的上升而不断下降。博物馆就是在平均成本递减的情况下运营的,博物馆收取的等于平均成本门票价格一定会高于边际成本。经济理论认为,在市场价格等于产品边际成本的情况下,资源配置是有效的,因此,这个结果不满足资源有效配置的条件,市场失灵发生了。

公共补贴是解决以上问题的一个方法:艺术机构以边际成本收取门票价格,并产生营业赤字,政府的公共补贴弥补这项财务赤字。但是从社会福利的角度来看,通过税收来弥补艺术的财务赤字会产生不良影响,例如造成赋税经济部门的价格扭曲,损失社会净福利,这将抵消艺术部门利用边际成本定价所带来的福利收益。

私人慈善捐款避免了公共补贴的福利损失。艺术部门可以按照边际成本定价,通过接受慈善捐款或者向有兴趣的观众出售会员卡弥补财务赤字。很多经济学家将私人捐款看作是解决成本递减行业中存在问题的最佳方法,产品的每个产出单位都按照边际成本出售,从而都满足边际成本定价原则,而财务赤字则通过对潜在消费者的定期收费来弥补。这种收入安排对于博物馆来说的好处是,那些对艺术机构感兴趣,并可能从中受益的人也会为赤字的弥补做出贡献,而不是以税收的形式将这个负担推给不相关的第三方。国家财政和地方财政对艺术部门的支持有区别,对于主要服务于地方的艺术部门,利用地方财政弥补财务赤字更合理,因为地方税的纳税人至少是被补贴的艺术服务的潜在使用者。

博物馆的情况比较复杂。博物馆扮演了多重功能,所以对博物馆的补贴有多种原因,解决成本递减带来的财务赤字的方法是私人捐赠。但是博物馆为后代保存了艺术,发挥了教育功能,并且带来了其他外部收益,所以政府也应该通过税收对博物馆进行补贴。

(二) 长期成本增加

生产力滞后理论指出,表演艺术的实际成本在长期里必然增加,艺术倡导者经常以此为理由向政府提出艺术补贴。如果没有补贴,那么门票价格必须持续上升,从而使获得新观众的所有希望全部破灭,表演艺术公司面临越来越大的财务赤字,最终破产。前面已经指出,这种悲观的看法未必真会出现,因为存在抵消生产力滞后影响的因素。抛开那些抵消生产力滞后影响的因素,我们在此指出,生产力滞后不是政府补贴的正当理由。

生产力滞后是一个市场过程，会导致任何一个技术落后产业的单位成本的上升。但是仅仅因为艺术是生产力滞后的部门就对其进行补贴是毫无理由的。假定相对于工业部门来说，艺术部门的实际成本是上升的，那么最好让它的价格上升，以反映实际成本的上升。只要市场有效运作，那些较高的成本就会被经济以最佳的方式吸收掉。如果没有技术落后的产业，整个社会的福利会改善，现实是存在技术落后的产业，如果对技术落后产业进行补贴，使市场价格不能反映真实成本，社会福利只会变得更低，而不会有所好转。不管存在市场失灵与否，政府补贴的理由只能是市场失灵或公平分配等原因。

三、艺术与公平

对艺术的补贴从两个方面涉及公平问题。一个是现存的收入分配状况对人们接近艺术有何影响？收入的不平等是不是令贫困者很难接近艺术文化，从而需要对艺术补贴以使贫困者能接触艺术？另一个是对艺术的补贴如何影响现存的收入分配状况？补贴是牺牲了富人的利益来帮助穷人，还是与之相反？

（一）收入不平等对艺术参与率的影响

表演艺术的观众和博物馆的参观者中只有极少数是低收入者。在20世纪80年代，收入低于5000美元的观众只占美国艺术观众总人数的8.5%，而收入低于5000美元的人数占美国城市人口的35.2%。很明显，穷人在艺术和文化观众中所占的比例非常低。

尽管教育是艺术参与的一项更为重要的决定因素，但是收入对艺术参与的影响绝非无关紧要，那些相对贫穷的人根本无法按照市场价格负担大量现场艺术和文化活动。因此，保证让大多数人更多地接触到文明社会的文化传统的意愿，成为对文化进行补贴的一项强有力的理由。

让更多的人接触到艺术在本质上是一个道德问题，它反映了一个社会的根本信念，即社会中的每一个人都应该获得均等的发展机会。

接触艺术的机会不均等的另一个原因可能是艺术文化基础设施的区域性分布不均匀。许多社区由于缺乏对艺术表演或美术作品进行常规性展示的专门设施和机构，使得当地居民无法接触到这些艺术。政府在决策文化设施的分布时需要考虑文化设施的利用效率和接触艺术文化的公平之间的权衡。

(二) 艺术补贴对收入分配不均等的影响

当前的艺术补贴实际上可能加剧了居民收入水平不均等的现状。艺术补贴是劫富济贫，还是与之相反，取决于同各个收入阶层的税收负担情况相比，艺术补贴的收益的分布情况是否与税负分布情况相匹配。因为富人参加艺术活动比穷人频繁得多，所以富人从艺术补贴中获得的收益也比穷人多。思罗斯比对1974~1975年澳大利亚的文化需求情况的研究表明，高收入者从对艺术的补贴中获得的收益超过了他们为支持艺术补贴而负担的税收。如果这个结论是正确的，那么当时澳大利亚的艺术补贴实际上使收入分配更加不均等。纳泽的一项研究结果表明美国的情况正好相反，纳泽估计在1985年，美国对艺术的补贴以及税收负担的情况更有利于穷人。收入高于50000美元的居民税收负担水平明显高于他们获得的艺术补助，收入在25000美元到50000美元之间的人们获得的艺术补贴与为支持补贴的税负水平基本相当，收入低于25000美元的人则是艺术补贴的净受益者。

上述研究结论存在明显的问题。研究结论对研究假设非常敏感，对艺术补贴收益的度量对结论的影响巨大。另外，如果考虑到艺术对未来收入的影响，那么艺术补贴很可能对收入分配的不均等产生了更大的影响。

艺术补贴在任何国家都可能加剧收入分配的不均等。为了避免艺术补贴的这种影响，可以采取公平累进税制，或艺术补贴中包括大量明显针对低收入群体的方案。

四、反对艺术补贴的观点

尽管有以上理由支持政府补贴艺术，但是也有反对艺术补贴的观点。

(一) 艺术不存在外部性

美国的社会哲学家欧内斯特·凡·登·哈格（Ernest Van Den Haag, 1979）承认艺术如果带有正外部性的话就应该对艺术进行补贴，但是他认为即使艺术在其他国家产生了正外部性，在美国这种正外部性也是不存在的[①]。

---

① Ernest Van Den Haag. Should the Government Subsidize the Arts [J]. Policy Review, 1979 (10): 63 - 67.

首先哈格认为，高雅艺术对建立和保持美国的国家认同感没有任何贡献。他以歌剧为例，美国的歌剧编写者和制作人并没有在这些作品中融入大量的民族传统，因此美国的歌剧对国家认同感没有任何帮助，为了培养国家认同感而对歌剧补贴就没有任何必要。哈格随后将这一观点运用于其他艺术领域：古典音乐、芭蕾舞、博物馆内的伟大艺术作品大体上对美国国家认同感的培养作用不大。博物馆内的内容与国民生活无关，对国家凝聚力或认同感没有任何帮助。

哈格的研究完全忽略了很多艺术具有浓郁的美国传统，戏剧、现代舞、芭蕾舞、绘画和雕刻等都含有美国的特色。

哈格的观点还暗含一个假定，即外国的传统对美国艺术文化的发展没有任何作用。这显然不对。对20世纪40年代和50年代的欧洲和美国有巨大影响的美国抽象派绘画艺术，来源于20世纪早期的欧洲。风靡于美国的新古典主义芭蕾舞，是一名俄罗斯舞蹈教练引入纽约的。这些例子说明高雅艺术活动的国际化。

哈格将论点建立在他选择讨论的单一情况之上，而忽略了经济学家经常提的各种正外部性，所以其结论是狭隘的。

（二）补贴对艺术有害

反对艺术补贴的一个观点是，对于真正的艺术创造来说，政府补贴实际上是弊大于利。政府不能区分艺术的好坏，因此必须无差别地分配补贴资金，这就会吸引平庸的艺术家，并且大量的政府补贴被浪费在平庸文化产品的生产上。在一个政府补贴构建的虚假艺术世界里，真正的艺术家可能会发现成功变得更加困难。

这种反对艺术补贴的理由在很大程度上是主观想象出来的。哈格似乎认为政府的某个机构随意决定补贴哪些艺术形式，实际上，多数资助艺术的公共机构依赖于对艺术考察的完善体系来选择补助对象，以使补助资金的作用发挥到最大。在政府补贴的使用上，没有人否认政治的影响，也没有人认为补贴的使用都是有效率的，但是完全否认政府补贴对优秀艺术的促进作用，显然是偏激的。

（三）市场可以纠正失灵现象

班菲尔德否认信息不充分会妨碍市场发挥作用。如果消费者认为信息对他们是有用的，那么他们会为获得信息付费，在这种情况下，私人市场会提供信息。但是这种观点没有注意到实际上消费者并不知道获得艺术的信息对他们的好处，因此他们不会对有关艺术的介绍性信息或经验付费。

第二节 捐赠对艺术表演的影响

艺术领域的营利性组织看似繁荣，但实际上由于固定成本过高和不完全契约等问题，营利性组织往往难以盈利，甚至亏损。营利性组织难以维持运营，非营利组织在表演艺术中应运而生。为什么社会愿意向非营利表演机构捐赠？为什么靠捐赠维持的非营利组织就能够努力提高演出质量？这个问题值得深思。本节考虑捐赠的动机和捐赠对艺术表演的影响。

一、捐赠环境

（一）捐赠的社会环境

我们主要以19世纪美国波士顿交响乐团得到捐赠的社会环境为例，考察是什么社会环境产生对艺术的捐赠。这种社会环境对引导社会捐赠支持艺术有借鉴意义。

对文化产品质量的关注促使非营利机构的诞生。19世纪美国交响乐团和歌剧公司经营目的相当复杂，音乐演出与博物馆的经营目的曾经一样是为了谋求利润。今天它们都采用了非营利形式，推动它们改变的原因是经营目的对产品质量的影响，因为非营利性组织注重的是演出质量，而其他团体组织的演出可能会更多地考虑自身利润。19世纪中叶，波士顿名流已经开始追求艺术作品的质量："艺术是高雅的，而纯娱乐是粗俗的。"同时当地还将年轻人送到盛产"文化瑰宝"的欧洲培养他们的艺术修养。一些早期社团组织的创建和维系并非广泛依赖于社区，而是通过建立非营利性机构并成立长期董事会的方式，董事会成员既要认可以往的捐款与成果，又要为目前所需的款项争取捐赠。交响乐团通过改革成立的非营利性组织（NPO）主要依靠一些富有的个人组成的俱乐部提供资金。

经济发展是 NPO 建立的经济基础。波士顿的百万富翁在 1840 年还是"屈指可数"，而到 1890 年就增长到了 400 个。保罗·迪马季奥（Paul Dimaggio）认为波士顿名流们对整个城市失去了政治上的控制，这促使他们依靠高雅艺术 NPO 的形式实现他们共同的目标。[1] 我们可以发现富人们确实在帮助他人或是觉得有义务做出捐赠，弗朗茨·奥斯特罗尔（Francie Ostrower）曾经罗列了纽约城 48 个机构的大捐赠者，结果发现其中 82% 以上的成员是《福布斯》杂志刊登的纽约最富有的美国人。[2] 美术博物馆和波士顿交响乐团这两大主要产物，集中了艺术机构中的文化艺术活动。乐团在很长一段时间内只是富豪亨利·李·希金森（Henry Lee Higginson）的私人领地，但他的成功与乐团的发展依靠着更深层次的社会契约。

竞争促使 NPO 形成。波士顿和纽约一样，水平不高的乐团引爆了最初一轮的竞争。另外两家乐团（爱乐协会和哈佛音乐协会）都有自己的捐赠者，它们指责希金森是个掠夺者，但希金森的地位和所做的贡献是这些指责所无法抹杀的。许多美国乐团遇到了类似情况，它们都可以找到慷慨的捐赠者、担保人或是个人资助者，这些资助数额是相当可观的，虽然资助本身不是持续稳定的行为，因为一些资助者可能会失去兴趣、破产或者死亡。于是乐团开始调整与一些赞助人的关系，并逐步转向依靠捐赠资助的 NPO 组织形式。由捐赠资助的 NPO 尽管成绩显著，但它不是个永久性组织；凯特·穆勒（Kate Mueller, 1973）对 27 个美国交响乐团从 1890 年成立（或是 1890 年以后成立的乐团）到 1970 年之间的发展状况进行了研究，发现其中 7 个乐团中有过 8 次关闭的情况（关闭时间从 1 年到 17 年不等）。[3] 乐团破产是因为董事会缺乏对乐团政策的影响力，权力实际上只掌握在乐团经理或内部小团体的手中。而大型乐队的董事会成员中很多人都具有商业和法律背景，其中也有一小部分人是艺术家和教育家。这些长期存在的董事会有一些众所周知的弊病，然而捐赠资助的动机推动董事会选举产生新董事成员，这样就可

---

[1] [美] 理查德·E. 凯夫斯著，康蓉等译：《创意产业经济学：艺术的商品性》，商务印书馆 2017 年版，第 407 页。
[2] 同上，第 410 页。
[3] 同上，第 409 页。

以最大化 NPO 的长期价值。这一激励机制似乎在大型和相对成功的 NPO 中存在得比较多，一些捐赠单位通过在董事会中安排自己的管理人员来促进此机制的发展。

明星效应激励捐赠的产生。洛杉矶"星期一晚间系列音乐会"是个比较有趣的个案，因为这种现代音乐盛会推动了一种非正式乐团组织的出现。这种乐团组织聚集了一大批自由音乐人，这些音乐人放弃了很多报酬优厚的演出机会，他们接受这个乐团的演出邀请并不是为了报酬，而是为了扩大自己的影响力。这些音乐人的大批观众自然就成了音乐会的捐赠者。

（二）捐赠的必要性

非营利组织形式存在的原因，需要结合对于高额固定成本的分析。所有主张提高演出质量的人都知道，其关键是建立一个拥有固定的、全职演员的演出团体。要与演员们面对的自由商业演出机会相抗衡，固定的演出团体就需要给演员们更高、更可靠的薪酬保证，演员成本从可变成本转变成固定成本。乐队负责人被赋予了人员雇用和解聘的权力，这使他们面临一个问题：在继续雇用关系的时候，需要给雇员提供更高和更稳定的福利待遇。文化产品质量的提高引起固定成本上涨，市场无法解决财务赤字，捐赠是非营利组织存在的前提。在美国，人们对提高乐队演出质量的追求促使捐赠资助型非营利组织最终成为乐队的主要组织形式。

二、捐赠的动机

捐赠的主体有个人、团体和企业，他们捐赠的目的往往并不相同。

（一）个体捐赠者的动机

经济理论不相信人性本善，而是假定每个家庭都极有可能采取自利的行为来实现自己的利益最大化；除了这一假定之外，它还假定人们有各种偏好。

但是利他主义的动机说明了为什么理性的、以自我为中心的个人会资助公益事业，人们可能会得益于利他行为：在知道邻居们能够听到一支出色的交响乐团演出时，人们的自我感觉会更好；人们也许会得意于自己的捐赠行为（或是在节目单中看到自己的名字）。

政府资助表演艺术团体并扩大其活动，也许会降低私人捐赠的热情。利他主义者会觉得自己的捐赠无足轻重,继而撤回。然而公共基金的存在并未削弱捐赠者的热情,因此私人捐赠也许不会被政府资助取代。

搭便车行为有可能致使 NPO 无法生存。假设一个社区有 N 户人家,每家都希望社区里能有一家好的交响乐团,尤其是为了将来可以享受优惠的票价,每家愿意至少捐赠 x 元。成立俱乐部最初应当是可行的,对整个社区也是有利的,因为尽管每个家庭都捐出了 x 元,但他们实际却能得到大于 x 元的利益。如果其中有一些住户 $n(n<N)$ 每家都捐出了 x 元,那么总共捐款额为 nx 元,组织乐团便切实可行;但是如果没有这些捐款来负担固定成本,光靠票价是无法提供足够收入的,因此也就无法组成乐团。市民领导提议:一旦 n 家承诺过后,就将这些 x 元的捐赠承诺赋予法律效力,承诺方必须履约。有些家庭也许不想捐赠,他们希望其他家庭的捐赠能达到 nx 元,如果搭便车的家庭过多,NPO 乐团也就无法成立。

然而,"相互性原则"可能会起作用:"如果 $n-1$ 的家庭都捐赠 x 元,那么我们也会这么做。"捐赠者之间的社会联系、捐赠活动的组织以及相互监督能促使私人捐资,提升 NPO 的生存能力。所以要对潜在捐赠者可能采取的集体行动加以关注。

(二) 慈善团体捐赠的动机

个人向文化团体及其他 NPO 捐赠的分析解释了捐赠者俱乐部成立与发展的原因,即通过捐赠的互惠性促使人们履行社会义务,同时通过竞争手段刺激捐赠金额的增加。捐赠者与受益人持续地相互影响,他们之间存在着名和利的角逐,在这种社会背景下他们成立了俱乐部,而 NPO 正是从这些俱乐部中发展出来的。这一背景要求惩处搭便车行为,认为坚持合作会带来持续利益,同时激励个人对集体或团体利益的援助,阻止一次性的自私行为。

慈善团体协调慈善捐款的使用方向。如果富人们有很强的帮助他人的欲望,那么还存在着捐款如何在相互竞争的团体中进行分配的问题。重要的一点是主要捐赠者不仅仅只是签支票而已,他们本身就是积极的募捐者和 NPO 董事会的成员。在奥斯特罗尔研究的大型捐赠者当中,有 75% 服务于 NPO 的董事会,60% 服务于不止一个 NPO 董事会,78% 为一个或更多的团体筹款。① 决策权、组织内部的公平性及募款责任之间的联系，会影响到在相互竞争的 NPO 之间的捐赠分配问题，这是个互利互惠的过程：你对我喜爱的慈善团体有所贡献，我便会记住你的团体。富有的捐赠者们不仅可以控制自己的捐赠资金，而且通过刺激和说服其他捐赠者影响他人的资金流向。一个显著而微妙的相关事实是，文化性 NPO 与其捐赠主顾们都聚集在同一地区，这样互惠性需要和社会贡献排名就促进了整体捐赠额的增加。

慈善机构帮助实现大捐赠者的目的。捐赠者认为接收捐赠的社团及文化机构不仅是精神产品的提供者，而且更应该是一种服务于他们或是与他们情况相仿、兴趣相投的人群的社会基础设施。乐团的产品通常并非严格意义上的公共物品，富有者的捐赠行为很明显是面向那些与其相似人群的需要的，但是富有的捐赠者的排外情绪正在逐渐减弱，他们现在欢迎任何一笔"新的捐赠"。由这些慈善机构的网络提供的一整套选择机会才是公共物品，在某种意义上它们带来的确切利益与未来受益者的身份都是不明确的。

慈善团体以社会声望和决策权来回报捐赠者的大额捐赠。而负责酬谢捐赠的董事会成员也无须一定要建立最有效的监督程序，他们只需要维持捐赠者对于该社团的长期捐赠热情。贵族后代的社交活动都是围绕着慈善事业展开的，这使社团得到长期的捐赠成为可能。

慈善团体董事会成员负责赠款支出产生的遗留问题。慈善团体可能会收支平衡，也可能要弥补偶尔的不足，会员制体系亦促使捐赠者成为募款者和宣传者。董事会成员的管理与募款业务会影响到捐赠效果，也会提高募集资金的使用效率。

（三）企业捐赠的动机

企业的慈善性捐赠又有什么动机呢？追求利润的企业对其自身能否得到社会尊敬并不感兴趣，一个纯粹追求利润的企业会向文化性和其他慈善性的 NPO 进行捐赠，其目的是可以扩大和增强其预期利润。

捐赠要想有利可图，要么必须降低产品制作成本，要么增加产品需求量。降低成本的一个简单办法是降低他们招聘和雇用员工的预定工资水平。

---

① ［美］理查德·E. 凯夫斯著．康蓉等译：《创意产业经济学：艺术的商品性》，商务印书馆 2017 年版，第 410 页。

随着文化性及其他NPO基础设施的改进，在某个特定的城市生活与工作变得越来越有吸引力，更多的人选择定居在这个地区，或者说搬往别的城市的人越来越少了。人们的选择取决于一个地区的薪金水平和居住环境状况，而这些都会受到NPO基础设施的影响，因此更好的基础设施能降低一个企业招聘一定数量员工的费用。企业需要的员工技能和教育程度越高，员工对NPO资助的文化团体提供的文化产品和其他服务的文化偏好就会越高。高技术企业需要高技能的员工，而这些高技能员工更偏好文化产品，企业自然会对文化艺术组织做出更大的捐赠。

消费者了解一个企业的产品优点会增加他们对这种产品的好感，市场对该企业产品的需求就可能随之扩大。受益于某个NPO文化团体的消费者会发现，自己面对两种牌子的汽油做购买选择时不再盲目和随意，而是理智地选择为NPO进行捐赠的企业的产品。消费者如果对一个企业的产品不确定，甚至在购买之后都无法完全评价它的话，就更有可能做出以下推断：一个支持慈善活动的企业是不会故意提供劣质商品的。

如果企业的慈善行为能令企业的管理层有利可图的话，那么影响企业捐赠的就可能还会有其他因素。企业管理人员可以用股东的钱对文化和其他慈善团体捐赠，实现管理层的个人目的。

彼得·纳瓦罗（Peter Navarro，1996）的统计结果证实，企业的捐赠行为很明显是为了降低成本、提高需求或二者兼而有之，捐赠行为最终服务于利润最大化的需要。劳动密集型企业捐赠的数额相对更大，但如果在同一个城市中还有其他企业参与资助文化和其他性质的NPO，它们就会缩减这些费用。通过广告来博取公众好感的企业也通过慈善捐赠来达到这一目标。而对于那些用公款行善的经理来说，他们个人不会做过多的捐赠。在一些城市中，慈善团体的成立是为了鼓励当地企业的捐赠行为，而事实上这些团体大大提高了捐赠的总额，因此，对私人捐赠起作用的慈善团体制度同样适用于企业团体。[①]

三、捐赠对艺术表演的影响

私人捐赠和政府补助对非营利性的艺术表演团体可能产生下列影响。

[①] ［美］理查德·E. 凯夫斯著，康蓉等译：《创意产业经济学：艺术的商品性》，商务印书馆2017年版，第413页。

(一) 捐赠对门票价格和表演场次的影响

假定非营利性的艺术表演公司的目标是在预算平衡约束下，在上演达到一定质量标准的剧目的条件下，追求观众数量的最大化。如果上演剧目的质量不受捐赠和补助的影响，那么公司将会降低门票价格，以扩大观众数量。结果如图 13-2 所示，在没有捐赠和补贴的情况下，公司在 H 点上进行经营，在 P_2 价格下提供 Q_2 数量的座位，这时门票价格正好等于平均总成本。当公司获得捐赠时，门票价格可以低于平均总成本，差额反映了可用捐赠的影响。公司将票价降低为 P_3，观众人数上升到 Q_3，这时每个座位的成本为 ATC_3，每个座位的亏损额为 $ATC_3 - P_3$，总亏损额为 $(ATC_3 - P_3)Q_3$，这部分亏损额即为可用的捐赠数量。

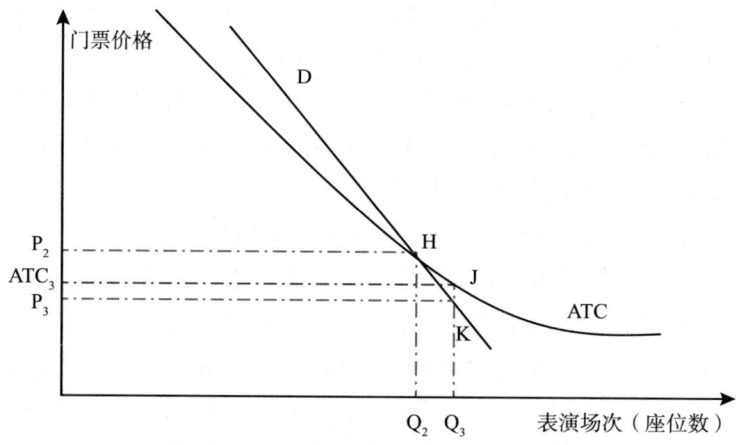

图 13-2 捐赠对价格和数量的影响

表演节目的质量也受捐赠的影响，有时捐赠的目的就是提高表演节目的质量。节目的质量越高，演出的成本越大，如果表演公司接受捐赠的回应是提高节目的质量，那么捐赠的后果是图 13-2 中的平均成本曲线向上移动。如果需求曲线不受节目质量的影响，那么门票价格下降和观众数量上升的幅度就会小于图 13-2 所示的情况。不过，一般情况下，需求曲线也随着节目质量的提高向右移动，这将推动门票价格和观众数量上升。最终结果取决于平均成本上升和需求曲线右移的相对幅度。

(二) 捐赠对剧团规模和市场结构的影响

捐赠性收入常常与剧团的规模相联系。以激励性补贴形式发放的款项，往往被实力雄厚的剧团得到。剧团为了多得到捐赠，通常扩大剧团的规模，增加与市场及财务管理相关的行政人员。有时捐赠被指定用于扩大表演场所，进一步扩大了剧团的规模。剧团规模扩大将加强剧团对局部区域的表演市场的垄断能力。剧团规模扩大和垄断力量加强的一个后果是间接营业成本的大幅增加。

(三) 捐赠对创新的影响

非营利表演剧团的规模越大，将会变得越保守。在对美国非营利性剧院的保留剧目的一项研究中，迪马乔和斯坦伯格（Dimaggio and Stenberg, 1985）对以下假设进行了检验：非营利剧团的规模与节目保持一致性正相关。根据150多家非营利剧团在1977~1978年以及1978~1979年两个演出季中的数据，他们编制了一个指数，对剧目的一致性进行了衡量，该指数等于被研究的群体在这两个季度中，某个既定剧院的全部剧目中的每一个剧目在所有剧院中制作上演次数与该剧院上演次数的比。①

假设某个剧团上演了n个剧目，x_i为该剧团第i个剧目的上演场次；研究组中有m个剧团，x_{ij}为第j个剧团上演第i个剧目的场次，则该剧团的一致性指数 I 的计算公式如下：

$$I = \sum_{i=1}^{n} \sum_{j=1}^{m} x_{ij} / \sum_{i=1}^{n} x_i$$

如果某家既定剧院的记录数值为1，就意味着除这家公司外，再无其他公司制作上演同样的剧目。另外，记录数值为4意味着，平均来讲，在该研究组中，有三家其他的剧院在制作上演这家既定公司的全部剧目中的每一个剧目。

指数的数值越高则公司的全部剧目就越具有一致性的特点，即更缺乏创新性。迪马乔的研究结果表明，在纽约城以外，全部保留剧目的一致性随着演出公司的规模及演出场所规模的增大而增大。即在保持其他变量不变的情

---

① ［美］詹姆斯·海尔布伦、查尔斯·M. 格雷著，詹正茂等译：《艺术文化经济学》，中国人民大学出版社2007年版，第133页。

况下，公司的预算规模越大，公司提供的座位数越多，则公司表现出的改革创新性越少。结论是，随着取得的成功越来越多，剧团在创新方面的发展也越来越少。这里的成功是用在市场上取得的成绩来衡量的，补贴和捐赠也在一定程度上意味着剧团在市场上的成功，因此，补贴和捐赠间接地阻碍了创新。

如果捐赠促进竞争，这将在一定程度上弥补捐赠对创新的消极影响，因为，竞争是创新的动力。对于纽约的非营利剧院，迪马乔的结论是：首先，纽约的一致性平均指数比其他地方低很多。其次，演出场所的规模对纽约演出剧目的一致性没有任何影响。最后，预算规模对一致性的影响比其他地方弱得多。纽约戏剧界存在高水平创新的原因是非营利公司同百老汇等营利公司的激烈竞争。这些结果说明：随着艺术观众人数的增长，以及艺术公司数量的增加，竞争会带来更大的差异性和更多的风险，并促进创新，因此，竞争会提高节目的质量。

第三节 艺术补贴和捐赠的实证研究

非营利性艺术表演机构的很大一部分收入来自政府补贴和免税的私人捐赠。福特基金会发起的一项针对 166 个非营利性表演艺术机构的财务状况进行的调查显示，1965～1971 年间，由私人、商业公司和基金会提供的慈善捐赠在这些机构的总经营收入中所占的比例为 35%～38%。[1] 美国政府和地方政府发放的补助在非营利性表演公司的收入中所占的比例也较大。2018 年我国的国有和集体艺术表演剧团的收入中有 30% 来自政府财政补贴。我们分别考察美国、欧洲大陆、英国对艺术的补贴与捐赠情况。

一、美国[2]

在美国，政府与社会并举赞助和支持文化事业，文化事业的资金来源非常广泛。美国文化艺术赞助体制是复杂、分散和多样化的，文化艺术机构既

---

[1] ［美］詹姆斯·海尔布伦、查尔斯·M. 格雷著，詹正茂等译：《艺术文化经济学》，中国人民大学出版社 2007 年版，第 129 页。
[2] 韩红：《美国资助文化事业的运作方式》，载《学习时报》2007 年 7 月 10 日。

获得联邦、州和地方政府的拨款,也有个人、公司和基金会等私营部门对其进行赞助。美国非营利性文化组织的资金来源,约半数为票房和其他销售收入,其余约40%为私营部门(公司捐赠7%,基金会13%,个人20%)的捐赠,公共部门提供的资金占10%,其中联邦政府提供的资金仅占2%,作为美国最大的联邦艺术管理机构的美国国家艺术基金仅提供不到1%的资金。政府资助的数额不含联邦政府通过税收优惠政策为支持文化事业提供的间接扶持。

(一) 公共部门对文化的直接赞助

来自美国国家艺术基金等公共部门的直接赞助并不对艺术政策起导向作用。从纯数额看,这笔资金远远无法支持美国大多数文化活动,它们起的作用仅仅是为文化机构提供补充资金,特别是加强文化教育,推广新剧目,实施文化保护项目,是作为其他赞助方式的补充。任何一个机构或者项目都不具备直接影响美国文化总体发展的能力。像国家艺术基金这样的机构仅对它们能够控制的变量负责,并不要求它们对文化制作和推广的机制进行干预。

美国公众认为,小额拨款资助方式,加上艺术委员会等地方政府机构对文化艺术进行一定管理,又有税收制度支持文化事业,这些加强了政府资助的效率,保证了文化的多样性,也促进了文化事业的自由发展。假如某笔拨款效果欠佳,其影响非常有限。同时,文化机构的相对独立性,有利于文化艺术的创新尝试。

(二) 美国国家艺术基金的作用

美国国家艺术基金建于1965年,为独立的联邦机构,是美国政府负责文化艺术的组织。该基金2004年的预算为1.21亿美元,除机构自身运作所需,有1亿美元作为能提供的资金,仅占美国文化事业所需经费不到1%,却要支持50个州和6个美国领地的文化事业和文化教育,按照许多国家的标准,该基金的作用本应十分有限。

美国国家艺术基金拨款有独到之处,即采取配套拨款,他们每向文化组织拨款1美元,该组织需从政府以外的渠道争取7~8倍于拨款的配套资金或捐款,这1美元才能真正到位。也就是说,如基金提供10万美元得到落实,该文化组织最终将得到相当于80万美元的资金。文化组织由于得到国家艺术基金的拨款而提高了它的可靠性和知名度，因此美国国家艺术基金拨款形成巨大的乘数效应。该基金虽然不能管理或者决定美国的文化艺术政策，但是它与各个层次的文化艺术组织的合作，形成了关于美国文化的一种持续不断的对话。

（三）州级和地方艺术机构

州级艺术拨款是另一个重要资金来源。州级艺术拨款的多少，取决于州税收额。2003年州级艺术经费共计3.545亿美元，2004年下降23%，共计2.730亿美元。

州政府支持艺术的做法与国家艺术基金类似，但更注重小型、地方色彩更浓的艺术组织以及年轻和不知名的艺人。州艺术机构还扶持社区团体的艺术活动，以及艺术在医疗保健、犯罪教育学和老年医学中的应用。

（四）其他公共部门对文化艺术的支持

除国家艺术基金外，美国政府其他一些部门也为文化事业提供资金。这些部门有的是独立的文化艺术部门，有的是挂靠在本身与文化艺术没有直接关系的政府部门（如国防部）之下。受联邦政府资助的文化项目达200多个。2004年联邦政府及准政府机构史密森学会、公共广播公司、博物馆和图书馆服务局、国家人文基金、国家艺术基金、国家美术馆、内务部（拯救美国文化遗产项目）、肯尼迪艺术中心、教育部（寓艺术于教育模范发展项目）、美术委员会、首都计划委员会、服务管理总局（建筑艺术项目）、历史文物保护顾问委员会，分别有0.1亿～4.89亿美元的文化艺术预算。

美国的外交部门支持向海外推广美国文化艺术的项目始于冷战时期。国务院及前新闻总署组派美国著名的交响乐团、现代舞团、歌手、爵士乐团、民间音乐团、音乐剧团等到海外巡演，演员和剧团得到经济赞助，同时，联邦政府的支持给了他们更高的地位，也使他们的观众得到增加。目前，国务院仍然管理着富布赖特交换计划和"文化大使"项目，以及对海外广播等文化外交项目。

(五) 私营部门的捐赠与税收优惠政策

1. 个人和基金会的捐赠

美国的税收体制是对艺术赞助最重要的保障。据估算,2003 年美国对"艺术、文化和人文"类的捐款约 122 亿美元,人均约为 42 美元,其中个人捐赠约占 50%,基金会捐赠约占 33%,公司捐赠约占 17%。美国的基金会资产约 4000 亿美元。1992 年最大的 25 家基金会的捐赠占艺术事业获得的捐赠额的 40%,其余由许多小型基金会提供。另外还有家庭基金和遗产基金等。

美国法律有明确的税收优惠政策鼓励个人和企业向艺术事业捐赠。纳税方向免税的非营利性机构提供任何形式的捐赠,可减少纳税额。根据个人的不同情况,每向非营利性机构捐赠 1 美元,每 1 美元收入便可减少 28~40 美分的税。用经济学的语言讲,捐赠的"价格弹性"为 -0.9~-1.4,也就是说,美国财政部每减少 1 美元的税收收入,私营部门的非营利机构便得到 90 美分至 1.4 美元的捐赠。

在美国,另一个值得注意的捐赠方式是做义工,全国共有约 39 万名全职义工。20 世纪 90 年代初,做义工的人平均收入在 5.6 万美元以上。如果用美元来计算,这种以时间方式进行的捐赠,相当于 200 亿~250 亿美元。

2. 公司捐赠

公司捐赠很分散,艺术事业 2/3 的经费来自利润不到 5000 万美元的公司,其中 90% 捐给了地方艺术组织。20 世纪 90 年代的数据显示,接受调查的公司中,有 47% 向艺术事业捐赠过,公司捐款的 19% 捐给了艺术事业。

向艺术事业捐赠的税收优惠政策还包含在其他一些税收政策里,这样就要求文化艺术机构的管理人员懂得如何从大量分散的渠道来争取直接和间接的资助。

二、欧洲大陆

欧洲的音乐演出通常由贵族赞助,并仅供贵族私人消遣,但是逐渐兴起的中产阶级观众开始增加对乐队演出的需求,中产阶级家庭越来越重视音乐修养与业余音乐才能的培养,他们对音乐会的需求一直保持上升趋势。这种新的发展趋势对欧洲乐队的建立提出重大挑战,挑战程度并不亚于当时纽约的乐团。1830~1848年，伦敦和巴黎每年宣布的公众音乐会数量几乎增加了两倍，城市人口在增长，而人均音乐会的数量增加了1倍多，这些音乐会的赞助商各不相同：演奏家个人、正式与非正式的演出团体、文化协会、音乐杂志和音乐出版商、慈善组织、剧院及崭露头角的演员。①

19世纪40年代多数音乐会（45%~66%）是"义演型音乐会"，这里的所谓义演是指为了某个（或某些）主要演奏者举行的音乐会，这些来自本地或外地的演艺大师每年要定期亮相一次。演奏家互相参与对方的音乐会义演，这促使他们客户群的统一，这些客户可能邀请演奏人员到家执教或是在家庭沙龙上表演。对于本地的演奏家而言，义演型音乐会是具有竞争性的，因为音乐会也是在宣扬演奏人员的教学和表演才能，这会给演奏人员带来间接收入。欧洲的商业捐赠者满意于这种古老的名家巡回音乐会形式。但是与美国情况最大的差异是：由捐赠者资助的、长期存在的非营利组织形式始终未能出现，但欧洲乐团最终采用了依靠政府资助和私人捐赠的方式。

奥地利的萨尔茨堡艺术节是关于政府补贴和私人资金的一个很好的例子。② 萨尔茨堡艺术节是世界上著名的艺术节之一，在其100年的历史中，以其每年演出的音乐会、戏剧以及歌剧的数量之多以及令人意犹未尽的品质而饮誉全球。其私人和公共相结合的筹资方式可以作为一种欧洲艺术的筹资模式。由于公共份额在将来会进一步减少，因此艺术节将最终不得不在更大程度上靠私人资金以及直接受益者——观众来资助。

（一）萨尔茨堡艺术节的资助形式

作为一个公共机构，萨尔茨堡艺术节基金有一个由城市、地区、联邦政府和旅游业管理委员会代表组成的管理机构。预算中50%的惊人比例来自票房收入，约6%靠私人赞助商，4%来自一些艺术节的友人以及私人捐赠者，另有10%来自租金收入、联合制作以及电视转播权（见表13-1）。与欧洲大陆大部分艺术机构约90%的预算来自政府补贴相比，独立筹资70%的比例是极高的了。令人惊奇的是，第三大收入来源——赞助商、资助人和捐赠者

---

① ［美］理查德·E. 凯夫斯著，康蓉等译：《创意产业经济学：艺术的商品性》，商务印书馆2017年版，第400页。
② ［德］魏伯乐等主编，王小卫等译：《私有化的局限》，上海三联书店、上海人民出版社2006年版，第179~185页。

并不进入艺术节的管理机构。在美国和英国，私人捐赠者往往是作为艺术机构的代表的。由于私人资金越来越重要，因此萨尔茨堡艺术节也许不得不做些改变。

艺术节的成功说明了私人和公共资源怎样促进高质量的艺术。

表 13-1　　　　　　　　萨尔茨堡艺术节的预算结构　　　　　　　　单位：%

票房收入	公共补贴	赞助商	友人捐赠	其他
50	30	6	4	10

尽管如此，政府还是艺术节的最终财务保证人，在艺术节急需资助的时候，政府将通过萨尔茨堡艺术节基金进行资助。

（二）艺术节的质量和观众

萨尔茨堡艺术节成功的一个原因是其不断努力争取提供最高品质的文化产品。萨尔茨堡设立了艺术标准，并上演历史名剧，但也不时因创新和标新立异的作品引起人们的诋毁。

艺术节的高品质确实使其昂贵的票价物有所值，但也只有富人支付得起。因此，萨尔茨堡已成了全世界富人和美女的"必需"，这是一个文化、社会和政治的汇聚点，同时也是一个商业平台。但是，萨尔茨堡已经建立了一个青年计划，专门向没有钱参加的年轻人提供低价的赞助票。这个计划的目的还在于培养下一代观众。2003 年，这一特别计划的赞助商是艺术节的主要赞助商之一，也是全球最大的食品商之一——雀巢公司。这是一个私人资金用于承担公共任务和社会责任的例子。

（三）借鉴意义

萨尔茨堡艺术节所走之路与撒切尔首相推行精简政府部门政策时大部分英国艺术机构被迫所走之路极其相似。欧洲其他一些正经历政府财政困难的国家看来也将被迫遵循同样的路径。因此欧洲需要一种新的文化赞助形式，即市民和公司对其艺术机构承担直接责任，这样才有助于欧洲丰富的文化持续发展。但是即使私人部门对艺术的资助有了发展，政府部门就像在萨尔茨堡艺术节案例中一样,似乎还是有必要继续充当一个保证人的角色。

三、英国[①]

英国文化艺术资助制度起源于20世纪40年代,当时政府在文化事业发展中的重要作用得到了认可,产生了第一个扶持文化事业的国家组织——音乐和艺术激励委员会(CEMA)。该委员会在艺术事务上既分配慈善资金,也分配公共资金,在著名经济学家凯恩斯的领导下,该组织于1946年演变成世界上第一个分配政府资金的中介管理机构——大不列颠艺术委员会。雷蒙德·威廉斯(Raymond Henry Williams)在他的一篇名为《政治与政策:艺术委员会的实例》的文章中集中谈论了这个文化管理机构以及凯恩斯本人在扶持文化事业的公共财政定位方面的矛盾与困惑。

威廉斯概括列举了凯恩斯对于该机构的四种相互矛盾的界定与意图,即"美术的国家庇护人;意在诱导自力发展经济的政府投资;弥补市场缺陷;一种扩散中和变化中的通俗文化"。凯恩斯一方面希望文化艺术通过国家的保护与扶持最终实现自力更生,另一方面他又深深地担心文化艺术被商品化的危险。凯恩斯指出:"把公开表演者的神圣礼物出卖给获取金钱的目的,从而剥削它并附带地毁灭它,是当今资本主义较糟糕的犯罪之一。国家怎样才能最好地起到自己的恰当作用,这还很难说。"威廉斯本人也对于受到资助的艺术"从属于商业的和公共关系的算计"表示深恶痛绝,他赞同凯恩斯通过国家资助"把艺术带给那些被剥夺了接近艺术的权利的人们"的努力。

英国的文化艺术资助方式在凯恩斯之后发展出了新模式。随着经济的发展,政府干预经济在实践中开始暴露出自身的缺陷,20世纪70年代的"滞胀"使得人们重新认识"市场失灵"和政府干预的关系,强调"政府失灵"或"政策失灵"的可能性,主张恢复以市场机制作为调节资源配置的主要工具,新自由主义对国家干预提出了责难和质疑,开始主张减少国家干预,恢复自由经济。基于自由主义的政治压力,加之国家财政负担的日益繁重,英国20世纪80年代对艺术文化拨款和管理制度进行了重大变革。尽管还在坚持对文化事业部门的扶持计划,但政府要求艺术和文化组织寻找补充其收入的新来源,文化组织的重点放在了市场化即扩大受众规模、增加商业赞助

---

① 魏鹏举:《文化事业的财政资助研究》,载《当代财经》2005年第7期,第43~48页。

的措施，以及以金钱计算的商业价值上。

思考题：
1. 有哪些支持或反对艺术补贴的理由？
2. 捐赠对艺术表演有哪些影响？
3. 艺术补贴与捐赠的模式有哪些？

第十四章

艺术家市场

经济学分析生产要素市场时依然从生产要素的供给和需求两个方面进行,厂商结合生产数量以及生产技术决定劳动力等生产要素的需求量,家庭决定劳动力等生产要素的供给,在生产要素价格的调节下,生产要素市场达到均衡。经济学的研究框架同样适用于研究文化产业的生产要素市场,但必须注意到文化产业的生产要素市场的特殊性质。在文化产业的生产要素里最重要的是劳动力,即艺术家,因此我们仅考虑艺术家市场,主要考察艺术家的定义、艺术家的职业生涯和收入以及超级明星效应。

第一节 艺术家市场概述

劳动经济学家对艺术家市场非常感兴趣,他们试图解释艺术家的成绩、艺术家的工资、收益分配、职业路径等。艺术家市场的基本情况与其他劳动力市场相似,但也有自己的特点。

一、艺术家的定义和分类

(一) 艺术家的定义

艺术家是指具有较高的审美能力和娴熟的创造技巧并从事艺术创作劳动而有一定成就的艺术工作者。艺术家既包括在艺术领域里以艺术创作为职业的人,也包括在专门职业之外从事艺术创作的人。

经常用以下三个标准判断一个人是否称得上艺术家①：用在艺术工作上的时间量；从艺术工作中获得的收入数量；职业艺术家组织或协会的成员。

文化产业里的劳动者并非都是文化工作者，因此首先要区分文化工作者和非文化工作者。对于文化产业里的非文化工作者，用一般的劳动力市场和工资理论解释不会给经济分析带来任何困难。例如，在剧院工作的会计人员和电工与在其他行业中的同类工作人员没有任何差别。

判断艺术家时需要注意以下几点。

第一，艺术家是社会分工的产物。在人类早期阶段，精神生产与物质生产尚未分离，技术娴熟的工匠就是早期的艺术家。随着生产的发展，艺术生产成为一个独立的精神生产部门，从而为专业艺术家的出现提供了客观条件。人类的长期劳动实践为艺术家的出现创造了主观条件：一方面，它创造了艺术家的审美感官、灵巧的肢体、健全的心理结构、熟练的技巧和能力等；另一方面，它创造了人的丰富复杂的精神世界，创造了整个社会对艺术不可缺少的审美需求。

第二，艺术家是进行艺术创作的主体。发达的审美感受能力、创造性的想象力、丰富的情感和娴熟的艺术表现技巧是艺术家的主要内涵。丰富的生活经验和对生活的敏锐而深刻的洞察力是艺术家必须具有的素质。对人生的严肃态度、对人类命运的巨大责任感是艺术家的主要道德品格。艺术天赋对于艺术家来说也是十分重要的，就某些艺术种类如绘画、舞蹈、音乐艺术来说，创作主体艺术天赋的重要性显得尤为突出。

第三，伟大的艺术家是人类灵魂的工程师。艺术家对社会实践具有极大的反作用力，这种反作用力主要是通过艺术家所创作的文化产品来实现的。它既可能给人以心灵的安慰，也可能给人以精神的鼓舞；既可能给人以虚静恬淡，也可能给人以骚动不安；既可能使一个民族的精神稳固和加强，也可能使它解体和涣散；既可能提高一个时代的趣味，也可能败坏一个时代的趣味。

（二）艺术家的分类

在文化产业里工作的文化工作者的工作都具有创意的特点。但是其工作

---

① ［澳］戴维·思罗斯比著，王志标、张峥嵘译：《经济学与文化》，中国人民大学出版社2011年版，第102~106页。

性质和工作状况也并非完全相同，为了便于研究文化产业的劳动力市场状况，对文化工作者或创意工作者进行细分是必要的。根据研究的不同目的，可以采用不同的分类标准，从而得到不同的分类。

1. 严肃艺术家和通俗艺术家

随着社会文明程度的提高，参加艺术活动的人也将越来越多。为了适应社会不同层次、不同阶级的艺术审美需要，于是便有了所谓严肃艺术家和通俗（流行）艺术家之分。这种现象广泛地存在于各个艺术领域。此外，还存在一支人数众多的艺术家类型，即民间艺术家。这一类艺术家的存在，与民族传统、民族审美心理和趣味、民间工艺、风俗等密切相关。

2. 原创型艺术家和注释型艺术家

这是按照文化工作者的创意性质来划分的。原创型艺术家利用自己的技术和创意能力创造出新的文化产品，如作曲家、画家、雕塑家等；注释型艺术家将别人的艺术作品通过自己的劳动表现出来，如音乐演奏家、表演艺术家、舞蹈家等。

3. 固定工作者和自由工作者

这是按工作的稳定程度划分的。固定工作者是国有艺术组织或者社会上比较有实力的艺术机构的正式雇员，他们有固定的工资，享有一般工作应有的津贴、养老金、终生职务保障等福利。总体上讲，只有表演艺术家，比如演员、舞蹈演员、演唱家、演奏家才有机会得到稳定的工作，就整个艺术家群体而言，拥有固定工作的仍是少数。事实上，很多表演艺术家更应该被看作自由工作者，大多数的非表演艺术家，比如作家、视觉艺术家、手工艺者、作曲家、导演、设计师等是自由职业者。以出售自己的制成品闻名的作家、画家、雕刻家等，不论成立公司与否，他们都更像是做小生意的商人，而不像是严格意义上的雇员。另外，绝大部分的表演艺术家，尽管名义上是公司雇员，实际上只是短期或临时雇用人员，即使他们以工会形式组织起来，获得最低工资保障，但他们仍然无法享有公司的配套福利，也没有长期雇用的保证，与其将他们看作固定工作者，还不如将他们看作自由工作者更合理。

二、艺术家市场的特点

与其他产业的劳动力市场相比,文化产业的劳动力市场具有如下特征:①

(一) 全职工作的人较少

在文化产业中,兼职工作者占很大的比例,他们一方面在艺术领域担任职务,如教师,另一方面在其他行业从事一些工作。后面将提到,创意艺术家身兼数职,目的在于赚得足以维持生存的最低收入以及获得金钱上的保障。实证研究证实了这一假说,即职业艺术家身兼数职并非出于选择,而是有其必要性,或者说,并非完全出于自愿,在很多情况下,是迫不得已。

(二) 收入差距极大

绝大多数艺术家的回报非常低,少数巨星级艺术工作者的回报极其丰厚。虽然巨星的丰厚回报将文化产业中的艺术家的平均收入向上拉动了一点,但是与其他具有相似人力资本特点的行业相比较,文化产业中的艺术工作者的平均收入是很低的。但是在大多数国家的绝大部分艺术类别里,艺术家的供给仍然过剩。为什么平均收入很低,还有那么多人愿意从事艺术工作?当我们理解了下面的特点后,就可以对此矛盾现象给出合理的解释了。

(三) 风险是影响收入的重要因素

人力资本对解释艺术家收入的巨大差异有一定的作用,但是艺术家收入存在巨大差异的主要原因不是人力资本的差异。比如,正式教育在其他产业是收入增加的关键因素,但在艺术界不是。随着艺术生涯的推进,艺术家的经验不断累积,其收入随之增加,在文化产业,艺术家的实践经验比教育对收入的影响大得多。实证研究显示:教育和经验积累同为增加人力资本的方法,但是教育和经验对不同类型的艺术家职业收入的影响不同,经验是创意工作中决定收入的主要因素,正式的艺术资格教育是教师等艺术相关行业收

---

① Shaw P. Researching Artists' Working Lives [J]. Arts Research Digest, vol. 30, 2004.

入的决定因素，教育和年龄在和艺术无关的行业中决定着收入水平。一般认为，一个成功的艺术家要具备艺术天赋，不过由于没有独立而可靠的方法衡量艺术天赋，要对艺术天赋在艺术家成功的道路上所起的作用进行实证分析是很困难的。

　　风险在艺术家职业和艺术家的收入中扮演重要的角色，尽管风险究竟起多大的作用还有争议。与其他行业相比，文化产业的预期收益具有更大的不确定性，但是这种未来收入的巨大不确定性是吸引新人加入文化产业，还是吓走新人，却难以在理论上给出确定结果。对一些偏好风险的新人，即使成功率极低，他们也会义无反顾地走向艺术领域。但对于风险厌恶者来说，未来收入的不确定性是艺术家职业不得不接受的伴随物，是为了成为艺术家不得不忍受的负担，风险厌恶型的艺术家会用身兼数职或者其他策略来化解风险。

　　为什么艺术家的预期收益很低，却有那么多人愿意做艺术家？可以对此做如下解释：风险偏好型的新人无法抗御成名的强烈诱惑，使他们甘愿冒着一生穷困潦倒的风险，也要在艺术行业赌一把；另外，每个人对自己成功的可能性预期不同，年轻人对自己很自信，对将来成名的机会预期太高，在进入文化产业一段时间之后，随着经验累积，不断修正对自己成功机会的预期，当感到自己已经不可能成功时，他们就会退出文化产业；艺术家协会的存在也是艺术家过剩的部分原因，艺术家协会为在职的艺术家争取到更高的收入和更好的工作条件，使艺术家行业更具吸引力，增加了艺术家的供给，减少了雇主对艺术家的需求，这进一步导致艺术家的过剩。不过，艺术家的过剩现象也许被过分夸大了，考虑到一些心灰意冷的艺术家不断退出文化产业，以及在纯粹创作模型中考虑的艺术家创作的动力，一些艺术家进行艺术创作是为了获得艺术创作的文化价值，在艺术创作的过程中，他们也获得了满足，因此仅以货币收入来衡量就低估了艺术家的收入，艺术家在创作过程中获得了心理满足的回报，可以说艺术家市场的不均衡远非表面上看起来的那样严重。

（四）艺术家往往身兼数职

　　前面的讨论假设艺术生产是艺术家唯一的工作，他们的收入只能来自从事艺术创作所产生的经济价值。相对于现实世界来说，这一模型显然过于简化了。下述两个原因使我们需要重新考虑这个模型。

从事艺术创作的收入太少,以至于艺术家无法通过艺术创作获得足够维持生存的收入,很多艺术家的早期艺术生涯就是这样。存在让艺术家迅速且有效赚钱的机会,他们会利用这种机会赚钱,好让自己在剩余的时间从事艺术创作。艺术家会从事另外一份工作,从事这份工作的唯一目的就是赚钱,这种现象在劳动经济学里被称为身兼数职。身兼数职现象对于艺术家来说并不新鲜,在文化经济学里,有关艺术家艺术创作的研究表明,很多专业艺术家拥有与艺术无关的兼职工作,主要原因是艺术家必须有钱满足其基本需要并用来支持其艺术创作。

可以将前面第五章文化生产的艺术创作模型加以扩展,以包括非艺术工作。如果第五章的模型的目标函数为文化价值和经济价值的联合,那么可以在经济价值中加入非艺术商品的生产。这时艺术家可以选择生产艺术商品以生产文化价值和经济价值,也可以选择生产非艺术商品以生产经济价值。模型中的收入来自艺术作品和非艺术商品的收益。

在身兼数职模型中,艺术家的选择变量是从事非艺术工作的时间以及从事各种艺术工作的时间。这样的模型能够反映出艺术家的工作偏好,与学者和研究人员相似,但与大多数劳动者不同,艺术家通常偏好更多的劳动,因为艺术家从工作本身能得到更多的满足。

第二节 职业艺术家的构成和收入

可以用艺术家主要从事的艺术工作、他们的区域分布以及艺术家的收入状况来描述艺术家市场,但是由于统计数据的缺乏,这些方面的信息有限。我们根据思罗斯比等在澳大利亚进行的相关调查,介绍澳大利亚艺术家市场的现状,[①] 这些规律对于研究其他国家艺术家市场有重要参考价值。

---

① 本节内容主要根据思罗斯比等的调查报告改写,参见:David Throsby & Virginia Hollister. "Don't Give Up Your Day Job – An Economic Study of Professional Artists in Australia", Working Paper, http://repository.uwa.edu.au/R/-? func.

一、澳大利亚艺术家的构成

(一) 背景

1981年,澳大利亚议会对澳大利亚的私人艺术家进行了调查。这个调查开创了对职业艺术家数量、职业构成和收入的研究。调查获得的信息和结论对政府制定政策、增强对澳大利亚的文化和艺术的理解提供了基础。

自那以后20年来,类似的调查又进行了四次,因此对澳大利亚艺术家面临的机会和挑战已有所了解。以下对澳大利亚的作家、视觉艺术家、手工艺者、演员和导演、舞蹈演员和编舞家、音乐家、演唱家和作曲家、社区文化工作者的情况进行介绍。

可以从统计部门获得多数行业部门就业和收入的调查数据。然而,由于多数艺术家通过从事其他职业获得他们的大多数收入,这些职业包括教育或者服务行业,所以统计局的统计数据仅仅反映了1/3的艺术从业者的情况。戴维·思罗斯比教授等主持的这项调查收集到了统计局数据得不到的信息。

(二) 澳大利亚职业艺术家构成

如表14-1所示,2001年澳大利亚大约有45000名职业艺术家。音乐和视觉艺术家占据了艺术从业者的主流——1/3的艺术家是音乐家,1/5的艺术家是视觉艺术家,这二者的和占了澳大利亚职业艺术家总数的一半。

表14-1　　澳大利亚艺术家数量变化

艺术类型	数量(千人)				比例(%)			
	1983年	1988年	1993年	2001年	1983年	1988年	1993年	2001年
文学	2.7	3.2	6	7.3	10.9	10	15	16.2
手工艺	3.6	4.4	5.5	4.3	14.2	14	14	9.6
视觉艺术	3.5	6.2	7.5	9.3	14	19	19	20.7
戏剧舞蹈	4.4	3.4	5.5	7.8	17.3	11	13	17.3
音乐	9.7	13.7	12.5	14	38.7	43	32	31.1
社区艺术	0.1	1.1	3	2.5	0.5	3	8	5.6
总数	25	32	40	45				

2001年澳大利亚的职业艺术家数量大约是20年前的2倍,而且职业艺术家的数量还在以大约每年2%~3%的速度增长。一些类型的艺术家数量比其他类型的艺术家数量增长得快,视觉艺术家数量增长的速度大约是这一数据的3倍,作家的数量增长的速度大约是这一平均数据的2倍。20世纪80年代后期和90年代早期表演艺术家数量下降的状况已经反转过来了,现在表演艺术家的数量和收入都在上升。

澳大利亚艺术家的国际交往很密切,超过1/3的艺术家在2001年的前几年出过国或者在国外举办过作品展,澳大利亚作曲家的国际交流特别密切,70%的作曲家的作品进行过国际表演。

艺术家在澳大利亚的区域分布和人口在各州的分布相匹配。对于昆士兰来说,近十年来的人口增长,意味着艺术的繁荣——在20世纪80年代晚期和90年代早期,昆士兰艺术家的比例仅仅是现在的一半。

各种艺术类型的地区分布略有差异。新南威尔士的演员、作曲家和作家的数量略多;维多利亚和澳大利亚首都辖区的作家数量稍占优势;昆士兰和西澳大利亚的舞蹈演员数量略胜一筹;塔斯马尼亚州、西澳大利亚州、南澳大利亚州以及北部地区的手工艺从业者数量更多;南部地区的视觉艺术更繁荣。

手工艺主要分布在专业技艺强的地区——一半的手工艺从业者分布在这些专业地区。表演艺术家更喜欢住在城市,因为那里集中了工作机会和基础设施。尽管表演艺术巡回计划能提供几种减少这种不平衡的途径,但当地社区居民更喜欢展现他们的工作和他们的故事的节目却是一个显著的特点。

二、澳大利亚艺术家的收入水平

多数澳大利亚艺术家不能依靠他们的艺术谋生。半数的艺术家一年中从他们的艺术生涯中挣的钱尚不足7300美元,所以他们做两份或者三份工作——他们的艺术、一份与艺术有关的工作比如教学,以及一份非艺术职业比如电话推销。尽管如此,多数艺术家一年从所有工作中赚的钱也不到30000美元。具体地说,艺术家从所有工作中得到的平均收入大约和一个普通的工厂工人的收入水平相当,许多艺术家的收入明显低于此水平。几乎3/4的艺术家是自由职业者,正如一位艺术家指出的,自由职业者意味着"你一干完一项工作,你就又成了穷光蛋"。

文化经济学

《别放弃你的正式工作》一文注意到艺术家的收入不断地受到市场失败的影响。"当用文化和社会指标衡量时,艺术家群体对澳大利亚生活的贡献是巨大的。然而这些贡献的很多价值没有反映在艺术家销售作品时索要的市场价格中——无论是他们要出卖他们的劳动,还是销售劳动的产品。结果艺术家的报酬不可避免地过低,而且也没有办法正确衡量艺术家对澳大利亚社会的贡献。"

尽管艺术家从所有工作中获得的平均收入是 37000 美元,但是 1/3 以上的艺术家赚的钱低于贫困线。各类艺术家收入的中位数如表 14-2 所示。

表 14-2　　　　　　　　　艺术家收入的中位数　　　　　　单位:千美元

音乐家	作家	演员	作曲家	所有艺术家	舞蹈演员	视觉艺术家	手工艺从业者	社区艺术家
35.8	35.0	32.0	31.1	30.0	26.0	22.9	22.6	22.6

低收入影响了澳大利亚艺术家生产的文化产品数量。职业艺术家没有花费更多的时间在他们的艺术活动中是因为他们不能从艺术活动中挣得足够维持生存的钱,因而必须在其他工作上花费时间以赚得足够的收入。他们通常在与艺术有关的领域中工作,比如教育。然而,大约 30% 的艺术家一周中要有一天的时间从事与艺术无关的工作,诸如呼叫中心或者咖啡馆。这一天的工作使艺术家获得他们一周收入中的 1/3。

不同职业形式的艺术家的收入显著不同,音乐家和作家赚的钱高于平均水平,手工艺从业者和社区文化工作者的收入大大低于平均水平。这个结果充分说明了观众在艺术家收入中的重要性。音乐家有大量的听众,四个澳大利亚人中就有一个人至少参加一次音乐活动,每年在 CD 上花费 7.7 亿美元。相反,十人中只有一人参观舞蹈表演。这就是为什么观众培养和艺术教育活动在经济意义上和社会意义上来说对艺术家非常重要的原因。

《别放弃你的正式工作》一文揭示了可能影响澳大利亚艺术的未来趋势。更广阔的市场环境和推销作品的机会是提高艺术家收入的关键因素。相比十年以前,更少的艺术家把他们的作品交给代理人推销——2001 年这个比例是 13%,而 1988 年这一比例是 21%。这是很重要的一点,因为代理人的费用是收入中的关键组成部分。雇用经纪人的艺术家的平均收入超过

50000美元，而且这些收入的一半以上来自他们的艺术活动。尽管这是一个鸡和鸡蛋的古老故事——经纪人不会代理那些不挣钱的艺术家，但这并不能解释经纪人代理数量的下降。雇用经纪人也影响了非艺术收入，雇用经纪人的艺术家的非艺术收入是那些偶尔雇用经纪人或从不雇用经纪人的艺术家的非艺术收入的2倍。

在过去20年里，24岁以下的职业艺术家的数量下降了，这个趋势是值得关注的，这既反映了劳动力就业面趋于宽广，又反映了艺术高等教育的周期变长。不过，25~34岁的职业艺术家的数量相对于劳动力市场也下降了。1993年以来，35~54岁的职业艺术家的数量上升了。

数字技术领域的艺术家数量极少，不过增长迅速，他们的收入格局完全不同。尽管数字技术艺术家收入的平均值大约和所有艺术家的相等，但是他们的全部收入均来自艺术或者与艺术有关的工作。他们的艺术收入的中位数是其他艺术家艺术收入中位数的3倍，即多数数字技术艺术家从创意工作中获得的收入接近20000美元，而其他艺术家从创意工作中获得的收入仅仅是6500美元。他们还在早期职业生涯中获得大量的收入，70%的收入在25~44岁获得。

我们可以得出结论：自1983年对个人艺术家的第一次调查以来，澳大利亚艺术的状况发生了重大变化。艺术家的数量稳定增长，现在所有州的艺术家都很多。

20年前，一个主要挑战是把职业艺术家和爱好者区分开来。职业艺术家并不被一些组织和政府部门承认，到2001年情况依然如此，尽管享有养老金和保险的职业艺术家数量大大增加了，但是其所占比例仍然很低，需要进一步增加。女性职业艺术家的比例低于人口中女性的比例，不过现在女性艺术家的比例超过了一般劳动力市场上的这一比例。总之，在澳大利亚，由于他们的文化、社会和经济贡献，职业艺术家的声誉比1983年提高了，而且，来自政府、商业和个人的艺术资助从没有超过艺术对社会的外部性贡献。然而，艺术家的特殊贡献并没有给艺术家带来更多的收入。

20世纪80年代以来，尽管其他职业的收入都增加了，但是艺术家的收入仍然没变。艺术家的收入低，而且大量艺术家赚的钱低于贫困线水平。政府资助是艺术家收入的重要组成部分，1996~2001年，25%的艺术家从政府那里得到了某种形式的资助，8%的艺术家从澳大利亚议会得到了资助。

然而，正如根据1983年调查数据编写的报告《澳大利亚当代艺术家：个体艺术家调查委员会的报告》(*The Artist in Australia Today*: *The Report of the Committee for the Individual Artists Inquiry*, 1984) 指出的，艺术家是最大的艺术补助者，在持续从事艺术实践的过程中，由于回报低，艺术家损失了时间和收入。今天这种情况依然存在。尽管成为职业艺术家的决定很少受经济因素影响，但是澳大利亚创造艺术的能力还是受到低收入和经济因素的制约。结果，由于艺术收入不足以维持生存，澳大利亚成千上万的拥有技巧、天赋和经验的国际或国内知名艺术家将时间花费在职业以外的用途上。这使得澳大利亚职业艺术家的文化和社会资源显著利用不足——如果他们从艺术中获得的收入显著提高的话，他们本可以创作出更多的剧本、文化产品、小说和表演。

三、艺术家收入的特点

上面对澳大利亚艺术家的收入状况进行了简要介绍，下面结合美国等艺术家的收入介绍艺术家收入的特点，并做出解释。①

（一）艺术家的劳动收入偏低

艺术家愿意为了投身于艺术创作而做出一些牺牲，这说明了艺术家收入和行为模式的特点。艺术家的供应量富有弹性，他们之间的竞争会造成艺术家平均工资收入低于普通劳动者工资收入的现象，这种收入差额反映了艺术家对文化工作的偏爱，或者艺术家在艺术工作中获得的满足的价值。因此在基本素质和技能（如所受教育、培训和经历）等基本相同的条件下，完全投入艺术创作的艺术家们的工资所得要低于普通劳动者的收入。如果考虑到为艺术献身这一因素，他们的平均收入应该低于同等能力的其他劳动者。如果他们过高地估计了成为明星的可能性，或是他们渴望成名的热情逐渐减弱，他们的平均收入水平还会更低。

一些初出茅庐的艺术家想尽办法吸引经纪人的注意力，他们为了将来的事业能够成功，会接受微薄的工资收入。当然，他们还要维持生存，如果艺

---

① 艺术家收入特点改写自：[美] 理查德·E. 凯夫斯著，康蓉、张兆慧、冯晨、王栋译：《创意产业经济学：艺术的商品性》，商务印书馆2017年版，第103~115页。

术家把基本生活收入看作是事业发展需要投入的固定成本，那么为满足固定生活消费，他们会寻找一些报酬好的工作，用最短的时间去完成这项普通工作，然后把大部分的精力投入到艺术创作之中。

还有一种与这个观点相反的关于艺术家劳动投入的观点听起来似乎也很有道理。艺术家可能既关注金钱收入（他可以用现金收入购买到一些商品和服务），也不愿放弃对艺术的追求。他们从事艺术创作的每小时收入也可能会少于从事普通工作的收入，然而，如果做普通工作的工资不断上涨，他们就会投入更多的时间从事普通工作，这样投入艺术的时间就相应减少。

研究者采用不同的办法收集艺术家收入的数据，得到的结论虽然不同，但各结论间具有很大的互补性。美国人口普查收集到的数据是根据个人的主要收入来源，把统计人口的工作类别进行划分。对于人口普查机构来说，艺术家是指那些在艺术领域获得很大成功，艺术创作活动成为他们主要经济来源的人。同时，艺术创作活动也有广义和狭义之分：广义的艺术行为不仅包括演员和导演、作家、舞蹈演员、音乐家和作曲家、画家、雕刻家、工艺艺术家和设计师（只限于在剧院、电影院或者是艺术博物馆中的设计师），同时也包括摄影师，以及工作在幕后的艺术教师。最后这两种职业类别与创造性艺术家的核心概念有差距。广义上划分的艺术家平均工资（1979年）收入水平很低，但是只比整个在职人口的收入低6%。其他一些因素的存在促进了工资差异的调整，如教育、经历、健康状况、地理位置，以及人口统计特点等，这些因素都会影响到个人的收入水平。而调整后的平均工资差异就会增加到10.3%。然而，一年中的工资收入差异可能会夸大艺术家的平均贫困程度，因为每年都有大批的年轻人涌入艺术行业，这些新人的当前工资收入很低，如果他们获得成功，并继续从事同样的职业，他们的工资增长速度就会快于普通人的工资增长速度。然而，很多人都未能成功，他们因而就会投身于其他行业。其他行业中这种现象不是如此普遍，因为初涉某个行业的人很少会认输。在反映穷困的艺术家命运方面，这些普查收集的数据存在着很大的弊端，他们所指的艺术家是主要靠从事艺术创作得到收入的人群，没有包括还在等待第一笔（或是最近的）创作收入的群体。

(二) 艺术家依靠兼职工作获得大部分收入

也可以采用另一种调查研究方法，首先随机抽取在艺术领域至少已经小有名气的一组艺术家,然后研究这些人从事艺术创作和普通工作得到的收入比例,这样我们就可以直接看出他们的艺术收入究竟有多少。格雷戈里·华沙尔和尼尔·阿尔珀(Gregory H. Wassall and Neil O. Alper, 1992)对3000名居住在新英格兰的艺术家进行过调查,结果发现只有24%的人没有从事普通工作(包括教师职业),从事艺术工作获得的工资收入只占艺术家全部劳动收入的46%。这些艺术家个人收入的中位数只略低于(低1.6%)新英格兰地区整体劳动收入的中位数(尽管艺术家平均受教育时间为16.5年,超出了整体劳动人员的12.3年)。艺术家家庭收入的中位数要比新英格兰地区的收入中位数高出11.3%,这说明艺术家对家庭成员财产的依赖性。对从业艺术家的其他调查也证明了这一结论。加拿大全职自由撰稿人1978年收入的中位数是12500美元,而加拿大的整体收入中位数是14225美元;兼职自由撰稿人从写作中能够得到的收入只有1200美元(中位数),但是他们整体收入的中位数(17500美元)超过了全职作家收入的中位数。

1989年对2000名视觉艺术家进行了一次类似的调查,他们中有13%的人在纽约工作,研究发现从事艺术创作收入的中位数只有大约3000美元。这项研究也收集了艺术家从业需要投入的直接成本方面的信息:与艺术相关的平均费用为9625美元,这样艺术所得净收入的中位数是-6000美元,也就是说,一半以上的视觉艺术家因从事视觉艺术而每年亏损6000多美元。所抽样调查的艺术家中有80%的人都从事过普通工作,40%的人有不止一份普通工作。然而,调查中不同小组的总收入中位数介于10000美元和20000美元之间。这种模式已经十分明显:大多数艺术家都是依靠从事普通工作以及(或者)他们家庭成员的收入来维持自己生活的。对于那些想要得到认可的艺术家来说,从事艺术创作的净收入是非常少的(可能是负数)。纽约地区的艺术家对艺术的投入要大于其他地方的艺术家。他们从事艺术工作的净损失要比其他地方多1000美元。与其他地区的艺术家相比,他们每周要投入3小时的时间用于艺术创作,他们通常更年轻,受过良好的教育,很多人都没结婚。他们收入的30%以上都不是来源于艺术创作,但是他们工作场地开支要比其他地区高出37%。在像新奥尔良这样的区域性艺术中心工作的艺术家中,有80%的艺术家的收入都来源于非艺术性工作(兼职或是家庭成员的收入)。他们艺术创作的收入有1/3以上来源于艺术相关活动,而不是来源于文化产品的销售或租赁所得,而3/4的文化产品销售或租赁都来源于本地文化产品市场。

显然艺术家从事普通工作就是为了弥补生活消费和艺术收入支出的差额。这说明了收入的增加对艺术家创作投入成本造成的可能影响：艺术创作所得的1美元收入中，艺术家会将11美分转为创作成本，但是非艺术所得的1美元收入中，则有21美分将会被投入到艺术创作中。

思罗斯比对澳大利亚的艺术家做过类似调查，他的结论是：如果艺术家真正是为了艺术创作考虑，普通工作收入的增加会促使他延长艺术创作的时间，缩短普通工作的时间，思罗斯比发现普通工作收入一旦达到一定水平，这种状况就会出现。

格拉迪斯和库尔特·兰（Gladys and Kurt Lang，1990）对19世纪和20世纪雕刻艺术家的研究基本符合现代的发现：大多数艺术家不管依靠何种办法（从事艺术创作、普通工作，或是家庭资助），的确是达到了中产阶级的生活水平。作品能够经常找到销路的雕刻艺术家比其他雕刻家会创作出更多的作品；尽管那些生活无忧的雕刻家也创作了大量的艺术作品，但他们的确更少从事雕刻以外的普通工作。①

（三）教育对艺术家收入的影响较小

每项职业都会存在从业的天赋问题，天赋可以影响一个人在某个行业的成功程度。但我们这里不研究普通工作者，而是研究"天赋"对艺术家成功的影响程度。与普通劳动者相比，教育和培训对艺术家经济上的成功影响程度不大，影响的程度也很难预测。兰德尔·费勒（Randall Filer，1990）发现，每多接受一年教育给艺术家带来的经济收入只是其他人的70%，或是更难预测。然而，工作经历会对艺术家有更大的影响，这种影响会在他前30年的艺术生涯中持续存在。在对艺术创作行业的全职艺术家进行分析时，费勒证实了大学教育给艺术家终生经济收入带来的效益要比给管理、专业或技术人才带来的收益少37%。大学教育给不同艺术种类带来的影响也不同：设计师要少37%；建筑师少44%；舞蹈演员、舞蹈动作设计和作家少68%；摄影师少81%；画家和雕刻家少87%。

---

① ［美］理查德·E. 凯夫斯著，康蓉等译：《创意产业经济学：艺术的商品性》，商务印书馆2017年版，第110页。

音乐演奏家或是作曲家处于中等水平，大学文凭不会给他们带来额外的经济效益。①

华沙尔和阿尔珀（Wassall and Alper，1992）通过对从事艺术创作的艺术家的抽样研究发现，教育对艺术收入没有固定的正面影响。思罗斯比对澳大利亚的艺术家的研究得出了同样的结论。露丝·陶斯（Ruth Towse，1980）在对英国演唱职业的研究中详细记录了高额的培训费用以及接受教育的投资回报率，演唱的天赋在成年以后才能完全表现出来，正规的训练不宜开始得过早，应该在歌手从业早期才开始，他们在只有二十五六岁时（对男性来说或许更晚）就达到了"年轻的专业水准"，独唱歌手还应承担各种学习费用（这时就可能需要聘请教师指导）、课程培训和体能训练费用，独唱的演员还应当承担服装费用。通过对艺术家报酬的分析，她粗略地得出这样一个结论：一般歌手个人投资回报率是他投入声乐训练费用的4%，而行业的整体投资回报率是1.5%到1.2%。②

（四）艺术家收入分布和就业

艺术家的个人收入分布极为分散。见习期的艺术家和已从业多年的艺术家之间就有很大的差别——艺术家在见习期间的收入微乎其微，而成功艺术家的收入颇丰。在已从业的艺术家中，一流或二流艺术家的特性以及明星效应预示着艺术家收入分配的不平衡。文化产品需要艺术工作者和普通劳动者共同协作完成。如果商业运作者组建一个艺术创作团队，他们希望召集的人员必是一流的艺术家，除非这些一流艺术家的工资要求过高，完全抵消了他们技艺水平的优势。二流艺术家只有在一流艺术家很忙无法到达现场时才能得到工作的机会。同明星效应一样，一流艺术家会得到更高的工资收入，他们工作时间也更长。

没有更有力的证据说明艺术家和普通工作者在工资收入分布上的差别。从美国人口普查的数据中可以看出，视觉艺术家的全部收入比其他艺术创作人员的工资收入更不稳定。可以比较艺术家收入中创造性工作和普通工作的分布情况。华沙尔和阿尔珀推算出工资分布差异的标准计算单位，即变异系

---

①② ［美］理查德·E. 凯夫斯著，康蓉等译：《创意产业经济学：艺术的商品性》，商务印书馆2017年版，第110页。

数,来衡量艺术家在从事或不从事普通工作时的总体收入和创造性收入分布的离散情况。①

由表 14-3 可见,与普通工作相比,艺术创作的收入分布更加不平衡,兼做普通工作的艺术家与全身心投入艺术创作的艺术家相比,他们的收入分布更加不平衡。一些事例表明,因为存在明星效应,少数杰出艺术家的工资收入所占比例较大。蒙哥马利和鲁宾逊(Montgomey and Robinson, 1993)的研究总结出杰出画家的创作净收入分布情况:他们调查人员中有 5% 的人艺术净收入超过了 20000 美元,1% 超过了 40000 美元,0.5% 超过了 100000 美元(根据 1989 年的收入数字)。②

表 14-3　　　　　　　　　　工资收入的变异系数

项目	所有艺术家	仅从事艺术类工作	从事非艺术类工作
劳动总收入	1.17	1.7	0.92
艺术创作收入	2.48	1.7	2.49

很难比较艺术人员的失业情况和其他行业人员失业情况的差异,但是可以从艺术人员的悠闲程度中得到启示。在约瑟夫·霍罗维茨(Joseph Horowitz, 1990)对各地不同时间段所做的调查中可以发现一些相关数据,1990 年前后,572 名乐队钢琴演奏家在一本职业指南中做了等待就业的登记,但是他们中只有 10 人加入北美交响乐团。③罗伯特·福克纳和安迪·安德森(Faulkner and Anderson, 1987)列出了 1965~1980 年间好莱坞 2430 部电影的制片人和导演名单,其中有 22 名制片人和 24 名导演参加了 10 部或更多的电影的摄制工作,而 64% 的制片人与 57% 的导演每人只负责拍摄过一部影片。④马克·利特瓦克(Mark Litwak, 1986)证实了导演协会中只有大约 10% 的会员能够定期接到工作。⑤

研究数据表明,其他艺术家行会的成员中也存在收入的不平等。1985 年美国演员工会(Screen Actor Guild)最低级别的工资收入是 361 美元/天,

---

①② [美] 理查德·E. 凯夫斯著,康蓉等译:《创意产业经济学:艺术的商品性》,商务印书馆 2017 年版,第 112 页。
③④⑤ [美] 理查德·E. 凯夫斯著,康蓉等译:《创意产业经济学:艺术的商品性》,商务印书馆 2017 年版,第 113 页。

有 75% 的工会成员的年收入少于 3000 美元。1961~1978 年,工会成员年收入高于 10 万美元的人数比例大约在 0.4%~1% 之间。1952 年 12 月 1 日,只有 38% 的电影剧作家协会的成员处于就业状态,在 1945 年 10 月至 1946 年 3 月的 6 个月中,他们每周的工资分布情况如下:周工资在 2500 美元以上的占 2%;1000~2500 美元的占 23%;500~1000 美元的占 30%;不足 500 美元的占 45%。1981 年有 37% 的电影工作者声称自己处于失业状态。据英国演员协会报道,大约有 3/4 的成员在任何时期都处于失业状态。或许有人认为预计电影行业中好莱坞行业协会(该协会一直持续到 20 世纪 50 年代)的成员能够更好地就业,但事实并非如此。1948 年,美国演员工会的 8500 名会员中,只有 600 人与电影制片厂签订了合同,摄影师和其他相关人员的失业率达到了 57%。1933 年,在经济萧条时期,演员的年收入分布如下:高于 50000 美元的占 4%;10000~50000 美元的占 13%;5000~10000 美元的占 13%;1000~5000 美元的占 43%;不足 1000 美元的占 28%。在 20 世纪 30 年代后期,电影行业决心减少临时演员储备数量,1936 年,群众演员的总数为 22937 人,而 1940 年该数字减少到 7007 人。但是,每个群众演员平均工作天数仅从 1936 年的 11.7 天增加到 1940 年的 32.6 天。这些零星的信息清楚地说明:创意工作的求职者会有更高的失业风险,他们的收入分布极为不均衡。①

第三节 超级明星经济学

艺术行业的超级明星能够比普通艺术家获得更多的收入和名望。本节介绍超级明星现象、明星效应和明星的收入。

一、产生超级明星的市场条件

超级明星和运动员能赚到上千万美元收入,而普通的艺术家收入很低。虽然行业内存在收入差距是很正常的,但是很难想象在木匠之间或者管道工

---

① [美] 理查德·E. 凯夫斯著,康蓉等译:《创意产业经济学:艺术的商品性》,商务印书馆 2017 年版,第 112~113 页。

之间存在如此之大的收入差距。超级明星指超高收入的特殊人群，强调收入差异远远超过了才能和表演水平的差异。为了理解超级明星现象，我们要分析产生超级明星的市场特征。① 电影演员和运动员提供服务的市场有如下两个特征：一是市场上每位顾客都想享受最优生产者提供的物品或服务；二是生产技术使生产者可以用较低的成本向每位顾客提供产品或服务。

每位观众都想看著名导演和（或）超级明星演员的电影，看两遍普通导演或普通演员的作品并不能替代著名导演或超级明星出演的电影。以较低成本向每个人提供超级明星的电影也是可能的，多生产一部电影拷贝的边际成本微乎其微，电视现场转播和网络的发展也可让每位观众低成本地观赏到超级运动员的比赛。由于优秀的木匠或者管道工不能为每位顾客服务，所以不可能产生超级木匠或者超级管道工，普通木匠和管道工也就可以获得不错的收入。

并不是每种艺术家市场都满足超级明星市场的条件，现场表演或者美术家并不能低成本地为每位顾客提供服务，虽然电视和网络可以把舞蹈家、交响乐团甚至画家的作品低成本地发送给亿万观众，但是电视播放的音乐会和现场欣赏并不是完美的替代品，即使随着技术的发展，电视音响和画面能和现场表演的效果媲美，家庭也很难营造现场表演的气氛，知名画家的电子版作品无论从哪个方面讲都无法替代作品本身。这样如果不能产生超级明星的市场和能产生超级明星的市场要求艺术家具有相同或者相似的才能，那么艺术家在这两个市场之间的流动就是不可避免的，这在一定程度上可以解释舞台表演和戏剧表演人才向电影、电视领域的流动。

二、超级明星现象

文艺界明星越来越受到社会的关注。丹尼尔·布尔斯廷（Daniel Boorstin，1962）认为"名人"不是指一个人的状态，而是指人的一种特殊特性："名人是指因为有名而出名的人。"他引证了洛温塔尔（Lowenthal）的一项研究，这项研究调查分析了流行杂志上刊载的各类名人传记，研究显示，1901~1914年，74%的名人来自商界、政界及学术界；而1922年以

---

① 关于产生明星的市场条件的分析参见：[美]格利高里·曼昆著，梁小民、梁砾译：《经济学原理（第七版）（微观经济学分册）》，北京大学出版社2015年版，第426页。

后，一半以上的名人来自娱乐圈，尤其是通俗娱乐界和体育界。乔舒亚·贾姆森（Joshua Gamson）认为这种结构变化的原因源于人们工作时间的减少，休闲娱乐已经成为美国人生活的中心，此外还有科技的不断发展降低了报纸、杂志的印刷成本，以及照片的复制成本，使得娱乐新闻唾手可得。[①]

公众的好奇心造就了明星。在早期的电影里，电影制片人不在电影中提演员的名字，他们敏感地意识到观众喜爱的演员将会侵犯制片厂在电影中的利润。尽管如此，影迷们的疯狂追星，使制片厂意识到在挑选演员上迎合观众对表演者的兴趣将会增大电影的销售量。到1914年，电影开始列出所有演员的名单，影迷杂志上充斥着银幕外的演员生活，这是今天推广手段的前身。各种八卦、宣传、公关促进了明星地位的提升，同时，公众渴望了解明星们的内幕，他们愿意花钱得到这方面的信息，也起了推波助澜的作用。

现代科技和它所带动的文化变迁促进了明星名望的提升。弗兰克·莫特（Frank Mott，1947）对美国畅销书的研究说明，19世纪末期报纸杂志上的畅销书广告泛滥，但是在美国的最佳畅销书销售量在19世纪末到20世纪初没有大幅度的变化，大多数畅销书迟早都要依靠廉价再版印刷技术（包括平装本）的发展。

负责明星推广工作的人员在推广技巧方面并没有很大的改变，主要推广技巧是发挥明星的个人魅力和感召力。休罗克（Sol Hulock）能够成功地成为舞蹈演员和音乐节目主持人并不是出于他对艺术的了解，而是在他职业生涯早期，他就学会了如何发挥个人魅力和感召力："如果说休罗克只有一个实打实的才能，那就是他懂得如何读懂观众的内心……当表演者与台下的观众发生神奇的情感交流的时候——即他把自己的感情传递给观众时——休罗克就能够立即察觉到观众微妙的变化。"[②]

明星效应可以解释成名艺术家和艺术新人在艺术市场上的差别。这里的明星效应指明星对潜在观众的号召力，这种号召力有可能延伸到文化领域之外。假设参加音乐会的观众知道谁是知名歌星（已经有过出色的表演），谁是刚刚推出的新手（没有录制过任何唱片，可能会有出色的表演）。买票去看成名歌星的演出并不能保证一定能看到出色的表演，但是这种演出成功的

[①②] ［美］理查德·E. 凯夫斯著，康蓉等译：《创意产业经济学：艺术的商品性》，商务印书馆2017年版，第101~105页。

第十四章 艺术家市场

概率会更高。那些即将买票的歌迷可能持有不同的看法。有鉴赏能力的歌迷喜欢看高水准的演出，他们愿意花高价钱去看成名歌星的演出。不大懂得音律的观众对演出水平并不是很关心，他们通常不愿意花高价钱观看演出。如果音乐会票价相同，歌星肯定会比新歌手吸引到更多的观众，而如果观众数量相同，知名歌星的演出票价肯定要高于新歌手的票价。歌星们的收入要远远超过新歌手的收入，超出额度要大于他们成功表演的概率。有鉴赏能力的歌迷数量越多，歌迷们就越发重视音乐会的演出水平，该明星的票房收入相应就会随之增高。歌星持续一贯的出色表演也增强了他的优势，很多歌迷都对歌坛新人的出色表演能力表示怀疑。

明星模型为研究艺术家成名的原因提供了一种方法。产生明星的一种原因是愿意观看明星表演观众的数量增加。音乐会从一个可容1000人次的礼堂搬到能容纳10万人次的体育场时，观众观看摇滚音乐会的热情不但不会减弱，反而会进一步高涨。而对于演奏传统乐器（如竖琴）的明星们来说，增大观众的数量会损害观众对音乐会的欣赏程度。当然，歌迷也可以通过磁带倾听摇滚歌星的演唱，但这样他们就体会不到参加音乐会那种强烈激越的感受。尽管如此，歌星的唱片仍然是普通歌手现场音乐会强有力的竞争对手，这进一步巩固了明星效应。

明星效应也受到一些因素的制约。因为观众规模或表演次数的增加也加大了明星的表演成本，明星效应不可能无限制地发挥作用。在现实中，这种局限性表现为歌星的能力极限——明星在一年中能够调动歌迷的总数（音乐会的次数乘以观众的人数）。对流行歌手来说，这种能力是有限的，但是这些能力也难以用数字量化出来。

明星效应的局限性使明星的收入受到限制。很多人认为贾斯珀·约翰（Jasper Johns）绘画水平要高于同时代的美国其他画家，与一般声誉较好的画家相比，他的作品拍卖价格要高出这些画家作品50倍。[1] 著名歌星、演奏家可以在大型场地举办音乐会，但是他们的边际利润不比普通歌星们多很多，明星们的唱片可以微薄的边际成本大批量地发行，他们唱片的价格通常与那些不出名的歌手的第一部专辑的价格持平。

---

[1] ［美］理查德·E. 凯夫斯著，康蓉等译：《创意产业经济学：艺术的商品性》，商务印书馆2017年版，第101页。

文化经济学

明星效应具有时效性,随着时间的推移,明星效应有可能变化。影响明星发展的另外一个因素是时间,它会影响到明星的累积财富,明星们收入并不是按月或是按年度定期增长的。有些明星的艺术才能可能会随时间的流逝而降低——歌剧演员在上台表演几年后,他们的噪音就会逐渐退化;有些电影演员只适合演某个年龄段的角色。在其他艺术领域,明星陨落的原因不是因为他们技艺手法的退化,而是因为他们在解决问题时缺乏创造力,这种情况广泛存于视觉艺术家中,即使他们保持或改进了原来的创作技能手法。时间因素也会影响到明星们的作品推广决策,明星们为了满足其观众的需求,在短期内可能会降低自身的利润回报率。你是否每个晚上都想听到某个超级歌星的演唱?那些能够利用良好的技术设备录制他们演出的明星们(如电影或歌剧明星)需要考虑一下如何更大限度地占有市场。

明星效应取决于消费者的选择。在消费者中广泛存在着追赶时尚、追赶潮流的现象,消费者并不清楚自己喜欢什么,也不愿意投入精力或金钱去了解相关信息,这些人大多会盲目接受别人的选择,因为这不必投入很大精力。这样,那些不确定自己喜好的消费者就可以随波逐流,也成为某种潮流的追星族。观众对时尚的选择过程说明一些艺术家成为明星完全是由于他们运气好,有一些粉丝真正了解他们的偶像明星,其他追随者完全是恰巧受到了其他忠实"粉丝"的感染,如果消费者都在商店里购买唱片,那么他们选择同一版唱片的可能性会与以前消费者购买该版唱片的比例相似(这就是追赶潮流的结果),这样就可以预测出"流行"唱片的销售分布水平,这样预测统计的结果与美国录音工业协会近30年推出的黄金唱片销售水平基本相当。

明星的地位与天分可能并不匹配。明星们财富的增长是否与他们的天分有关?除了天分外,成名还需要其他资质吗?人的天分真是必不可少的吗?无论是过去还是现在,一个人的其他品质,如做事的恒心和个人的组织能力,对很多明星们来说都是必要的。经济学上没有提出如何测量人的天分,但它的确提供了几点天分的检验标准。哪些测试可以证明或可以否决天分的必要性?一种办法是由教师或专家对学生的天资水平做前瞻性评估。这样的测试虽不多,但雅各布·盖茨尔斯和米哈伊·奇克森特米哈伊(Jacob Getzels and Mihaly Csikszentmichalyi, 1947)采用控制组的方式检测了艺术学院美术系学生的绘画能力。测试结果表明,教师对学生绘画能力的评估可以很好地预测学生今后走向社会获得成功的可能性。一些年轻音乐家的钢琴大赛也是一种检测天分的方式,约瑟夫·霍洛维茨对此的评价是,大赛本身并未帮助获胜选手成功,但是从一定程度上说,大赛预测出了未来会成功的选手。另外,可以用天资水平测试的方式来检验天分与成名的关系。一项研究项目研究了流行歌手或乐队的唱片累计销售额与明星们音质水平的关系,研究通过技术手段检测明星的音高和音域的圆润性,检测的结果说明,如果艺术家职业发展中的其他因素得到有效控制,那么明星们的音质水平的确和销售额正相关。[①] 然而,实际上天分所带来的唱片销售水平并不真正像超级明星模型中所预测的那样,这也说明:个人天资差别不大的人群未必会取得同样的成功。

三、明星的报酬

为什么超级明星拍一部电影就可以索要 1000 万～2000 万美元的酬劳?他们为什么有时候采用总收入提成,有时采用净利润提成的方式获得报酬?假设一部电影需要一位明星加盟,明星就会在众多普通演员中显示出自身的魅力。普通电影工作者的工资水平取决于市场,明星的魅力将会决定观众愿意出多少钱来看这部电影,明星出演的电影收入与普通演员出演的电影收入的差额就是明星们能够要的最高工资。有时明星们可能不会要这样高的价格;比他稍逊一等的演员也能饰演该角色,而后者的开价要低得多。明星们工资水平的上限就是他凭借自身魅力而赢得的超额净利润(电影收入减去普通演员的工资以外的差额),这里指的超额净利润是相对普通演员能够创造的利润而言。明星们的收入很大一部分就是利润收入。如果几个制片人争相雇用一位明星,那么他的收入就会接近于他所能带来的预期超额利润。预期超额利润主要用该明星最近影片的票房收入来衡量,因为最近票房收入的高低会影响他即将问世的电影的票房。电影的超额利润是制作团队共同创造的,包括一批普通演员的贡献,而每个人具体能带来多大的超额利润是很难做出具体计算的,这时他们总的最高超额利润收入也是以每个演员最近的票房情况计算,而他们中每个人究竟能够得到多少,则主要取决于他们的讨价

[①] [美] 理查德·E. 凯夫斯著,康蓉等译:《创意产业经济学:艺术的商品性》,商务印书馆2017年版,第104页。

能力。电影发行上市的成功会提高明星们下一年度影片的收入,这就是为什么明星们的收入会不断上涨。

为了说明艺术家收入的分配以及明星们的超级富有,经济学家研究出了一种明星经济状况的模型。假设歌迷眼中的艺术家(以摇滚乐手为例)水平存在质的差别,所有参加摇滚音乐会的歌迷都会对谁是最佳歌手、谁位居其次(一流/二流分类)有一致的见解。再假设我们有一个量化歌手水平高低的办法。观赏摇滚乐队演出的乐迷们,除了要花钱买门票,还要腾出时间参加其他活动。艺术家的水平会刺激歌迷们的观看兴致,使他们愿意出钱、抽时间来观看明星的演出。这种模型还特别强调低水平的表演者是无法取代明星的。观看高水平或一般水平的音乐会都需要人们投入同样的时间。歌迷们对艺术水平的追求说明,尽管明星音乐会的票价要高得多,但他们还是愿意放弃几场普通摇滚歌手的演出而去观看明星的表演。

明星们筹备音乐会的费用并不明显高于其他人。艺术家的演出都需要成本的投入,明星的演出中灯光可能更加炫目,但艺术家投入和灯光费用的增长程度并不与艺术家的水平成正比。明星在经济上享有更大的主动权,如果他的票价与普通歌手的价格相同,他可以吸引到更多的歌迷,换句话说,即使他的票价更高,他仍然能够吸引到与普通演员一样多的观众。明星可以融合两种做法保证自身的利润最大化——提高票价并吸引更多的观众。他的收入(每张票价乘以观众总人数)增长程度要远远大于他的业务水平,因此明星竞相成为豪宅大院的主人。明星效应对收入的影响取决于水平相当的竞争者数量以及明星与普通歌手在水平上的差异。明星的优势也取决于参加音乐会观众的特点,歌迷们对歌星的喜爱在一定程度上会受到周围人群的影响,歌迷人数的增多会增加歌迷对明星的推崇程度。歌星在业界的排名也会起到一定作用:歌迷们不愿意为了省5元钱就去听二流歌手的演唱。

消费者不愿意以次代好的行为可以从三个方面解释。[①]

一是交易费用的下降。对不同艺术家的表演进行比较的成本因为旅行费用的减少和现代传媒的发展而极大地降低。几个世纪以前,一位主宰某一城市或地区的艺术家可能成为一名超级明星,这是因为只有少数人可以将他的

---

① [瑞士]布鲁诺·S. 弗雷著,易晔、郝青青译:《艺术与经济学》,商务印书馆2017年版,第55页。

表演与其他地区的艺术家的表演进行比较,大多数人只能欣赏到这位本土艺术家的表演。那是一个本土艺术家受到高度赞誉甚至崇拜的年代,是我国的传统戏曲得以繁荣的基础。然而,当代电台、电视、互联网、报纸等的发展,使得观众接触外界艺术家表演的成本大大降低。观众评价艺术家的参照系发生了变化,结果使得本土艺术家处境困难,即使他们的才能与世界级超级明星相比也只有微小的差距。

二是认知问题。人们的认知能力有限,除了专业人士,在任何一个特定领域,观众要记住两三个以上的艺术家都是困难的。看电影、电视的结果,观众只记住少数几个演员,媒体的宣传也往往集中在少数明星身上,这加剧了明星和普通艺术家在观众印象里的主观差距。

三是知识共享。艺术消费不是孤立的行为,而是要与人分享的社会行为。很多时候,艺术消费的乐趣在于与他人尤其是熟人和朋友进行讨论的可能性。这种观点和体验的交换要求双方拥有一些共同的先验知识,结果导致艺术讨论主要围绕大家熟悉的超级明星。

这些原因使得艺术需求主要集中在少数超级明星上,这造成明星与普通艺术家的收入和名气的差异远远超过了才能和表演上的差异。

超级电影明星的收入通常包括固定收入和非固定收入两部分。采用刺激性工资是因为过多不确定因素的存在,如果一个明星的表演失常,就会影响到电影中其他演员的正常发挥。影响固定和非固定收入搭配使用的因素还有很多。一些真正投身电影制作的演员不但可以接受低于正常水平的薪水,而且还不会要求预先支付报酬,他们可以接受延期付款方式(即用电影收入支付他的薪水),即使要求预先支付报酬,他们也会同意由电影利润来决定其报酬的方式。电影的成功需要通过团队生产,或是需要各类人员的相互协作时,制片人因此应该提出激励性工资方式。比较两部电影,一部没有大牌明星的电影耗资2000万美元,另一部邀请大牌明星但耗资4000万美元。假设大牌明星的出演给第二部电影带来的预计收入仅比第一部多2000万美元,再假设明星的出演并不会相应地提高该电影的收入,或者说两部电影都面临着只能回收一半预计收入的风险,如果明星的收入是固定的,那么第二部电影中剧组其他人员所面临的风险是第一部电影风险的两倍。没有人愿意承担风险,因此必须承担风险的剧组成员必然要求提高工资收入以作为风险补偿。将明星部分酬金与电影收入挂钩的做法可以使很多方面从中受益,电影的其他成员不必承担过多的风险,制片人也不必为这些人提供相应的补偿。这正符合以总收入和利润分成形式产生的历史背景。这一点虽然没有得到过正式的检验,但它至少可以说明得到公众认可的明星有索要高额酬金的资本,他可以要求分享高投入电影项目的利润回报。

由于超级明星效应的巨额回报,一些人会不择手段地急于成名。文化产品生产和消费都具有很大的外部性,这种外部性既可能是正的,也可能是负的。无论文化从业人员成名的方式还是借以成名的服务都会对社会产生很大的影响。如果他们通过努力成名,为社会提供了文化价值很大的文化产品,那么他们就为社会树立了良好的榜样,产生了正的外部性,这是应该提倡的;如果演艺人员为求出名不择手段,甚至通过一些不符合主流价值观的途径来成名,那也会产生坏的示范效应,这就产生了负的外部性。前一种出名方式,成名既增加了社会福利,又有正外部性,社会应该鼓励,成名越早越好,成名的人越多越好,为此应该建立畅通的成名渠道,并进行各种资助,为演艺人员成名提供帮助;反之,第二种成名方式,虽然增加了演员个人的收入,但同时对社会产生了负外部性,如果这种负外部性很大,就足以抵消演员经济收入的增加,使社会价值减少,因此社会应该建立一种机制限制甚至制止演艺人员以这种方式成名,以防止社会福利的减少。2008年3月15日前夕,对某一夜成名的女演员的封杀,可以说就是社会对第二种成名方式的理性反应,只是这次封杀是在社会舆论的压力下完成的,还不是制度自动形成的,因此为了有效限制这种成名方式,应该制定强制性规范措施,明确规定哪些事情是不可以做的。

思考题:

1. 艺术家市场的特点是什么?
2. 艺术家的收入状况如何?
3. 什么样的市场能产生超级明星?为什么艺术需求能集中于超级明星的产品?

参 考 文 献

1. ［澳］戴维·思罗斯比著，王志标、张峥嵘译：《经济学与文化》，中国人民大学出版社2011年版。
2. ［德］魏伯乐等著，王小卫等译：《私有化的局限》，上海三联书店、上海人民出版社2006年版。
3. ［加］约翰·利奇著，孔晏等译：《公共经济学教程》，上海财经大学出版社2005年版。
4. ［美］格利高里·曼昆著，梁小民译：《经济学原理（第7版）·微观经济学分册》，北京大学出版社2015年版。
5. ［美］理查德·E. 凯夫斯著，康蓉、张兆慧、冯晨、王栋译：《创意产业经济学：艺术的商品性》，商务印书馆2017年版。
6. ［美］林南著，张磊译：《社会资本》，世纪出版集团、上海人民出版社2005年版。
7. ［美］詹姆斯·海尔布伦、查尔斯·M. 格雷著，詹正茂等译：《艺术文化经济学》，中国人民大学出版社2007年版。
8. ［英］阿弗里德·马歇尔著，廉运杰译：《经济学原理》，华夏出版社2017年版。
9. ［奥］庞巴维克著，陈端译：《资本实证论》，商务印书馆1964年版。
10. ［美］埃里克·弗鲁博顿、［德］鲁道夫·芮切特著，姜建强、罗长远译：《新制度经济学》，上海三联书店2006年版。
11. ［美］罗伯特·弗兰克著，闾佳译：《牛奶可乐经济学2》，中国人民大学出版社2009年版。

12. [瑞士] 布鲁诺·S. 弗雷著，易晔、郝青青译：《艺术与经济学》，商务印书馆 2017 年版。

13. 程恩富、伍山林：《企业学说与企业变革》，上海财经大学出版社 2001 年版。

14. [英] 大卫·赫斯蒙托夫著，张菲娜译：《文化产业》，中国人民大学出版社 2007 年版。

15. [美] 道格拉斯·C. 诺思著，厉以平译：《经济史上的结构和变革》，商务印书馆 1992 年版。

16. 范煜辉：《美国百老汇戏剧产业启示录》，载《艺术评论》2010 年第 11 期。

17. [英] 冯·哈耶克著，邓正来译：《哈耶克论文集》，首都经济贸易大学出版社 2001 年版。

18. 高波、张志鹏：《文化资本：经济增长源泉的一种解释》，载《南京大学学报》2004 年第 5 期。

19. 韩红：《美国资助文化事业的运作方式》，载《学习时报》2007 年 7 月 10 日。

20. 黄永玉：《平生最爱写和画此外啥都"无所谓"》，载《收藏快报》2008 年 3 月 12 日。

21. 梁碧波：《文化经济学：两种不同的演进路径》，载《学术交流》2010 年第 6 期。

22. 林天强：《从制片人中心制、电影作者论到完全导演论——对好莱坞、新浪潮和中国电影新生代的一个模型推演》，载《当代电影》2011 年第 2 期。

23. 卢扬、穆慕、张彬：《谁"导演"了炮灰电影热》，载《北京商报》2018 年 12 月 16 日。

24. 彭侃：《票房不是收入的 TOP1？好莱坞大片的成本、收入与利润分析》，载《凡影周刊》2016 年 8 月 11 日。

25. 《在上海，每 18.5 万人拥有一座博物馆》，载《澎湃新闻》2019 年 1 月 24 日。

26. 刘建勋：《2018 年演出行业市场现状及发展趋势　演出经纪机构积极转型》，载《前瞻产业研究院》2019 年 8 月 31 日。

27. 沈全芳、范汉熙：《文化经济学研究新进展》，载《经济学动态》2010 年第 6 期。

28. 佚名：《35 国打造"极欲世界"〈阿修罗〉制作能否匹配上它的"野心"?》，搜狐综艺，2018 年 7 月 12 日。

29. 苏丹丹：《2018 艺术品市场：调整策略 减量提质》，载《中国文化报》2019 年 1 月 16 日。

30. 魏鹏举：《文化事业的财政资助研究》，载《当代财经》2005 年第 7 期。

31. 许望：《经费欠缺 美国多家博物馆开年即停业》，载《21 世纪经济报道》2019 年 1 月 7 日。

32. 张素琪：《艺术鉴定谁说了算》，载《大美术》2005 年第 7 期。

33. 张维迎：《博弈论与信息经济学》，上海三联书店、上海人民出版社 2004 年版。

34. 张锡磊：《河南安阳殷墟五年申遗之道》，载《郑州晚报》2005 年 9 月 26 日。

35. 周维：《我国文物文化产品拍卖市场的法律问题研究》，载《经济与法》2011 年第 3 期。

36. 周勇：《文化艺术产业已占 GDP 重要比重》，载《中国文化报》2014 年 7 月 10 日。

37. C. D. Throsby, G. A. Withers, "The Economics of the Performing Arts", New York: St. Martin's, 1979, pp. 113 – 114.

38. David Throsby & Virginia Hollister, "Don't Give Up Your Day Job – An Economic Study of Professional Artists in Australia", Working Paper, http://repository. uwa. edu. au/R/ – ? func.

39. Kimberly Mathie, "Arts Advocacy Arguments: Friend or Foe?", Working Paper, 2007, 4.

40. Shaw P., "Researching Artists' Working Lives", Arts Research Digest, Vol. 30, 2004.

41. Günther G. Schulze, J. Mark Schuster, "Editorial", Journal of Cultural Economics, 2005 (2).

42. Victor A. Ginsburgh, "The Economics of Art and Culture", Internation-

al Encyclopedia of the Socialand Behavioural Sciences, Amsterdam: Elsevier, 2001, pp. 758 – 764.

43. William J. Baumol, William G. Bowen, "The Performing Arts: The Economic Dilemma", International Review of the Aesthetics and Sociology of Music, Vol. 4, No. 1 (Jun., 1973), pp. 137 – 139.